발달장애 청소년

자립 생활

체계적으로 지원하기

가정과 학교에서 실천하는 증거기반 특수교육 안내서

88
human
therapy

개정판

발달장애 청소년
자립생활

체계적으로 지원하기

가정과 학교에서 실천하는 증거기반 특수교육 안내서

변관석 지음

이담북스

시작하며

　　교육에는 분명한 오답은 있지만, 단 하나의 정답은 없다는 생각을 평소에 가지고 있습니다. 분명한 오답이라고 한다면, 학습자가 가진 인권과 가치를 존중하지 않는 교육을 일컬을 수 있다고 봅니다. 그리고 학습자의 인권과 가치를 존중하면서 이루어지는 오답이 아닌 교육은 모두 그 나름의 가치가 있다고 저는 평소에 생각하고 있습니다. 어쩌면 이 세상에 있는 부모님의 수만큼, 그리고 교사의 수만큼 다양한 교육이나 양육 방법이 있을지도 모르겠다는 생각도 듭니다.

　　그럼에도 불구하고, 지적장애와 자폐스펙트럼장애를 포함하는 발달장애를 가지고 있는 학습자들에게 있어서 시간은 천금과도 같습니다. 아무래도 학습 속도가 비장애인에 비해서 더딜 수밖에 없지만, 그렇다고 더 많은 시간이 주어지지도 않기 때문입니다. 그래서 그 시간을 소중하게 여기고, 최대한 효과성과 효율성이 확보된 교육방법을 가정과 학교에서 일관되게 적용할 필요가 있다고 봅니다. 이렇게 효과성과 효율성이 확보된 방법을 증거기반실제(evidence-based practices)라고 말합니다. 특수교육에서 증거기반실제는 여러 건의 과학적인 연구들을 통해서 특정 장애 유형이나 연령대의 학습자들을 교육하는 데 충분하게 성과가 입증되어 온 교육방법으로 정의할 수 있습니다. 따라서 교육의 다양성 측면에서 현장에서 여러 가지 교육방법이나 이론을 고려할 수 있지만, 그래도 우선해서는 이러한 증거기반실제를 먼저 활용해 볼 필요가 있다고 저는 생각합니다.

이 책에서는 저의 이러한 생각을 바탕으로, 발달장애를 가진 학습자들을 교육하는 데 그 효과성이 널리 입증되어 온 응용행동분석 '원리' 기반의 체계적 교수를 주된 교육방법으로 채택하여, 가정에서도 충분히 활용할 수 있도록 비교적 자세하게 설명해 보고자 하였습니다. 부족한 부분이 없지 않겠지만, 가정과 학교에서 부모님이나 선생님들께서 체계적 교수와 다른 증거기반의 교육방법들을 통해서 발달장애를 가진 학습자의 교육을 실제로 실천해 보시기를 바랍니다.

더불어, 이 책에서는 발달장애를 가진 학습자 중에서도 청소년의 자립생활에 맞추어 교육내용이나 목표를 영역별로 구성해 보았습니다. 현재 시중에 지적장애나 자폐스펙트럼장애 영유아 또는 초등학생 나이대를 대상으로 하는 교육 프로그램은 꽤 다양하게 출판되어 있지만, 청소년기에서 청년기의 학습자를 대상으로 교육내용이나 교육목표를 프로그램으로 구성하여 출판된 책은 찾아보기가 힘들었습니다. 있다고 해도, 진로 및 직업교육에 한정하여 구성된 책들만 제 눈에 보였습니다. 그래서 저는 초등학교 5~6학년에서부터 중·고등학생 및 청년기(전공과 등)까지를 아울러 이들의 '자립생활'을 지원하기 위한 교육내용이나 교육목표를 하나의 목록으로 담아보고 싶다는 생각을 하게 되었습니다.

이 책에서는 발달장애 청소년의 자립생활에 필요한 영역으로 기능적 학업 기술, 기초 생활 기술, 가정생활 관련 기술, 지역사회 적응 기술, 안전 및 건강관리 기술, 정보통신기기 활용 기술, 사회성 기술, 진로·직업교육 관련 기술 등을 선정하였습니다. 그리고 이 영역별로 국립특수교육원 적응행동검사(NISE-K-ABS)와 특수교육 기본교육과정의 성취 기준, 국립특수교육원 진로·직업교육 성과지표 등의 다양한 자료를 바탕으로 하여, 교육내용과 목표를 구성해 보았습니다. 우리나라에도 미국이나 여느 특수교육 선진국에 못지않게, 국립특수교육원 등을 중심으로 적응행동검사 개발이나 각종 성과지표 연구를 통해서 특수교육 요구학생의 체계적인 교육을 위한 교육내용이나 목표가 추출되어 있습니다. 하지만 제 생각인지는 몰라도, 현장의 특수교사에게도 큰 관심을 얻지 못할뿐더러, 기관의 연구보고서 형태로 주로 보급되어 가정에서 부모님들이 쉽게 찾아보고 자녀 교육에 활용해 보기 힘들다는 점에 많은 아쉬움을 가지고 있었습니다. 그래서 이 책을 통해서 이러한 자료의 내용과 제가 나름대로 연구하고 활용해왔던 것들을 종합적으로 재구성하여 안내하고 싶다는 마음도 있었습니다.

이 책은 특수교육과 여러 관련된 영역에 종사하는 전문가분들을 위해서 쓰기도 했지만, 기본적으로는 가정에서 발달장애를 가진 자녀를 교육하고 지원하는 부모님을 위해서 쓰려고 노력하였습니다. 그래서 전문적인 용어 자체를 쓰지 않은 것은 아니지만, 최대한 용어를 알기 쉽게 설명하려고 나름대로는 꽤 노력했습니다. 물론 책의 출판을 앞둔 지금도 부족함이 눈이 보여서 아쉽기는 합니다.

　특수교사로서 교육의 책무성을 부정하는 말은 결코 아니지만, 결국 특수교육의 시작과 끝은 가정에서 이루어진다는 생각을 교직경력을 더해갈수록 계속하게 됩니다. 가정에서 자녀의 자립생활을 위한 장기적인 플랜을 세워나가고 체계적으로 이를 교육하며, 또 그 장기 플랜을 학교의 교사와 공유할 때, 발달장애를 가진 청소년의 자립생활 교육이 좀 더 장기적인 관점에서 시간이나 자원의 손실을 줄이면서 원활하게 이루어질 수 있다고 생각합니다. 이 책이 특히, 가정에서 발달장애 청소년의 자립생활을 교육하고 지원하는 데 조금이나마 도움이 되기를 진심으로 소망합니다.

　이제 들어가는 글을 마무리하려고 합니다. 먼저 이 책을 출판해 준 한국학술정보(주)에 고마움을 표합니다. 그리고 이 책에서 인용한 책, 논문, 검사도구, 교육과정 등을 저술하신 많은 전문가에게도 진심으로 머리 숙여 감사드립니다. 더불어, 많은 것이 부족한 선생님인 저에게 오늘도 "선생님!"이라고 큰 소리로 불러주는 우리 학생들과 제가 한 아이의 부모가 되어보니 더더욱 존경하지 않을 수 없게 되는 학부모님께도 진심으로 감사와 응원의 말씀을 드리고 싶습니다. 발달장애 청소년의 자립생활 지원을 위한 가정과 학교에서의 노력과 더불어, 국가와 사회에서도 여러 가지 부족한 부분들을 충분히 채워주는 행정 그리고 재정적인 지원이 계속 동반 성장하기를 바라며, 들어가는 글을 이만 마치도록 하겠습니다. 감사합니다.

개정판 서문

안녕하십니까. 초판을 출판하고 2년 정도 지난 시점이라 다소 이른 감이 있지만, 이번에 〈발달장애 청소년 자립생활 체계적으로 지원하기〉의 개정 작업을 진행하게 되었습니다. 초판이 여러 가지로 부족한 책임에도, 제 생각보다 많은 분의 호응과 긍정적인 피드백을 받을 수 있어서 그저 감사할 따름이었습니다. 하지만 그럴수록 더욱더 마음속에 부채감이 쌓였습니다. 스스로 부족하다고 생각하는 부분을 수정하고 보완해서 조금이나마 더 나은 책, 발달장애를 가진 학습자와 부모님 그리고 선생님에게 좀 더 도움이 되는 책이 될 수 있다면 좋겠다는 생각이 들었습니다.

개정판 집필을 마무리한 지금에서도 아쉬운 점이 눈에 보이는 것 같습니다. 하지만 이전보다 조금은 더 독자분들에게 실제적인 도움을 주는 책이 되었으면 하고 바라봅니다. 이번 개정 작업에서 특히 중점을 두고 보완하고 추가한 내용은 다음과 같습니다.

첫째, 제1장에서 응용행동분석의 원리에 관해서 설명하면서, 발달장애 학습자의 문제행동 중재를 위한 긍정적 행동 지원 관련 내용을 추가하였습니다. 지면 관계상 내용이 부족할 수밖에 없었지만, 나름대로 기본적이면서도 중요한 내용을 추려서 설명하였습니다. 그리고 무료로 내려 받아 읽어보실 수 있는 추가 자료도 안내하였습니다.

둘째, 제2장의 응용행동분석 원리에 기초한 체계적 교수의 진행 절차에 대한 전반적인 내용을 보완하였습니다. 아주 일부지만 초판에서 다소 개념상의 오해를 빗을 수 있었던 사항(자극 형성 절차에 대한 설명)에 대해서도 좀 더 올바르게 수정하였습니다. 또한, 가장 중요한 6절의 체계적인 촉진 전략에 관한 내용을 포함해서 전체적으로 설명을 좀 더 충실하게 보완하였습니다. 마지막에는 체계적인 교수학습 절차의 진행을 돕기 위한 요약도와 간단한 계획서 양식도 제시하였습니다.

셋째, 제3장의 자립생활 프로그램에서도 가정생활 관련 기술을 몇 가지 하위영역으로 범주화하고, 목표기술 목록을 추가하였습니다. 그 외에도 영역에서도 목표기술을 추가하였으며, 특히 중간중간에 설명된 여러 가지 교수학습 전략들을 좀 더 자세하게 설명하고자 하였습니다. 지면 관계상 완전한 안내가 어려울 때는, 추가적인 배움을 얻을 수 있는 온라인 자료의 접근 방법을 안내하였습니다.

넷째, 마지막 〈나가면서 2〉에 '발달장애 학습자의 자립생활을 위해 학교에서 선생님이 세우는 개별화 교육계획'이라는 주제로 글을 추가하였습니다. 부모님이 이 책을 활용하여 가정에서 수립한 자립생활 계획이나 교육적 요구 사항을 바탕으로, 교육 수요자 중심, 또 자립생활 교육 중심의 개별화 교육계획을 수립하는 방안에 대해서 제 나름의 제안을 비교적 자세하게 제시하였습니다. 이 과정에서 학습자의 교육적 요구를 충분히 반영하면서도, 공교육 장면에서 국가 수준의 특수교육 교육과정 성취기준을 배제하지 않도록, 교육과정을 재구성하여 개별화 교육계획을 세우는 방안에 대해서도 제안하였습니다.

마지막 다섯째로, 제가 운영하는 특수교육 블로그 〈석이 선생님의 특수교육 이야기〉와 연동하여, 지면에 다 담지 못하는 구체적인 내용과 나름대로 다양한 추가 자료, 동영상 자료를 참고할 수 있는 곳을, 안내하고자 했습니다. blog.naver.com/bjs718로 직접 접속하시거나, 네이버 포털에서 〈석이 선생님의 특수교육 이야기〉라고 검색하시면, 제 블로그에 들어올 수 있습니다. 이 책에서 제시하고 있는 모든 자료는 전체공개로 설정되어 있으니, 블로그 내에서 검색 기능을 이용하시면 비교적 손쉽게 자료를 확인할 수 있으리라 생각합니다. 책을 읽다 필요한 자료가 생겼을 때, 블로그를 활용해 주시면 감사하겠습니다. 이 글을 읽어주시는 모든 분께 진심으로 감사와 존경의 말씀을 드리며, 이만 마무리하도록 하겠습니다. 감사합니다.

2021년, 첫 번째 개정 작업을 마무리하며,
특수교사 변관석 올림

차 례

Step 1

증거기반 특수교육:
ABA원리 기반의 체계적 교수란?

안녕하십니까. 지금부터 우리는 지적장애와 자폐스펙트럼장애 등을 포함하는 발달장애를 가진 청소년들의 자립생활 교육과 지원을 위한 긴 여정을 떠나보려고 합니다. 집을 짓는 데도 터를 잡는 기초공사가 반드시 먼저 필요하듯, 이 책에서도 깊이 있는 교육방법을 공부하기 위해서 몇 가지 기본적인 내용을 먼저 알아볼 필요가 있습니다.

이 장에서는 먼저 과학적인 연구를 통해서 효과성에 대한 충분한 근거를 갖추고 있는 증거기반실제에 대해서 먼저 이야기해보려고 합니다. 그리고 발달장애를 가지고 있는 학습자를 교육하는 데 있어서 충분한 증거기반을 갖춘 응용행동분석과 그 학습 원리에 대해서도 간단하게나마 알아보겠습니다. 또한, 이 응용행동분석의 교수학습 원리를 적극적으로 활용하는 체계적 교수에 대한 기본적인 내용에 관해서도 이야기해보겠습니다. 아! 그리고 이 책에서는 '학생'이라는 표현보다는 여러 연령대를 포괄하고, 단순히 '교육 대상자'의 개념을 넘어서서 자발적으로 '배움'을 얻고자 하는 사람이라는 의미를 담기 위해서 '학습자(learner)'라는 명칭을 주로 사용하고자 합니다.

그럼, 이제 조금 긴 여정을 시작합니다.

1

증거기반실제는
무엇일까요?

▌▌ 증거기반실제의 등장

먼저 이 책에서 계속 이야기하게 될 증거기반실제(Evidence-Based Practices)가 무엇인지에 대해서 살펴보고자 합니다. 사실 증거기반실제라는 말은 의학과 약학 분야에서 증거기반치료 또는 근거기반중재라는 용어로 먼저 등장하였습니다. 이 용어는 기존 의학의 임상현장에서 전문가마다 자신이 추구하는 의학적 가치와 근거 이론에 따라서 효과성이 입증되지 못한 여러 가지 치료들을 환자들을 대상으로 행해왔던 것을 배격하고, 오로지 과학적이고 체계적인 연구방법론에 기반을 두고 있는 질 높은 실험연구들과 메타분석 연구를 통해서 효과성과 효율성이 충분하게 입증된 치료방법이나 약제를 환자들의 치료에 적용해야 한다는 의미입니다.

의학 분야에서 시작된 '근거기반' 또는 '증거기반'이라는 중요한 가치는 의학 분야를 넘어서서 다양한 학문 분야에 점차 자리 잡게 됩니다. 이 중에서 미국을 중심으로 교육 분야에서도 이 '증거기반'의 중요성을 인식하기 시작합니다. 이즈음에 당시 미국의 부시 행정부에서는 낙제학생방지법(No Child Left Behind Act)이라는 법안을 시행하게 됩니다. 이 낙제학생방지법은 쉽게 말하면, 모든 학생의 기초학습능력을 향상해서 학습 장면에서 낙오하는 학생을 최소화하자는 법안이라고 말할 수 있습니다. 이 낙제학생방지법에서 가장 강조되었던 내용으로 '증거기반'이라는 용어가 등장하게 됩니다. 이 '증거기반'은 앞서 의학계에서 이야기되는 '근거기반' 또는 '증거기반'과 마찬가지로, 교육 분야에서도 의학과 같이 질 높은 연구들을 통해서 성과가 반복적으로 충분하게 입증된 교육내용과 방법들을 학생들에게 적용하여야 한다는 의미입니다. 이 낙제학생방지법은 여러 가지 이유로 오바마 행정부에서 전면 개정되었지만, 여전히 '증거기반'을 갖춘 교육에 대한 중요성은 이전과 마찬가지로 강조되고 있습니다.

미국의 개정 장애인교육법(IDEA)에서도 이러한 '증거기반'의 개념을 그대로 따라서, 장애를 가지고 있는 학생들을 교육할 때도 질 높은 연구를 통해서 명확한 교육적 성과를 이미 확인해 온 교육방법과 내용을 적용할 것을 특수교육 전문가에게 의무화하고 있습니다. 이 법적 개념은 지금까지 계속 중요하게 강조되어 오고 있으며, 이를 학문적으로 증거기반실제라고 말합니다.

요약하면, 증거기반실제는 기존에 반복적으로 이루어진 질적으로 우수한 과학적 기반의 연구를 통해서 어떠한 유형의 학습자 집단이나 교육내용에 대한 교육적 성과가 충분하게 입증된 실제(practices)를 말한다고 볼 수 있습니다.

입증된 교육 원칙들

　현재까지 이야기되고 있는 장애 유무를 떠나서 공통으로 성과가 입증된 교육 원칙들은 다음과 같습니다. 특히 이러한 원칙들은 학습능력이 다소 부족한 학습자에게는 좀 더 충실하게 적용할 필요가 있습니다. 학습능력이 뛰어난 학습자의 경우에는 굳이 이러한 원칙을 적용하지 않더라도 자기 주도적인 학습이나 여러 자연발생적인 경험들을 통해서도 배움이 충분히 일어날 수도 있겠지만, 그렇지 못한 학습자의 경우에는 증거기반을 갖춘 교육 원칙을 지속해서 꾸준히 적용하였을 때, 더 효과적인 교육적 성과가 나타날 수 있다고 알려져 있습니다.

(1) 명확한 교수학습 목표 세우기
　먼저 항상 모든 교수학습 상황에서 적용되는 건 분명 아닐 수 있겠지만, 일반적으로 학습자에게 중요한 교육 목표는 구체적이면서도 관찰과 직접적 평가가 가능한 행동적인 형태로 수립해야 할 필요가 있습니다. 그래야 학습자의 학습 성취도를 지속적으로 누적 평가하고, 관리하는 데도 수월하기 때문입니다. 예를 들어, '자신이 선호하는 직업의 종류와 직무를 이해할 수 있다.'보다는 '자신이 선호하는 직업의 종류 다섯 가지 이상과 해당 직업의 직무를 한 문장 이상으로 쓸 수 있다.'가 더 적절합니다. '이해할 수 있다.'라는 기준은 어디까지 알고 있는 것을 이해했다고 볼 수 있을지, 또 이해한 것을 어떻게 표현했을 때, 이것을 교수학습 목표의 성취라고 판단할 수 있을지가 다소 불분명합니다. 따라서 학습한 지식이나 기술을 관찰하고 측정할 수 있도록 표현한 행동용어를 사용해 가급적 명확한 교수학습 목표를 서술하고, 이때 성취 기준도 되도록 자세하게 제시하는 것이 좋습니다.

(2) 설명과 시범(모델링)을 함께 제시하기

'Show & Tell(보여주고 말하기)'이라고도 불리는 원칙입니다. 어떠한 지식, 개념이나 과제 수행 절차를 말로만 설명하기보다는 명확하게 시범을 보이는 것이 학습자의 배움에 좀 더 효과적일 수 있습니다. 예를 들어, 수학 문제는 풀이를 말로만 설명하기보다는 실제로 문제를 푸는 과정을 단계별로 구분하여 자세하게 시범을 보여주는 것이 효과적입니다. 더 나아가 문제를 푸는 과정에서 하위 단계를 나누고 각 단계에서 머릿속으로 생각해야 하는 사항들을 선생님이 직접 말해가면서 시범을 함께 보여준다면, 좀 더 효과적으로 교육내용을 전달하고, 학습자의 배움을 촉진할 수 있습니다. 이를 'think-aloud' 즉 소내 내어 생각하기 전략이라고 합니다.

(3) 이해 정도를 점검하기 위해 자주 질문하기

가르치고 있는 내용을 학습자가 이해하고 있는지를 평가하려면 잦은 질문을 던져 이해도를 점검할 필요가 있습니다. 이때 집단을 대상으로 수업하는 상황이라면, 합창 반응이나 반응카드와 같은 방법을 활용할 수도 있습니다.

모든 학습자가 한꺼번에 답을 이야기하도록 하는 방법입니다. 예를 들어, 하나, 둘, 셋과 같은 신호를 주고 그 뒤에 함께 답을 말하도록 할 수 있습니다.

반응카드

합창 반응으로도 개별 학습자의 이해도를 점검하기 어려운 상황일 때 사용합니다. 예전에 인기 있었던 TV 프로그램인 〈도전 골든벨〉에서처럼, 학습자가 정답을 화이트보드나 카드에 적어서 동시에 제시할 수 있도록 합니다. 만약 여러 가지 이유로 쓰기가 어려운 상황이나 학습자일 경우에는 O/X 형태 또는 미리 약속한 색깔 상징, 그림 상징 등 다양한 형태로 반응카드를 미리 제작할 수 있습니다.

(4) 시각적인 형태로 선행조직자 제공하기

새로 배울 내용을 도표(그래픽 조직자)나 마인드맵과 같은 시각적인 형태의 그림으로 정리하여 본격적인 수업 전에 미리 선행조직자로 제시함으로써, 이후에 이루어지는 수업 과정에서 학습자의 효과적인 배움을 도울 수 있습니다. 수업이 끝나기 전에도 다시 이 도표를 제시하면서, 다시 설명해 보도록 해 학습이 올바르게 이루어졌는지를 확인하는 시간을 갖을 수 있고, 혹은 질문을 통해 교수학습 목표의 성취 정도를 평가해볼 수도 있습니다.

피아제의 인지발달단계를 지도하기 위한 선행 도표의 예

피아제의 인지발달단계를 지도하기 위한 선행 도표의 예

감각 등록기 (0~2세)	전 조작기 (2~7세)	구체적 조작기 (7~11세)	형식적 조작기 (11세 이후)
- 대상 영속성 - 상징의 시작 - 전사고적인 단계	- 자기중심적 사고 - 중심화 경향 - 보존개념 미형성	- 보존개념 형성 - 논리적 사고의 시작	- 가정에 의한 추론 - 추상적 추론

마인드맵 형태의 선행 도표의 예(변관석, 2020)

(5) 필요한 양의 연습 기회를 충분하게 제공하기

'Practice makes perfect!'라는 격언은 그냥 나온 것이 아닙니다. 연습이 완벽을 만듭니다. 더 발전된 학습을 위해서는 먼저 기본 개념과 기술에 대한 충분한 반복 연습이 이루어져야 합니다. 또한, 초반에는 학습자가 개념이나 기술을 확실하게 이해하였다고 판단될 때까지 자주 연습 기회를 제공하고, 점차 간격을 두어야 합니다. 이때 간헐적으로 연습 기회를 제공할 수 있도록 합니다. 결국, 대부분의 학습법은 어떻게 하면 반복 연습을 좀 더 재미있게 또는 수월하게 할 수 있을지를 고민하는 데에서 출발한다고 볼 수 있습니다.

수년 전부터 최근까지도 일반교육 현장에서 많은 관심을 받는 거꾸로 학습(flipped learning)도 결국 교사의 강의식 수업을 학습자 개개인이 가정에서 미리 독립적으로 동영상을 통해서 시청하고 공부해오는 대신에, 학교에서는 반복 학습 및 심화 학습 기회와 즉각적인 교사의 피드백을 충분히 제공하도록 해야 한다는 생각에서 출발하였다고 볼 수 있습니다.

(6) 명확한 피드백 제공하기

먼저 학습자가 질문에 올바르게 응답했다면, 어떠한 부분을 올바르게 답했는지를 다시 한번 구체적으로 이야기하면서 칭찬해주는 게 좋습니다.

> "철수가 공구 중에서 전동 드라이버를 잘 찾아주었구나, 참 잘했어요."
> "민수가 비누를 이용해서 손을 깨끗하게 씻었구나. 정말 잘했어요."
> "5분 동안 조립 작업을 열심히 해주었어요. 잘했어요."

이러한 칭찬을 영어로는 'behavior-specific praise'라고 합니다. 우리 말로는 '특정 행동에 대한 칭찬' 정도로 옮길 수 있습니다. 많은 연구에 따르면, 학습자를 칭찬할 때, 단순히 '잘했어요.' 정도로 이야기하는 것 보다, 적어도 학습 초기에는 정확하게 어떠한 부분을 잘했는지 명확하게 알려주면서 칭찬해주는 것이 학습에 있어 더욱 효과적이라고 밝히고 있 습니다. 더불어, 그냥 무미건조한 '잘했네.' 정도의 칭찬은 학습자가 느 끼기에 '영혼이 없는' 의례적인 말 정도로 받아들여질 수 있습니다. 반 면에 어떠한 부분을 잘했는지 명확하게 이야기하면서 '진심을 담아' 칭 찬한다면, 학습자의 긍정적인 행동을 유도하는 내적인 동기를 자극하는 '진짜' 사회적 보상이 될 수 있습니다.

한편, 반대로 학생이 올바르지 않게 답했다면 올바르지 않게 답한 부 분과 보완 방법에 대해서 학생이 이해할 수 있도록 명확하게 다시 이야 기 해주어야 합니다. 이를 교정적 피드백이라고 말합니다. 이때 '교정적' 이라는 말을 잘못 해석해서, 학습자가 부정확한 응답을 보였음을 계속 강조하는 방식으로 피드백하는 것은 적절하지 못할 수 있습니다. "철수 야, 또 틀렸네."와 같이 말입니다. 학습자가 부정확한 반응을 보였을 때 는 오답을 표현하였음을 강조하기보다는, 올바른 답을 찾는 과정을 학습 자의 학습 수준을 고려하여 안내해주는 방식으로만 긍정적인 피드백을 제공합니다. 이와 함께 간단한 설명과 시범도 보여주면 더욱 효과적입니 다. 특히 발달장애를 가진 학습자에게 피드백할 때는 간단한 설명과 함께 충분한 시범을 보여주는 것이 좀 더 효과적이며, 설명은 학습자가 한 번 에 받아들일 수 있는 정도로만 하위 단계별로 짧게 끊어서 제시합니다.

(7) 개별화된 학습시간 보장, 자기 주도적인 연습, 그리고 지속적인 점검과 평가하기

모든 학습자는 개별적인 존재입니다. 따라서 교수학습 목표를 성취하는데 필요한 시간과 방법도 모두 다를 수 있습니다. 따라서 개별화(individualized)의 원리를 적용하여 학생 개개인에 따른 학습능력의 차이를 반영해서 학생별로 충분한 학습시간을 보장해 줄 수 있어야 합니다.

또한, 학생 스스로 자신의 학습 수행 정도를 점검하고, 이를 그래프로 그려보는 과정과 이러한 점검 결과에 따라서 미리 약속된 보상을 자신에게 부여하는 과정은 자기 주도적 학습을 증진하는 데 아주 효과적이라고 알려져 있습니다. 매일의 학습 성취도나 과제 수행에 집중하는 시간을 스스로 표나 그래프로 나타내서 확인하고 이를 수행하면 일정 시간 동안 컴퓨터 게임을 하도록 약속하는 과정을 예로 들 수 있습니다. 그러나 발달장애를 가진 학습자의 경우에는 이러한 자기 주도적인 점검과 평가, 그리고 보상을 혼자서 능숙하게 하기에는 다소 힘들 수 있습니다. 따라서 부모님과 선생님은 처음에는 충분한 정도로 도움을 주다가 점차 도움의 정도를 줄여나가 조금이라도 더 자기 주도적인 삶을 영위할 수 있도록 지원할 수 있습니다. 이에 대한 자세한 내용은 이 책의 다음 장에서 자세하게 다루도록 하겠습니다.

(8) 여러 학습자가 함께 학습 활동을 하는 기회 제공하기

협동학습, 또래교수 등을 통해서 여러 학생이 함께 배우는 기회를 줄 필요도 있습니다. 이때 협동학습은 모든 학생이 동등한 정도의 책임을

갖고 학습에 임할 수 있도록 공동 과제와 함께 개별적인 책무성도 함께 제시할 필요가 있습니다. 예를 들어, 공동의 과제를 수행하기 위해서 개별적으로 꼭 수행해야 하는 역할을 별도로 제시하거나, 모든 학생이 각각 개별적인 교수학습 목표를 성취했을 때, 그 집단에 보상이 제공되는 상호호혜적인 집단강화를 활용할 수 있습니다. 또한, 또래가 또래를 가르치는 또래교수의 경우에도 가능하다면 가르치는 학생과 배우는 학생이 서로 역할을 바꾸어보는 상호호혜적인 형태로 운영하는 것이 더욱 바람직하다고 알려져 있습니다. 한편, 협동학습이나 또래교수는 사전에 학습 수행 절차에 대해서 선생님이 충분하게 명시적으로 안내하고, 어느 정도 연습이 이루어진 뒤에 실제 학습 장면에 활용될 필요가 있습니다.

(9) 학습전략을 지도하여 스스로 배우는 기회 제공하기

교수학습 상황에서 필요한 각종 학습전략, 시험을 효율적으로 치르는 데 필요한 전략, 수업에서 필요한 필기 전략, 수학 문장제 문제 등을 포함하여 문제 해결을 위해 필요한 단계별 사고 전략 등을 학생들에게 명시적으로 교육할 필요도 있습니다. 예를 들어, 시험을 칠 때, 필요한 전략적인 행동들(예: 문제를 읽어보고 어려운 문제일 경우에는 일단 넘어가고, 쉬운 문제부터 먼저 풀기 등)을 직접 지도할 수 있습니다.

이때 기억술 전략(예: '태종대세문단세…'와 같이 앞글자를 이용해서 암기하는 방법 또는 핵심어를 이용하여 암기하는 방법 등, 다양한 방법이 있음)을 활용하여, 만들어진 전략들을 좀 더 쉽게 외우도록 할 수 있습니다. 예를 들어, 전략들의 앞글자를 이용해서 시험에서 필요한 몇 가지 전략을 암기하도록 한다고 생각해보겠습니다.

① 어려운 문제는 우선 넘어간다.
② 쉬운 문제부터 먼저 푼다.
③ 중간중간 남은 시간을 확인한다.
④ 시간이 있다면 검산한다.

위와 같은 전략을 학습자에게 가르친다고 할 때, 이 전략들을 조금 더 손쉽게 실제 시험에 적용할 수 있도록, '어쉬중시'이라는 초두어를 만들어 외우도록 도울 수 있습니다. 그러나 실제로는 초두어가 어떠한 뜻을 가지는 실제 단어가 되도록 하는 것이 더욱 효과적이라고 합니다. 예를 들어, 'SMART(영리한)' 목표설정 전략은 Specific(구체적인 목표), Measurable(정확한 측정이 가능한 목표), Action-oriented(행동 지향적인 목표), Realistic(현실적으로 실천 가능한 목표), Time-limited(달성 기간이 미리 정해진 목표) 다섯 가지의 앞글자만 따서 쉽게 외우도록 명명한 것입니다. 다만 알파벳 하나하나가 나열되어 단어가 만들어지는 영어에 비해서, 우리말은 앞글자를 모아서 뜻을 가지는 단어나 문장을 만드는 게 비교적 어려운 편이기는 합니다.

(10) 메타인지(meta-cognition) 촉진하기

메타인지는 상위인지라고 말할 수 있는데, 자신의 인지 활동에 대한 지식과 조절을 의미하는 것으로, 내가 무엇을 알고 모르는지에 대해서

아는 것부터 자신이 모르는 부분을 보완하기 위한 계획을 수립하고, 그 계획을 평가하는 것에 이르는 전반적인 과정을 의미합니다. 메타인지를 촉진하기 위해서는 자기 주도적인 학습을 유도하고, 이 과정에서 자신이 모르는 내용에 대해서 스스로 파악하고, 이에 대한 학습 계획을 세우고 지킬 수 있도록 부모님이나 선생님이 지원하는 것이 필요합니다. 자기 자신을 가르치는 자기교수, 자신의 행동을 체계적으로 점검하는 자기점검, 이러한 점검 결과를 바탕으로 자신의 행동을 평가해보는 자기평가, 그리고 평가 결과를 바탕으로 긍정적으로 향상되었을 때, 자기 자신에게 보상을 주는 자기강화 등을 통해서 메타인지가 증진될 수 있습니다. 이들 방법론에 대한 보다 자세한 내용은 Step 2의 10편에서 확인할 수 있습니다.

> 지금까지 설명한 것 이외에, 장애의 유무를 떠나서 공통으로 교육적 성과가 입증된 교수학습 원칙에 관한 내용은 저자가 운영하는 블로그 「석이 선생님의 특수교육 이야기」에 탑재된 〈명시적 교수란 무엇인가?〉 글을 참고해 주시기 바랍니다.
> ▷ 글 링크: blog.naver.com/bjs718/222132682719

발달장애 학습자를 위한 증거기반실제

미국 장애인교육법에서 장애 학생을 교육할 때도 증거기반을 갖추고 있는 교육방법과 교육내용을 적용할 것을 명시하고 있습니다. 이 때문에 연방 교육부 차원에서 연구 기금을 조성하여 장애 영역별로 연구를 통해 교육적 성과가 입증된 증거기반실제의 목록과 자세한 교수 실행 절차를 계속 업데이트하여 제공하고 있습니다. 특히 자폐스펙트럼장애 분야에서는 여러 기관에서 정리한 증거기반실제가 홈페이지를 통해서 제시되고 있으며, 이외에도 중등도에서 중도의 지적장애 및 발달장애 학생을 위한 증거기반실제 매뉴얼, 전환교육에서의 증거기반실제 목록 등이 계속 개발 및 보급되고 있습니다.

우리가 알아야 할 중요한 내용은 특히 지적장애와 자폐스펙트럼장애를 포함하는 발달장애 학생을 대상으로 하는 증거기반실제의 대부분이 바로 다음에 설명할 응용행동분석의 기본 원리에 입각하고 있다는 점입니다. 그리고 이 응용행동분석 원리에 입각하고 있는 체계적 교수는 아래에서 제시되고 있는 증거기반실제의 상당수를 종합적으로 포괄하는 아주 대표적인 증거기반 교육방법의 하나에 해당한다는 점도 알아둘 필요가 있습니다.

미국 '자폐스펙트럼장애 전문가 양성 센터(National Professional Development Center on Autism Spectrum Disorder)'에 현재까지 등재된 증거기반실제의 목록은 총 28가지로 다음 표와 같습니다.

증거기반실제의 목록 [●]	

명칭	간략한 설명

1. 기본적인 응용행동분석 원리를 기초로 하는 실제

명칭	간략한 설명
① 강화	새로운 기술을 가르치고 행동을 증가시키기 위해서 사용되며, 정적 강화와 부적 강화로 나눌 수 있다.
② 촉진	목표기술의 수행을 가르치거나 돕기 위해서 언어적, 몸짓, 신체적 촉진 등의 단서를 제공하거나 지원한다.
③ 모델링	목표행동의 수행에 대한 시범을 보여주는 방법이다.
④ 시간지연	학습자의 독립적인 목표기술 수행을 유도하기 위해서 정해진 시간만큼 기다려 주는 방법이다.
⑤ 과제분석	목표기술을 한 번에 가르치거나 수행할 수 있도록 잘게 나누는 방법으로, 체계적 교수의 핵심이다.

2. 긍정적 행동 중재 및 지원 전략(문제행동 개선을 위한 방법)

명칭	간략한 설명
① 기능적 행동평가	문제행동의 원인을 파악하기 위한 체계적 절차로, 면담, 구조화된 설문지, 관찰(산점도, A-B-C기록 등이 포함된다.
② 선행사건 중심 중재	바람직한 행동의 발생을 증가시키거나 문제행동을 감소시키기 위해서 선행사건이나 환경을 재배열한다.
③ 행동 모멘텀 중재 (고확률 절차)	고확률 절차로도 불림. 어떠한 바람직한 행동을 이끌기 위해서 가장 수행할 확률이 높은 행동부터 점진적으로 낮추어가면서, 목표로 하는 행동을 유도한다.
④ 소거	문제행동의 발생을 강화(증진)하는 요인을 제거한다. 차별강화와 함께 사용될 때 더욱 효과적이다.
⑤ 반응 가로막기/ 재지시	문제행동의 발생을 물리/언어적으로 제지한다.
⑥ 차별강화	바람직한 행동을 강화(보상)하고, 부적절한 행동은 무시하는 방식으로, 차별적으로 강화를 제공한다. 다른 행동에 대한 차별강화, 대체행동에 대한 차별강화, 상반되는 행동에 대한 차별강화 등이 있다.
⑦ 기능적 의사소통 훈련	대체행동에 대한 차별강화 전략과 함께 활용되며, 문제행동을 대체하는 의사소통 행동을 교육한다.

[●] (미국 자폐스펙트럼장애 전문가 양성 센터, 2020년 기준)

3. 사회적-의사소통 중재

① 사회적 기술 훈련	설명-시범-시연(연습)-피드백의 순서로 여러 사회성 기술을 명시적으로 교수학습 한다.
② 또래 기반 교수 및 중재	보통 비장애 또래가 교수자 또는 촉진자가 되어 장애 학생을 대상으로 교육 및 지원을 제공한다. 2020년 버전에서는 또래 활동이 이루어지는 상황에서 성인의 지원이 적절하게 제공되는 경우(예: 구조화된 놀이 집단 중재)도 포함되었다.
③ 사회적 담화	여러 사회적 상황과 적절한 행동의 예를 글 또는 그림 등으로 학생이 알기 쉽게 제시하여, 읽도록 한다.
④ 보완대체 의사소통 체계	구어가 아닌 다른 방법으로 보완하거나 대체하여 의사소통할 수 있도록 교육한다. 최신 버전에는 그림교환 의사소통체계(PECS)도 여기에 포함되었다.

4. 교수전략

① 시각적 지원	활동, 일과를 예측하도록 돕거나, 목표기술을 수행하는 데 필요한 구체적인 정보를 시각적으로 제공하는 방법을 말한다. 2020년 최신 버전에는 스크립트 중재도 여기에 포함되었디.
② 비연속 시행 훈련	DTT, 개별시도교수 등으로도 불리며, 구조화된 상황에서 실시되는 응용행동분석에 기초한 체계적인 교수학습 접근을 말한다.
③ 자연적 중재(교수)	자연스러운 환경을 조성해서 이 환경 내에서 실시되는 체계적 교수라고 말할 수 있다. 강화된 환경중심 언어중재가 대표적이다. 2020년 최신 버전에서는 중심축 반응 훈련(PRT)이 여기에 포함된다.
④ 부모 실행 중재	부모가 전문가의 지속적인 코칭을 받아, 교수자가 되어 증거기반실제를 자녀를 대상으로 지속해서 실행한다.
⑤ 직접 교수	구조화된 순서에 따른 방법으로 특정 개념이나 절차를 지도하는 것을 포함한다. 설명하기-시범 보이기-안내된 연습-독립적 연습-평가하기의 순서로 보통 진행된다.
⑥ 운동 및 동작	문제행동을 감소시키거나 적절한 행동을 증가시키며, 동시에 건강 증진을 도모하기 위한 신체 활동을 말함. 최근에는 다소 정적인 동작(예: 요가)도 포함된다.

5. 인지행동 중재

① 인지행동 교수전략	이전에는 정서적, 행동적 영역에서 불합리한 인지적 사고를 논리적으로 논박하는 인지행동치료에 국한되었다면, 이번 최신 버전에서는 행동, 사회성, 학업적 행동에서의 변화를 이끄는 인지처리 과정의 관리와 통제에 대한 전반적인 교수를 포함한다.

② 자기관리	목표설정, 자기교수, 자기점검, 자기평가, 자기강화 등을 포함하여, 스스로 자신의 행동 중에서 적절한 것과 그렇지 않은 것을 구별하며, 이를 바탕으로 정확하게 자신의 행동을 점검 및 기록하고, 스스로 적절한 행동에 대해서는 강화를 제공하는 방법을 말한다.

6. 테크놀로지 기반의 중재

① 테크놀로지 보조 교수 및 중재	목표기술이나 성과를 가르치거나 지원하는 데 컴퓨터, 스마트기기 등 최신 테크놀로지를 활용하여 교수학습을 실행한다.
② 비디오 모델링	동영상을 이용하여, 과제 수행에 대한 시범을 제공한다. 비디오 모델링, 비디오 프롬팅 등으로 구분한다.

7. 기타 치료적 중재

① 음악 매개 중재	음악을 중재 전략의 주요한 특징으로 사용한다. 이 방법은 훈련된 음악 치료사와의 치료적 관계로 이루어지는 음악치료 이외에도, 노래, 멜로디, 리듬 등을 다양한 맥락에서 목표 행동이나 기술의 학습과 수행을 지원하기 위해서 계획적으로 사용하는 것을 포함한다.
② 감각통합	시각, 청각, 촉각, 고유수용감각, 전정 감각적인 투입을 포함하여, 신체와 환경으로부터의 감각적 정보를 처리하고 내부적으로 통합하는 개인의 능력 향상을 목표로 하는 이론과 실제를 말한다. 보통 작업치료사에 의해서 실시된다.

이들 증거기반실제에 대한 자세한 내용은 저자가 2020년에 쓴 「학교와 가정에서 활용하는 발달장애 학생을 위한 특수교육 중재 제2판」에 비교적 자세하게 설명되어 있습니다. 이외에도 저자가 운영하는 블로그 「석이 선생님의 특수교육 이야기」에서도 국외 자료 등을 번역하여, 증거기반실제의 목록과 설명을 제시하고 있습니다. 자세한 내용은 아래의 〈발달장애 학습자의 IEP 수립을 위한 증거가 입증된 증거기반실제-2020년 최신 버전 안내〉 글 링크를 참고해 주시기 바랍니다.

▷ 글 링크: blog.naver.com/bjs718/221952896152

응용행동분석(ABA)과
긍정적 행동 지원(PBS) 살펴보기

응용행동분석의 이해

앞서 말했듯, 지적장애와 자폐스펙트럼장애를 포함하는 발달장애를 가진 영유아, 아동, 학생, 성인을 교육할 때 활용되는 증거기반실제는 대부분, 이 응용행동분석(Applied Behavior Analysis)의 원리나 기법들을 전면적으로, 또는 부분적으로라도 활용하고 있습니다. 이 책에서 주로 이야기하고자 하는 체계적 교수(systematic instruction)도 이 응용행동분석의 원리와 기법을 종합적으로 활용하는 교육방법이라고 말할 수 있습니다. 따라서 우리는 먼저 응용행동분석이 무엇인지에 대해서 간단하게나마 이해하는 것이 필요합니다.

응용행동분석은 기본적으로 미국의 저명한 심리학자 Skinner에 의해서 발전된 행동주의 심리학을 실험실이 아닌 실제 생활에서 응용하여 활용하는 한 분야입니다. 행동주의 심리학에서는 인간의 여러 감정 중에서 외적으로 표현되는 행동에 특히 초점을 두고 있으며, 객관적으로 관찰이 가능한 행동을 주된 연구 대상으로 삼고 있습니다. 또한, 인간의 행동을 변화시키는 변인을 내적인 부분보다는 외적인 환경 요인에 더 치중하여 설명하는 경향이 있습니다. 쉽게 말해서 외부적인 여러 요인을 적절하게 조정하면, 인간의 행동이나 심리를 어느 정도 변화시킬 수 있다고 보는 것입니다. 어떠한 행동을 증가시키기 위해서 적절한 보상을 제공하는 것을 예로 들 수 있습니다. 물론 최근에는 인지과학이나 뇌 과학 등의 발전으로 인하여 행동주의 심리학을 공부한 분들도 아주 극단적인 경우가 아니라면, 정도의 차이는 있을지언정 대부분 인간의 내적인 요인(예: 신체적, 생리학적 요인 등)이 행동에 미치는 영향이 어느 정도 있을 수밖에 없다고 인정하고 있기는 합니다.

행동주의 심리학이 학문적으로 여러 가지 한계점도 드러내고 있지만, 그럼에도 불구하고, 특수교육, 그중에서도 발달장애를 가지고 있는 학생들을 교육하는 데는 나름대로 큰 의미가 있습니다. 그것은 학생들이 가지고 있는 내적인 특성에도 불구하고, 부모님이나 선생님의 노력에 따라 달라질 수 있는 외적인 요인을 통해서 좀 더 긍정적인 행동 변화를 기대할 수 있다고 보는 점 때문입니다.

〈그림〉 행동주의 심리학이 특수교육에 주는 시사점

바로 이런 행동주의 심리학에서 파생된 응용행동분석은 행동주의의 여러 이론과 연구적 성과를 실험실이 아닌 실제 삶의 현장에서 응용하는 데 관심을 둡니다. 응용행동분석이 행동치료, 행동수정과 같은 용어와 같은 의미로 이해되거나 특수교육의 특정한 중재 전략 정도로 생각되기도 하지만, 실제로 응용행동분석은 특정한 치료 전략을 이야기하는 용어는 아니라고 볼 수 있습니다. 다만, 이 광범위한 응용행동분석을 우리는 특수교육이라는 하나의 응용학문이자 교육 장면에서 학생들을 효과적으로 교육하기 위해서 활용하고 있다고 볼 수 있습니다.

▌▌ 응용행동분석에서의 학습 기본 원리: 강화

응용행동분석에서 말하는 학습의 기본 원리는 '강화'입니다. 강화는 'reinforcement'를 우리말로 번역한 것인데, 학문적으로는 어떠한 행동을 증가시키는 요인을 말합니다. 예를 들어, 한 학생이 어떠한 행동을 한 뒤에 보상으로 평소에 좋아하던 과자나 게임 시간을 얻었고, 이 행동이 계속되었다면, 과자나 게임 시간은 하나의 강화 요인(강화제)이 될 수가 있습니다. 여기에서 중요한 점은 과자나 게임 시간을 주었더라도 행동의 증가가 이루어지지 않았다면 이 요인들은 강화로서 작동하지 않았다는 것입니다.

이처럼 어떠한 행동을 증가시키거나 강력하게 하는 강화에는 두 가지 유형이 있습니다. 이 두 가지 유형을 **정적강화**, 그리고 **부적강화**라고 이야기합니다. 정적강화는 행동의 증가를 위해서 어떠한 강화 요인을 제시하는 것을 말합니다. 예를 들어, 학습시간을 늘리기 위해서 정해진 시간

만큼 학습을 하면, 평소에 좋아하는 물건이나 활동을 제공하는 것을 들 수 있습니다. 반대로 부적강화는 행동의 증가를 위해서 평소에 그 사람이 싫어하는 것(혐오자극)을 제거해 줌으로써 그 자체로 하나의 강화 요인이 되는 것입니다. 예를 들어, 학습시간을 늘리기 위해서 정해진 시간만큼 학습을 하면, 평소에 자녀가 싫어하는 음식물 쓰레기 버리는 일을 면제해 줄 수 있습니다.

한편, 응용행동분석에서는 '강화' 이외에 '벌'도 학습 원리가 될 수 있습니다. 벌은 정적 벌과 부적 벌로 나눕니다. 정적 벌은 어떠한 행동 이후에 학습자가 싫어하는 것(혐오자극)을 제시합니다. 예를 들어, 약속된 과제를 수행하지 않았을 때 미리 약속한 벌칙을 줄 수 있습니다. 반면, 부적 벌은 어떠한 행동 이후에 강화 요인을 제거합니다. 예를 들어, 약속된 과제를 수행하지 않았을 때, 평소에 좋아하는 장난감을 일정 시간 동안 회수할 수 있습니다.

벌도 응용행동분석에서 하나의 학습 원리가 될 수는 있지만, 윤리적인 문제와 함께 장기적인 효과성이 낮을 수 있다는 단점이 있습니다. 따라서 부모님이나 선생님은 어디까지나 학습자를 가르치고 지원할 때, '강화'를 이용하는 학습을 가장 먼저 고려해야 합니다. 그리고 강화 중에서도 가급적 부적강화보다는 정적강화를 주로 사용하는 것이 더 효과적이라고 알려져 있습니다. 다만 때에 따라 부적강화를 먼저 적용해야 하는 상황도 충분히 있을 수 있습니다.

행동을 증가시키는 강화	-행동 다음에 강화 요인 제시(정적강화) -행동 다음에 혐오자극 제거(부적강화)
행동을 감소시키는 벌	-행동 다음에 혐오자극 제시(정적 벌) -행동 다음에 강화 요인 제거(부적 벌)

〈그림〉 강화와 벌의 구분

다만 정적 벌이 아닌 부적 벌의 경우에는 정적 강화와 연동하여 활용할 수도 있습니다. 예를 들어, 행동의 증가를 위해서 약속에 따라 일정한 토큰(꼭 토큰이 아니더라도 스티커 등으로 이용 가능함)을 모으면 강화물을 제공하는 '토큰강화'를 사용한다고 했을 때, 부적절한 행동의 발생 시에는 약속한 만큼 모아둔 강화제(토큰)를 일정 개수 수거하는 부적 벌의 하나인 반응대가를 함께 사용할 수 있습니다. 이렇게 토큰강화와 반응대가가 함께 적용되는 방법을 '토큰경제(token economy)'라고도 말합니다.

한편, 토큰경제를 적용할 때는 목표가 되는 행동을 비교적 명확하게 제시할 수 있어야 합니다. 그리고 가능하다면 부모님이나 선생님 그리고 학습자가 함께 협의해서 어떠한 목표를 반영할지 정하는 게 좋다고 알려져 있습니다. 다만 이 점은 학생의 인지적 특성에 따라 늘 실천하기는 힘들 수도 있겠습니다. 또한, 특히 주의할 점으로 반응대가를 토큰강화와 함께 적용한다고 해서 부정적인 행동을 했을 때, 지나치게 과도하게 많은 토큰을 수거하여 학생이 목표를 성취하고자 하는 동기 자체를 꺾는 일은 없어야 합니다.

응용행동분석에서는 학습의 성과는 강화가 적절하게 제공되어 학생의 학습 동기를 효과적으로 유발했는지에 따라 결정이 된다고 이야기하고 있습니다. 학생이 원하고 사회적으로도 타당한 강화가 충분히 제공되는 환경이라면, 학습적 성과는 그에 뒤따라올 수밖에 없다는 말입니다. 물론 학생의 기본적인 특성이나 능력에 따라서 배움의 양과 속도에는 차이가 있을 수 있겠지만, 강화와 환경의 변화를 통해서 학습자의 긍정적인 배움을 충분히 이끌 수 있다고 보는 점이 중요합니다.

〈_____의 약속(행동계약서)〉

1. 나는 다음과 같은 잘한 일에 대해서는 토큰(자석)을 받습니다.

① 공부시간에 주어진 과제를 모두 수행합니다. +2개
② 하루에 30분 이상 운동을 합니다. +2개
③ 3일에 한 번 방을 스스로 깨끗하게 청소합니다. +3개
④ 동생이나 부모님을 도와줍니다. +1개

2. 나는 다음과 같은 잘못된 일에 대해서는 토큰(자석)를 돌려줍니다.

① 정해진 공부시간을 지키지 않습니다. -1개
② 장난감이나 책을 사용한 뒤 정리하지 않습니다. -1개
③ 동생과 다툼이 있을 때 대화로 풀지 않고, 싸움을 합니다. -2개

3. 스티커가 모이면, 나는 다음과 같은 것들을 받을 수 있습니다.

① 스티커 5개: 컴퓨터 1시간 사용하기, 놀이터에서 아빠(엄마)와 놀기
② 스티커 8개: 좋아하는 간식 먹기(과자 등)
③ 스티커 12개: 가족 외식하기(____이가 좋아하는 것으로)
④ 스티커 15개: 작은 장난감 사기

토큰 모음 판[*]				
①	②	③	④	⑤
⑩	⑨	⑧	⑦	⑥
⑪	⑫	⑬	⑭	⑮

〈그림〉 토큰경제를 위한 행동계약서(잘 보이는 곳에 붙여두고 활용)

• 붙이기 쉽도록 자석이나 부직포를 이용하여 토큰을 제작할 수 있다.

응용행동분석, 그리고 긍정적 행동 지원

　예전에 특수교육을 공부하신 분이나 여러 가지 경로로 접하신 분들은 행동수정이라는 말을 들어보셨을 겁니다. 행동수정은 말 그대로 행동주의의 원리를 단편적으로 이용하여 행동을 수정하는 데 주된 초점을 두고 있습니다. 과거에 주로 행동수정이라고 말했던 것을 지금 응용행동분석이라고 바꾸어서 말하는 가장 큰 이유는 행동수정과는 달리 응용행동분석에서는 행동의 수정 이전에 한 사람이 보이는 행동의 특성과 원인(기능)을 먼저 충분하게 분석하는 과정을 중요하게 생각하기 때문입니다.

　예를 들어, 치약을 먹는 이식 행동*을 보이는 학생이 있다면, 과거의 행동수정에서는 치약을 먹는 행동 그 자체를 수정하는 데 초점을 두어, 치약 튜브에 매운 겨자 같은 것(일종의 혐오자극)들을 넣어두어 학생이 이를 맛보게 함으로써 이식 행동을 수정하고자 했습니다. 체벌도 학생이 싫어하는 혐오자극일 수 있기에, 심하지 않은 수준의 체벌도 행동수정에서는 행동을 수정하기 위한 목적으로 어느 정도는 허용될 수 있었습니다. 하지만 이러한 중재 기법의 문제점은 효과가 단기적으로만 나타나며, 장기간에 걸쳐 성과가 지속하지 못할 가능성이 크다는 데 있습니다. 또한, 또 다른 문제행동으로 전이될 가능성(예: 치약이 아닌 다른 먹지 말아야 할 물품들에 대한 이식 행동)도 무시할 수 없습니다.

　하지만 응용행동분석에서는 과거의 행동수정과는 달리 사람이 보이

---

* 먹지 말아야 하는 물질을 먹는 행동.

는 행동의 원인(기능)을 파악하는 데 가장 먼저 중점을 둡니다. 그리고 파악된 원인을 바탕으로 그 원인에 맞는 맞춤형 해결책을 제시하고자 합니다. 이와 같은 응용행동분석의 원리를 행동 지원 영역에서 적극적으로 활용해서, 문제행동(최근에는 도전 행동이라고 하기도 함)의 원인을 파악하고(기능평가), 그 원인에 해당하는 외부적 요인의 변화를 먼저 도모하며(선행사건 중심 중재), 친 사회적이고 바람직한 행동을 가르치고(대체행동 교육 중심의 중재), 앞서 설명한 차별강화, 소거 등의 긍정적인 방법으로 후속 결과에 변화를 주는(후속 결과 중심의 중재), 다차원적이고 종합적인 방법을 긍정적 행동 지원이라고 말합니다.

응용행동분석 또는 긍정적 행동 지원에서 행동의 원인을 파악하는 데는 표적이 되는 문제행동의 발생(B) 이전에 나타나는 선행사건(A)과 행동 이후에 발생하는 후속 결과(C)를 지속해서 관찰하는 방법을 주로 사용합니다. 이때 먼저 원인(기능)을 확인하고자 하는 문제행동을 정확하게 관찰하고 측정할 수 있도록 명확하게 정의합니다. 예를 들어, '하루 3회 이상 팔 또는 발을 이용해서 자신이나 친구를 때리려고 시도한다.' 등과 같이 정의할 수 있습니다. 발생 횟수(빈도) 이외에도, 문제행동의 강도, 문제행동이 지속하는 시간, 발생 형태 등 다양한 차원으로 문제행동을 정의하고, 이를 바탕으로 관찰하고 측정할 수 있습니다. 여러 상황에 따라 다르겠지만, 보통 2~3일에서 1주일 정도 학습자가 보이는 행동(B), 그리고 그 행동 직전에 나타난 선행사건(A)과 행동 직후에 발생한 후속 결과(C)를 관찰하고 기록하게 되면, 그러한 행동을 보이는 원인(기능)이 무엇인지 윤곽이 잡히는 경우가 많다고 합니다.

선행사건 (Antecedent event)		행동 (Behavior)		후속 결과 (Consequence)
관심이 학생에게 주어지지 않음.	⇨	치약을 먹는 이식 행동을 보임.	⇨	어른이 학생에게 관심을 보임.
하고 싶지 않은 과제가 제시됨.	⇨	과제물을 던지면서 화를 냄.	⇨	과제를 철회하고, 휴식이 제공됨.
하고 싶은 과제가 제시됨.	⇨	과제를 적절하게 수행함.	⇨	원하는 보상이 학생에게 제공됨
(사과를 보여주며) 이게 뭐지?	⇨	정반응: '사과'	⇨	칭찬, 보상
	⇨	오반응: '딸기' 무반응: 반응 없음	⇨	교정적 피드백 제공

〈그림〉 선행사건-행동-후속 결과의 예

이같이 행동의 원인을 체계적으로 확인하는 과정을 기능적 행동평가 혹은 기능평가라고 말합니다. 기능평가에서 가장 많이 사용되는 선행사건-행동-후속 결과의 ABC 관찰 기록 이외에도, 면담, 구조화된 설문지, 평정척도, 그리고 문제행동이 주로 발생하는 시간대를 기록하여 기본적인 발생 경향성을 확인하는 데 초점을 두는 산점도 분석 등 다양한 방법으로 학습자가 보이는 행동의 원인(기능)을 파악해 볼 수 있습니다.

시간	월	화	수	목	금
등교 버스 안(7:50~8:40)	//	//	//	/	//
등교 시간(8:40~9:10)			//	/	
1교시(9:10~9:50)					
쉬는 시간(9:50~10:00)	/	/	/		
2교시(10:00~10:40)				/	
쉬는 시간(10:40~10:50)	/	/	/	/	
3교시(10:50~11:30)					
쉬는 시간(11:30~11:40)	/		/	/	

4교시(11:40~12:20)					/
점심시간–식당(12:20~12:50)					
점심시간–교실(12:50~13:20)	//	///	/	//	///
5교시(13:20~14:00)					
쉬는 시간(14:00~14:10)	/	/	/	//	//
6교시(14:10~14:50)					
하교시간(14:50~15:00)	/	/	/	//	//
하교 버스 안(15:00~15:50)	///	/	//	///	///

〈그림〉 산점도 분석의 예(목표 문제행동이 나타날 때 해당 칸에 색을 칠하거나, 횟수를 기록함. 이를 통해 발생 패턴 파악이 가능함.)

이름 :		관찰일 :	
환경/ 활동 :		관찰자 :	
목표행동 :			

시 간	선행사건(Antecedents) ▪ 행동 전에 무슨 일이 일어났는가?	행동(Behavior) ▪ 아동은 무엇을 했는가?	결과(Consequences) ▪ 행동 후에 무슨 일이 일어났는가?

〈그림〉 ABC 관찰 기록지의 예

예를 들어, 며칠 간의 기능적 행동평가 결과, 〈그림〉 선행사건-행동-후속 결과의 예의 첫 번째 예시처럼, 교사의 관심이 계속 제공되지 않는 상황(선행사건)에서 학생이 치약을 먹었고(행동), 이를 통해서 긍정적이든 부정적이든 교사의 관심을 얻고 좋아하는 모습을 보였다고(후속 결과)

가정해 봅시다. 그러면 이 이식 행동의 원인은 관심을 얻고자 하는 데 있을 가능성이 커집니다. 이때 교사는 이 결과를 바탕으로 학생에게 긍정적인 관심을 이식 행동을 보이기 전에 미리 지속해서 제공하고(선행사건 중심 중재의 일종), 이식 행동이 아닌 다른 긍정적인 행동을 보일 때 보상을 제공하는 등(후속 결과 중심 중재 중 차별강화의 일종)의 방법으로 이식 행동이 바람직한 행동으로 변화되도록 계획할 수 있습니다.

예시에서 설명한 사례의 이식 행동 원인인 ① 관심 얻기 기능 이외에도, 주로 개인적인 휴식 공간 제공이 하루 중에 어느 정도 필요한 자폐스펙트럼장애 학습자가 종종 보이는 ② 관심에 대한 회피 기능, ③ 특정 음식, 물건이나 활동(예: 컴퓨터 게임 시간)을 얻고자 하는 기능, ④ 과제나 활동을 회피하고자 하는 기능, ⑤ 감각적 자극을 얻고자 하는 기능, ⑥ 불쾌함을 느끼는 감각적 자극을 피하고자 하는 기능, ⑦ 기타 의료적 요인 등의 다른 원인 유형도 존재합니다. 또한, 이러한 유형들이 복합적으로 작용해서 여러 개의 기능을 가지고 문제행동을 보일 수도 있는데(특히, 연령대가 높아지는 경우), 이 경우에는 행동지원과 문제행동 개선에 더 많은 어려움이 있으며, 전문가의 집중적인 개입이 필요할 수도 있습니다.

더불어, 이러한 문제행동의 원인 유형도 그 행동을 발생시키고 증가시키는 요인이기 때문에, 문제행동에 대한 '강화 요인'이라고 부를 수 있습니다. 다시 말해, '강화'라는 용어 자체는 바람직한 행동이던, 그렇지 않은 행동이던지 관계없이 '어떠한 행동을 발생하고 증가시키는 것'이라는 중립적인 뜻을 내포하고 있습니다.

긍정적 행동 지원에서 문제행동 중재는 바로 그 문제행동을 증가시키는 강화 요인을 소거하고(예: 관심 얻기가 문제행동의 강화 요인이라면 문제행동을 보여도 가급적 최대한 관심을 제공하지 않음), 반대로 문제행동이 아닌 바람직한 행동의 발생을 증가시킬 수 있는 선행사건, 행동, 후속 결과에서의 여러 가지 긍정적 행동에 대한 다각적인 '강화 요인'을 찾아서 꾸준히 적용하는데 핵심이 있습니다.

한편, 최근에는 문제행동 직전에 나타나 행동의 직접적 원인이 되는 선행사건 이외에도, 간접적으로 문제행동 발생을 좀 더 유발할 가능성이 있다고 보이는 '배경사건'에도 많은 관심을 두고, 필요하다면 이에 대한 변화도 행동 지원 접근에 포함하고자 합니다. 예를 들어, 간식이 주어지지 않았을 때(선행사건), 선생님을 때리는 문제행동을 보이는 학습자가 있다고 가정해 보겠습니다. 그런데 이 학습자가 아침에 집에서 밥을 먹지 못해 늘 배가 고픈 상태라면, 이후에 간식을 더욱 요구하게 될 수 있습니다. 그러면 배가 고픈 상황은 문제행동 발생의 직접적인 원인은 아니라도, 하나의 간접적인 원인은 될 수 있습니다. 반대로 아침에 밥을 충분히 먹은 상태라면 아무래도 간식을 먹고 싶은 욕구 자체가 어느 정도 줄어들 수 있으니까요.

이렇듯 문제행동 발생에 간접적인 원인이 될 것으로 보이는(확실하지는 않을 수 있지만) 사건을 배경사건이라고 말합니다. 어떠한 배경사건을 특정해 볼 수 있는 경우, 배경사건-선행사건-행동-후속결과의 형태로 문제행동에 대한 관찰을 및 측정을 하고, 행동 지원계획을 세우게 됩니다. 어떠한 과제를 회피하고자 하는 원인(기능)으로 문제행동을 보이

는 학생에 대한 긍정적 행동 지원계획을 배경사건-선행사건-행동-후속
결과의 차원으로 세워본 예는 다음 〈그림〉과 같습니다.

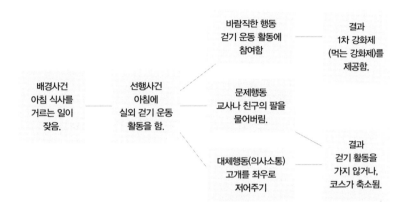

배경사건 중재	선행사건 중재	새로운 기술 (대체행동) 교육	후속 결과 중재
아침 식사를 거르지 않도록 가정(시설)에 요구함. 아침 식사를 거르고 등교할 시에는 걷기 위한 힘을 보충할 수 있도록, '에너지 바' 또는 '바나나' 1개씩을 제공함	걷기 거리 조절 걷기 운동코스에 점차 익숙해지도록, 행동 형성법을 적용하여, 2주 단위로 초등 코스(0.5km), 중학 코스(1km), 고등 코스(1.5km) 순으로 거리를 늘려나감.	기능적 의사소통 훈련(FCT) 시범을 계속 보여주면서, 힘들 때는 고개를 좌우로 저어주면, 처음에는 걷기 활동을 하지 않도록 지도함. 점차 정해진 코스 거리를 줄여주는 방식으로 변경함.	차별강화 : 걷기 활동을 성공적으로 수행하면, 우유와 소량의 간식을 제공하고, 수행하지 않을 시에는 우유와 간식을 제공하지 않음. 과잉교정 절차 : 걷기 활동 시에 교사나 학생을 무는 행동을 보일 때에는 당일 코스의 1.2배를 교사와 함께 걷도록 함.

※참조: 의사와 물리치료사에 의한 의료적 진단 결과, 퇴행 방지 및 하체 근력 강화를 위해 꾸준한 운동이 반드시 요구된다고 평가된 학생임.

〈그림〉 과제를 회피하고자 하는 문제행동 기능에 관한 행동 지원계획 예

마지막으로 문제행동의 원인(기능)별로 긍정적 행동 지원 전략을 몇
가지만 살펴보도록 하겠습니다. 그런데 사실 하나의 문제행동에도 여러

가지 원인(기능)이 있을 수 있는데, 이때는 여러 종류의 행동 지원 전략을 동시에 적용해야 할 수 있습니다. 또한, 학습자의 특성과 상황에 따라서 얼마든지 전략이 수정되거나 추가될 수 있는 만큼 참고 자료로 이해해 주시기 바랍니다.

원인 (기능)	배경사건 및 선행사건 중심의 중재	새로운 기술(대체행동 등) 교육 중심의 중재	후속 결과 중심의 중재
관심 얻기	– 활동 시작 전, 또는 활동 중 주기적으로, 반복해서 긍정적 관심 제공하기 – 성인과 함께 활동하기 – 또래와 함께 학습하기 – 학습자의 희망에 따라 좌석 배치 조정하기	– 관심을 요구할 때의 적절한 대체 의사소통 행동 가르치기(대체 의사소통은 학습자의 인지, 언어능력 고려하여 최대한 쉽게 설정함) – 다른 사람의 관심이 주어지지 않았을 때도 어느 정도 시간을 보낼 수 있도록, 다양한 여가 활동(놀이 등) 가르치기	– 위험한 행동이 아니라면, 문제행동에 최대한 관심을 주지 않기(소거) – 문제행동이 아닌 행동 또는 대체행동에 강화(긍정적 관심) 꾸준히 제공하기
관심 회피	– 하루 중 일정 시간 개인 휴식시간 제공하기 – 예측 가능한 일과 운영 – 시각적 일과표 사용하여, 일과 미리 안내하기(필요할 경우 1시간 내에서도 학습 순서를 시각적으로 제시)	– 관심을 회피할 때의 적절한 대체 의사소통 가르치기	– 대체 의사소통을 보였을 때, 개인 공간과 시간 제공하기
물건, 활동 얻기	– 수업 전 미리 선호하는 물건이나 활동을 적당히 제공하기 – 교육 활동 중간중간마다 평소에 좋아하는 활동을 잠깐씩 포함하기 – 수업 시작 전 적당한 신체적 활동 참여기회 제공 – 시각적인 방법(예: 지금–나중에 그림카드) 등을 활용하여, 뒤이어 원하는 활동을 할 수 있음을 꾸준히 안내하기	– 물건, 활동을 얻고자 할 때의 적절한 대체 의사소통 가르치기 – 차츰 물건이나 활동이 제공되기까지의 시간 간격을 늘려가기 – 강화가 지연되는 동안 참는 방법(예: 1~10까지 세면서 참기 등) 가르치기	– 문제행동을 보였을 때, 해당 물건, 활동은 절대 제공하지 않음. – 문제행동이 아닌 행동 또는 대체행동에 선호하는 물건, 활동 적당히 제공하기

Step 1 증거기반 특수교육: ABA원리 기반의 체계적 교수란?

과제, 활동 회피	– 되도록 쉽고 재미있어하는 과제부터 제시하고 점차 조금씩 어려운 과제를 추가하여 제시하기 – 학습자의 취미나 관심사를 반영한 교육 활동 계획 – 과제 순서, 자료, 시기 등에 대한 선택기회 제공 – 가급적 예측 가능한 일과 운영, 활동 변화에 대해 시각적 방법(예: 그림 상징 활용 시간표 등)으로 미리 안내하기 – 수업 중간중간 휴식시간 부여하기	– 과제나 활동을 회피하고자 할 때의 적절한 대체 의사소통 지도 – 대체 의사소통을 표현했을 시에 처음에는 바로 과제를 없애주다가 점차 과제 수행에 대한 인내심을 키울 수 있도록 조금씩 과제를 수행하는 시간을 늘려가는 방식으로 진행 – 다양한 사회적 기술을 체계적으로 가르치기 – 선택하기, 자기결정 하기 등 자기 결정 증진을 위한 교육하기	– 문제행동을 보여도, 조금이라도 과제를 더 하도록 하기(조금씩 늘려감) – 문제행동이 아닌 행동에 대해서 주기적으로 칭찬과 보상 제공하기 – 대체 의사소통을 보였을 때, 과제를 철회하고, 점차 조금씩 조금씩 과제의 양이나 시간을 늘려가면서 수행하도록 한 뒤에 철회할 수 있도록 함.
감각 자극 얻기	– 트램펄린, 그네, 각종 감각적 놀잇감 등 선호하는 감각자극을 미리 충분히 제공하기 – 흥미로운 자극이 있는 활동으로 환경 구성하기 – 활동 중간중간 감각자극을 삽입하여 제공하기 – 감각자극을 교육 활동, 자료 등에 활용하여 학습 동기 유발하기	– 의사소통 능력을 고려하여, 적절한 감각적 자극을 얻고자 할 때 필요한 대체 의사소통 가르치기 – 감각자극 제공을 적절하게 조금씩 지연시켜서 인내심 키워주기	– 문제행동으로 감각자극을 얻을 수 없도록 조치하기(예: 장갑, 헬멧 등을 이용할 수 있음.) – 문제행동이 아닌 행동 또는 대체행동에 적절한 감각적 강화 제공하기 – 좋아하는 활동과 연계하여, 문제행동을 물리적으로 보일 수 없는 상반된 행동을 보일 시 주기적으로 강화하기 – 부적절한 자기 자극 행동이 발생할 때는 해당 행동을 물리적/언어적인 방법으로 차단하고, 대체행동(또는 상반된 행동)을 수행하도록 명료하게 재지시하기
감각 자극 회피	– 선호하지 않는 감각자극이 있는지 미리 점검하고, 제거하기 – 억지로 싫어하는 감각자극에 익숙해지도록 요구하지 않기	– 감각자극에 회피하기 위한 적절한 대체 의사소통 지도하기 – 해당 감각자극에 익숙해지는 것이 학생의 삶에 꼭 필요하다면, 조심스럽게 아주 조금씩 익숙해지도록 천천히 노출해나가고, 이때 충분한 칭찬과 보상 제공하기	
기타 의료 요인	– 어떠한 행동을 계속 보일 시 문제행동으로 단정하지 말고, 외상, 내과 질환 등 의료적 요인으로 인한 행동은 아닌지 충분히 살펴보기 – 규칙적인 식사와 적당한 양의 간식 제공으로 적절한 영양공급이 되도록 하기 – 긍정적 행동 지원을 적극적으로 활용하되, 뇌의 도파민 생성 문제, 전두엽의 구조적, 기능적 문제 등 교육적인 방법으로만 문제행동을 해결하지 못하는 상황도 있음을 이해하고, 필요할 경우 정신과적 상담과 진단을 통해 약물을 복용하는 것도 선택지로 긍정적으로 고려하기		

기능적 행동평가와 긍정적 행동 지원에 대한 좀 더 자세한 내용은 제가 쓴 책 「발달장애 학생을 위한 특수교육 중재 제2판」 또는 기타 관련 서적을 참고하면 도움이 될 겁니다. 그리고 저자의 블로그 「석이 선생님의 특수교육 이야기」에서도 긍정적 행동 지원과 관련하여 참고할만한 내용이 있어 그중에서 몇 가지 글을 추려 링크를 제시하니 꼭 참고 바랍니다.

〈긍정적 행동 지원 관련 저자 강의자료〉

▷ blog.naver.com/bjs718/222024303332

〈긍정적 행동 지원 프로그램 계획서 예시〉

▷ blog.naver.com/bjs718/221778217660

〈배경사건 중심의 중재 전략〉

▷ blog.naver.com/bjs718/221561829341

〈긍정적 행동 지원의 핵심은 배경사건과 선행사건의 변화에 있다〉

▷ blog.naver.com/bjs718/222013127915

〈잘한 행동이 있을 때가 아닌, 문제행동을 보이지 않은 것만으로 구체적으로 칭찬하고 강화하기: 타 행동 차별강화〉

▷ blog.naver.com/bjs718/222025760517

〈가장 기본적인 후속 결과 중심 전략인 소거에 대해서〉

▷ blog.naver.com/bjs718/222165228919

〈도전 행동(문제행동)을 개선하기 위한 작은 실천들〉

▷ blog.naver.com/bjs718/222191021472

〈2019년 장애학생 위기대응 대처 매뉴얼〉

▷ blog.naver.com/bjs718/221783032139

3

체계적 교수는
무엇인가요?

　여기서는 앞서 설명한, 응용행동분석의 원리들을 기반으로 하는 증거기반실제를 종합적으로 활용하는 체계적 교수(교육방법)에 대해서 간단하게 살펴보고자 합니다. 다음 장에서 체계적 교수의 절차와 내용에 대해서 좀 더 자세하게 살펴보기 위한 기초지식을 쌓는 과정이라고 생각해 주시면 되겠습니다.

　응용행동분석의 원리를 기초로 하는 체계적 교수는 지적장애와 자폐스펙트럼장애를 포함하는 발달장애 학생의 교과학습, 사회적 기술, 의사소통, 일상생활기술, 지역사회 관련 기술, 운동 기술 등 많은 필수 교육내용을 가르치는 데 있어서 오랜 시간에 걸쳐 수많은 연구를 통해 효과가 입증되었습니다. 체계적 교수는 강화, 촉진(단서, 도움, 지원), 시간지연, 과제분석, 모델링(시범) 등의 증거기반을 갖춘 교육방법을 논리적인 교수학습 체계에 맞추어 종합적으로 활용한다고 볼 수 있습니다.

　여러 책이나 논문에 따라서 체계적 교수를 진행하는 과정에는 다소 차이가 있을 수 있습니다만, 저자 나름대로 여러 관련 서적과 연구 논문을 고찰해서 체계적 교수가 이루어지는 과정을 도표로 간략하게 정리해 보았습니다.

1. 목표기술(행동)을 선정하고, 관찰이 가능하게 정의하기
1) 목표기술 선정: 기본교육과정, 진단평가 결과, 학생과 학부모 요구 반영 등
2) 목표기술의 조작적(관찰 · 측정 가능) 정의: ① 조건, ② 성취 기준, ③ 행동용어

2. 목표기술을 한 번에 가르칠 수 있을 만큼 작게 나누기

비연속적인(discrete) 개별 기술	연쇄적(chained) 기술
나누지 않거나, 필요할 경우 행동형성적으로 단기목표 설정하기	기술이 꼭 순서대로 진행되어야 하므로, 과제분석을 통해 단계별로 나눔

3. 과정중심평가를 위한 체크리스트(평가지) 제작하기

비연속적인(discrete) 개별 기술	연쇄적(chained) 기술
정반응의 빈도, 비율을 중심으로 제작	과제분석 기반, 하위단계별 수행 파악

4. 목표기술에 대한 현재 수행수준 파악하기(기초선 측정).

비연속적(discrete) 개별 기술	연쇄적(chained) 기술
체크리스트를 이용해, 정 · 오반응 측정	① 단일기회법과 ② 다수기회법 중 선택

5. 목표기술을 가르치는 순서 결정하기

전진형	후진형	전체과제 제시형

6. 학습자의 주의집중을 조성하고, 나누어진 하위목표별로 체계적으로 가르치기

자극촉진(위치, 색깔, 눈에 띄게)		반응촉진(언어적, 몸짓, 시범, 신체적 촉진)		
자극형성	자극용암	시간지연(2)	동시촉진(1)	반응촉진체계(3)

7. 목표기술의 각 단계별로 피드백을 제공하기

정반응 시 칭찬과 강화 스케줄 제공	오반응 시 오류수정(error correction)

8. 3단계에서 만든 체크리스트를 이용하여 성취도를 자주 점검하기(상시적 평가)

9. 습득된 교수학습 목표의 유지와 일반화를 도모하기

유지 전략: 집중, 분산, 간격 시행(연습)	일반화 전략: 다양한 사례, 실제 장소 이용, 응용기회 제공

〈그림〉 응용행동분석(ABA) 기반의 체계적 교수 진행 과정

응용행동분석에 기초한 체계적 교수학습 절차의 진행 과정에 관한 자세한 설명은 다음 장부터 본격적으로 시작됩니다. 여기서는 도표와 함께 체계적 교수의 진행 과정을 실제 예시를 들어서 간단하게 이야기해보고자 합니다.

예를 들어, 먼저 ① 단계로, 철수를 대상으로 국립특수교육원 적응행동검사*를 실시하였습니다. 그리고 일상생활기술과 관련성이 많은 실제적 적응행동의 하위영역 중 '기본생활' 영역에서 현재 철수가 독립적으로 수행하지 못하지만, 체계적 교수를 통해서 독립 수행할 수 있을 것으로 판단되는 '샤워하기' 기술을 가르쳐보기로 하였습니다. 그리고 이 목표기술을 관찰하고 측정할 수 있도록, 조작적으로 정의하였습니다.

> 집에 있는 샤워부스에서 샴푸, 물비누 등의 용품을 이용하여(조건), 모든 하위 단계를 스스로 수행하면서(성취 기준), 샤워할 수 있다.

다음으로, ② 단계로, 샤워하기 행동이 여러 가지 비연속적(discrete)인 개별 행동들이 연속적으로 순서에 맞게 수행되어야 하는 연쇄적 기

---

* 국립특수교육원 적응행동검사(NISE-K-ABS)에서는 개념적(인지, 언어, 수), 사회적(자기표현, 타인인식, 대인관계), 실제적 적응행동(기본생활, 가정생활, 지역사회 적응. IT활용)으로 구분하여, 지적장애 및 자폐스펙트럼장애를 포함하는 발달장애 학생들의 교육적, 생활 기능적인 학습과제가 될 수 있는 영역별 행동목표를 발달적·위계적으로 구성하고 있습니다. 따라서 진단평가 결과를 바탕으로 바로 학생의 개별화된 교육목표를 수립하는 데 활용도가 높습니다. 이 진단 도구는 국립특수교육원 홈페이지에서 무료로 활용할 수 있습니다.

술(예: 옷을 벗는 단계를 건너뛰고, 바로 샤워기 물을 틀어서는 안 됨)이므로, 부모님이 먼저 샤워하기 과제를 직접 수행해보면서, 다음과 같이 하위 단계를 과제분석 하였습니다.

> 1단계: 옷을 벗는다.
>
> 2단계: 샤워부스로 간다.
>
> 3단계: 적정온도(온수와 냉수의 중간 정도)로 물을 조절한다.
>
> 4단계: 적정온도를 확인하고, 샤워기로 물을 몸에 충분히 적신다.
>
> 5단계: 물을 잠시 끄고, 비누 거품으로 얼굴과 온몸을 씻는다.
>
> 6단계: 샴푸를 적정량 덜어내어 머리를 감는다.
>
> 7단계: 다시 물을 틀어, 샴푸와 비누 거품을 깨끗하게 씻는다.
>
> 8단계: 거품이 묻어있지 않은 것을 확인하고, 물을 끈다.
>
> 9단계: 수건으로 머리와 몸에 묻은 물기를 닦는다.
>
> 10단계: 수건을 걸고 나와서, 속옷과 옷을 입는다.

③ 단계로는, 과제분석한 것을 바탕으로 평가를 위한 체크리스트(평가지)를 간단하게 만들었습니다. 그리고 ④ 단계로, 체크리스트를 이용하여 현재 철수의 샤워하기 수행 수준을 정확하게 확인하는 기초선을 측정하였습니다. 그리고 ⑤ 단계로, 철수에게 샤워하기 행동을 가르치기 위해서 1단계부터 10단계까지의 하위 단계를 역순으로 지도하는 후진형 행동연쇄를 적용하기로 하였습니다. 후진형 행동연쇄는 1단계부터 9

단계까지는 부모님이 대신 수행해주고, 마지막 10단계부터 하위 단계를 체계적으로 가르치는 방법입니다. 10단계 행동을 독립적으로 수행할 수 있게 되면, 1~8단계까지 대신 수행해주고, 9단계부터 다시 체계적인 교수가 이루어집니다. 이러한 방식으로 역순으로 1단계까지 철수가 샤워하기 기술을 습득할 수 있도록 합니다.

지도 순서가 결정된 이후에는 ⑥ 단계로, 하위 단계별(여기서는 10단계부터 역순으로)로 체계적 촉진 전략을 통한 교수학습 과정이 이루어집니다. 부모님은 먼저 철수가 독립적으로 하위 단계를 수행할 수 있는지를 얼마간 기다려 주면서 확인하고, 철수가 제대로 수행하지 못할 때는 간접적인 언어적 지원(예: "다음에는 무엇을 해야 할까?")을 해주고 다시 기다립니다. 그래도 제대로 수행하지 못할 때는 직접적인 언어적 지원(예: "수건을 걸어보자. 속옷과 옷을 입어보자."), 시범 촉진(예: 수건으로 머리와 몸에 묻은 물기를 닦는 시범을 보여 줌), 부분적인 신체적 지원, 전반적인 신체적 지원의 순으로 도움을 주고 기다립니다. 이렇게 학습자가 목표행동을 수행하지 못할 때마다 지원(도움)의 강도를 점차 높여가는 교수학습 전략을 최소촉진체계(system of least prompts)라고 합니다. 뒤에서 자세하게 설명하겠지만, 촉진(prompt)이라는 용어는 목표행동을 수행할 수 있도록 돕는 단서, 도움, 지원 정도로 이해해 주시면 충분합니다.

이러한 방법으로 각각의 하위 단계를 가르치게 되며, ⑦ 단계로, 철수가 이전보다 나아진 해당 단계의 수행을 보일 때는 칭찬과 함께 적절한 보상을 제공하고, 부족한 부분이 있을 때는 보완할 수 있도록 구체적으로 피드백을 해줍니다. ⑧ 단계로, 앞서 제작된 체크리스트를 이용하여, 중재 과정에서도 꾸준히 평가하여, 성취도를 자주 점검하고, 마지막으로 이러한 과정을 통해서 샤워하기 기술 전체에 대한 습득이 이루어진 뒤에는 ⑨ 단계로, 집중연습, 분산연습 스케줄을 통해서 배운 목표행동을 계속 유지하고, 가능하다면 다른 장소나 상황(예: 학교나 목욕탕 등)에서도 습득한 목표행동을 수행하도록 지도할 수 있습니다. 이를 행동이 '일반화'되었다고 말합니다.

한편, 만일 철수가 기술의 수행 과정을 계속 헷갈린다면, 일종의 자기 촉진으로, 화장실에 '샤워하기'의 각 단계에 대한 그림이나 사진을 표로 만들어서 방수 코팅하여 제시해 두거나(그림 기반의 자기촉진), 샤워하기 직전에 자신의 수행 과정을 편집한 동영상을 보도록 하여, 자기 주도적으로 수행에 대한 도움을 주도록 할 수 있습니다(비디오 자기모델링).

체계적 교수는 바로 이와 같은 논리적인 과정으로 진행되면서, 학습자의 배움을 체계적, 반복적으로, 또 지속해서 이끄는 교육방법이라고 이해해 주시기 바랍니다.

체계적 교수를 실천하기 위한
10개의 계단

1장에서 증거기반실제와 응용행동분석, 그리고 체계적 교수에 대한 기본적인 개념을 공부하시느라 수고가 많으셨습니다. 지금부터는 앞서 배운 기본 개념을 바탕으로, 응용행동분석 기반의 체계적 교수를 진행하는 과정을 보다 상세하게 알아보고자 합니다. 또한, '교수'에서 자기 주도적인 '학습'으로 나아가기 위한 자기촉진 체계, 자기관리 전략에 대해서도 알아보겠습니다.

* 50쪽 표를 기준으로 진행합니다

Step 2를 시작하기에 앞서

"좀 더 자세하게 체계적 교수에 대해서 알아보기 전에,
독자분들에게 말씀드리고 싶은 세 가지가 있습니다."

첫째, 이 책은 '증거기반' 특수교육을 실천하기 위한 방법론으로 기존의 국내외 특수교육 관련 연구에서 효과성이 입증되어 온 응용행동분석의 원리와 전략, 기법을 교육방법으로 주로 활용하고 있습니다. 다만 어디까지나 이 책은 응용행동분석의 '원리'와 '기법'을 선행연구를 바탕으로 자립생활 교육 장면에서 적절하게 '활용'하는 데 중점이 있을 뿐이며, 요즘 특히 자폐스펙트럼장애 아동을 대상으로 치료실 등에서 적용되고 있는 응용행동분석(ABA) '치료(therapy)'를 본격적으로 다루고 있는 책은 아니라는 점을 밝힙니다.

저자는 특수교육과를 졸업하고, 현직 중등 특수교사로 재직하고 있습니다. 그리고 지적장애 및 발달지체아 교육 전공으로 특수교육 분야 석사 및 박사학위를 취득하였습니다. 또한, 그간 특수교육 현장에서 꾸준하게 활용되어 온 응용행동분석의 원리와 기법을 좀 더 체계적으로 접목하여 발달장애 청소년의 자립생활 교육에서의 효과성을 입증해 본 다

수의 연구를 수행하고 여러 건의 학술논문을 출판한 경험이 있습니다. 특수교육 현장에서 학생들을 가르칠 때도 '증거기반'이라는 가치를 바탕으로 응용행동분석의 원리를 적극적으로 활용하고 있습니다. 이 책도 이러한 저의 학문적 배경과 경험을 바탕으로 저술된 책입니다. 다만 저자는 어디까지나 특수교육자이며, 심리학의 한 갈래인 응용행동분석 치료 분야의 '공인된' 치료사는 아니라는 점을 밝힙니다. 따라서 이 책도 ABA 기반 '치료'를 본격적으로 안내하는 책은 아닙니다.

둘째, 이 책에서는 앞으로 체계적 교수의 과정을 10단계로 나누어 설명하게 됩니다. 이 과정에는 처음 목표기술을 선정하고, 정의하는 것부터, 평가를 위한 체크리스트를 제작하고, 이를 바탕으로 교수학습 계획을 세우는 과정 전반이 포함됩니다. 사실 막상 배워보면 엄청나게 시간을 소모하는 방법은 아니라고 생각하지만, 그럼에도 한 학습자가 살아가면서 배워야 할 모든 목표기술을 10단계에 걸친 '체계적인' 교수학습 계획으로 세워야 하는 것은 아니고, 그럴 수도 없음을 저 역시 잘 알고 있습니다. 또한, 가정과 학교 등 일상생활 속의 자연스러운 상황에서 미리 계획하지 않더라도, 어떠한 자립생활을 위한 목표기술을 가르치는 기회가 얼마든지 찾아올 수 있습니다.

따라서 이 책에서 이야기하는 10단계를 모두 따르지 않더라도, 꼭 필요한 단계만을 참고로 해서 체계적인 교수학습을 충분히 진행할 수 있습니다. 예를 들어, 꼭 평가지를 만들지 않아도, 머릿속으로 학습자의 성취 정도를 기억하고 필요하다면 간단하게 기록하면서 그때그때 상황에 맞게 나중에 배우게 될 최소촉진, 최대-최소촉진, 시간지연 등의 반응촉진 전략을 활용하여 자연스럽게 어떠한 기술을 가르칠 수도 있습니다. 이 책에서 이야기하는 체계적 교수의 진행 단계는 '군대식으로' 말하자면 소위 'FM' 방식(매뉴얼)을 안내하는 것이며, 적절한 범위 안에서 변형하거나 재구성해서 활용할 수 있다고 봅니다.

셋째, 저는 개인적으로 학습자의 인권이나 학습권을 침해하거나, 객관적으로 교육적, 치료적 효과성이 시간이나 노력 대비 현저히 부족한 것으로 주류 학계에서 이미 판명된 것만 아니라면, 다양한 교육방법이나 패러다임이 존중될 필요가 있다고 생각합니다. 따라서 꼭 이 책에서 주로 이야기하는 교육방법이 아니더라도, 발달장애 청소년의 교육에 효과적으로 활용될 수 있는 방법이 있다면, 긍정적으로 고려해 볼 필요가 있다고 봅니다.

부모님과 선생님께서 지금까지 효과적으로 활용해온 다양한 교육 및 양육 방법도 그것이 학습자의 인권을 존중하는 방법이라면 충분히 사용할 수 있다고 생각합니다. 다만 이 책은 '증거기반'이라는 핵심 가치 아래, 기존의 과학적인 연구를 통해서 교육적 '성과'가 실증적으로 입증되어 온 교육방법 또는 중재 전략을 가정과 학교 등의 특수교육 현장에서 우선하여 고려해 볼 필요가 있다는 철학을 바탕으로 집필하였음을 밝힙니다.

그럼 이제 Step 2를 진행하겠습니다. 감사합니다.

1

목표기술을 선정하고,
명확하게 정의해요.

---

1. 목표기술(행동)을 선정하고, 관찰이 가능하게 정의하기
1) 목표기술 선정: 기본교육과정, 진단평가 결과, 학생과 학부모 요구 반영 등
2) 목표기술의 조작적(관찰·측정 가능) 정의: ① 조건, ② 성취 기준, ③ 행동용어

〈그림〉 ABA(응용행동분석) 기반의 체계적 교수 진행 과정(1단계)

목표기술 선정하기

체계적 교수를 시작하기 위해서 가장 먼저 해야 할 첫 번째 단계는 학습자의 특성(예: 능력 수준 등)을 고려하여 교수학습 목표를 정하는 일입니다. 이 교수학습 목표를 목표기술 또는 목표행동이라고 말합니다. 보통 학교에서는 목표기술을 특수교육 기본교육과정 등을 포함하는 국가 수준의 교육과정에서 필요한 내용을 추출할 수 있습니다. 또한, 부모님 또는 때때로 학생 본인이 배우기 바라는 교과학습, 의사소통 및 사회성, 일상생활기술, 직무기술 등을 포함하는 여러 영역의 다양한 목표기술 중에서 현재 학생의 발달 수준, 학습 수준, 과제의 난이도 등을 고려했을 때 지금 배울 준비가 되어 있다고 판단되는 것부터 먼저 선정할 수 있습니다.

이와 더불어, 국립특수교육원 적응행동검사(NISE-K-ABS), 또는 여러 유형의 학습능력검사 등과 같은 체계적인 교육적 진단평가 과정을 통해서 삶을 영위하는 데 필요한 여러 영역의 현행수준을 파악하고, 현재 수준보다 진보할 수 있는 다음 단계의 목표들을 지금 가르칠 목표기술로 삼을 수도 있습니다. 학습자의 목표기술을 선정하는 데 있어서 가장 효과적인 방법이라면, 앞서 이야기 한 학교 교육과정, 부모님이나 학생의 교육적 요구, 체계적인 진단평가 과정을 통한 결과 등을 모두 종합적으로 반영하여, 지금 수준에서 가르칠 수 있고, 또 가르쳐야 할 목표기술의 목록들을 선정하는 것이라고 볼 수 있습니다.

이 책에서는 주로 초등학교 5~6학년 이상에서 전공과에 재학 중인 발달장애 청소년을 대상으로 하여, '자립생활 교육'에 초점을 두는 여러 영역별 목표기술을 위계적으로 프로그램화하여 제시하고자 합니다. 이때 국립특수교육원 적응행동검사와 진로·직업교육 성과지표, 2015 개정 특수교육 기본교육과정의 성취 기준 등을 다각적으로 분석하여 발달장애를 가진 청소년에게 꼭 필요한 목표기술들을 재구성하였습니다. 따라서 발달장애를 가진 청소년을 자녀나 학생으로 두고 있는 부모님이나 선생님은 이 책으로 좀 더 손쉽게 지금 당장 가르쳐 볼 수 있는 목표기술을 선정하는 데 나름대로 도움을 얻을 수 있을 것으로 생각합니다.

이 책에서 제시된 목표기술들 이외에도 학습자 특성, 환경적 특성, 세부적인 진로 및 직업교육 방향성(예: 바리스타를 목표로 전문적인 직무교육을 제공함)에 따라, 가르치고자 하는 목표기술을 선정할 때, 주로 고려해야 할 사항들은 다음과 같습니다(한경근, 박경옥, 최승숙 역, 2014).

(1) 학습자를 위해서 부모님이나 선생님이 대신해주고 있는 기술(행동)에는 어떠한 것들이 있는지 확인하기

먼저 학습자의 일과를 쭉 관찰해보고, 현재 학습자를 대신해서 부모님이나 선생님이 대신해주고 있지만, 학습자가 스스로 하기를 바라고, 또 그랬을 때 학습자의 삶이 더 독립적이고 생산적으로 변화될 수 있는 목표행동의 목록들을 모두 적어볼 수 있습니다. 이외에도 꼭 대신해주고 있는 것은 아니지만 학습자가 지금 꼭 배웠으면 하는 교과학습, 의사소통, 사회적 기술, 일상생활기술, 직무기술 등을 모두 적어볼 수도 있습니다. 대신 학습자의 수준에 맞지 않는 너무 터무니없는 것은 일단 빼는 것이 좋습니다.

(2) 학습자가 배우고 싶어 하는 기술은 무엇인지 확인하기

학습자를 위해서 부모님이나 선생님께서 대신해주고 있는 행동(기술)을 찾은 뒤에는 이들 중에서 지금 학습자가 배우고 싶어 하는 행동에는 무엇이 있는지 알아볼 수 있습니다. 예를 들어, 학습자가 스스로 식사를 준비해서 밥을 먹는 기술을 배우고 싶어 한다면, 이를 목표로 설정할 수 있습니다.

학습자가 스스로 지금 배우고자 하는 목표기술을 선정해 볼 수 있도록 지원하는 방법에는 자기결정 교수학습모델(SDLMI)이라는 전략이 있습니다. 자기결정 교수학습모델에 대한 좀 더 자세한 설명은 제가 쓴 책「발달장애 학생을 위한 특수교육 중재 제2판」이나 번역서인「발달장애 학생의 자기결정 증진 전략」이라는 책을 통해서 자세하게 알아볼 수

있습니다.

　여기서 간단하게 자기결정 교수학습모델의 과정을 설명해 보자면, 먼저 ① 단계는, 목표설정 단계로, 학습자와 가르치는 사람 간의 대화와 질문 과정(적절한 지원)을 통해서 배우고 싶은 교육내용을 알아보고, 현재 이 교육내용에 대해서 알고 있는 것과 모르고 있는 것을 구분해보면서 지금 당장 내가 목표로 삼아야 할 목표기술과 교수학습 목표를 최대한 스스로 설정할 수 있도록 합니다. 물론 적절한 수준으로 부모님이나 선생님의 도움이 있어야 할 것입니다. 다음으로 ② 단계는, 계획수립 및 실행 단계로, 이 교수학습 목표를 달성하는 데 필요한 학습 계획을 부모님과 선생님 등의 적절한 도움(가능한 최소한으로)을 받아 세우고(예: 학습시간, 학습 방법, 학습량 등), 이를 실행에 옮겨봅니다. 마지막으로 ③ 단계는, 평가 및 조정 단계로, 교수학습 목표의 달성 정도를 적절한 도움은 받되, 최대한 스스로 평가해보고, 필요한 경우에 목표나 계획을 수정 및 보완할 수 있도록 합니다.

　자기결정 교수학습모델이라는 말이 어려워서 그렇지 사실 자기 주도적으로 학습을 할 수 있는 사람들은 머릿속으로 이러한 과정(목표설정 → 계획 및 실행 → 평가 및 조정)을 거치면서 자신이 세운 여러 가지 목표들을 달성해 나가게 됩니다

영어를 잘하기 위해서는 어떻게 해야 할까?

↓

명확하게 목표를 설정하자.

- 토익 점수를 현재 600점에서 850점 이상으로 향상한다. 또는,
- 생활에서 필요한 수준의 회화를 익혀 외국 여행을 무리 없이 다녀올 수 있도록 한다. 등

↓

학습 계획을 세우고 실행하자.

- 앞으로 1년 동안 하루에 영어단어나 필수 문장 30개씩을 꼭 외우고, 별도로 주 2회 영어 학원에 다니고, 아침 출근할 때는 영어 라디오를 매일 듣자. 또는 전화 영어 매일 20분씩 참여 등 효과적이고 지킬 수 있는 학습 계획 세우기
- 이러한 학습 계획을 지키는 데 방해가 되는 것은 무엇이 있을지 살펴보고, 자기 스스로 또는 타인의 도움을 받아 방해 요인 제거

↓

학습 수행 과정 및 결과에 대해서 평가하고 조정하자.

- 한 주, 한 달, 3개월, 6개월, 1년 등으로 나누어서 학습 정도를 평가하고, 필요할 경우 학습 목표나 계획을 조정한다.

저의 경우에는 개별화 교육계획을 수립하는 과정에서 가능한 경우에는 이 자기결정 교수학습모델을 적용하여 발달장애를 가진 학습자 스스

로 자신의 원하는 교육내용과 목표를 정해 볼 수 있도록 지원하는 편입니다. 예를 들어, 체육 시간에 배워보고 싶은 종목을 스스로 골라보게 하고, 자신이 강·약점을 바탕으로 교육목표를 함께 만들어 볼 수 있도록 합니다.

(3) 현재 수행 수준을 고려하여, 성취 가능한 기술 정하기

목표기술을 선정할 때에는 학습자의 현재 능력 수준을 고려하였을 때, 적어도 6개월에서 1년 내에는 성취 가능한 기술을 정하는 것이 필요합니다. 6개월 내에는 성취 가능한 기술을 목표로 결정했을 때, 이를 개별화 교육계획의 장기목표로 선정하고, 이 목표를 적절하게 나누어 월 목표나 주간 목표와 같은 단기목표들을 설정해 나갈 수 있을 것입니다. 또한, 학습자가 목표기술을 수행할 때 꼭 필요한 선행기술이지만, 아직 배우지 못한 선행기술이 있다면, 이 기술을 먼저 목표로 선정해야 합니다.

예를 들어, 화장실에서 적절하게 대소변을 처리하고, 손을 씻고 나오는 등의 적절한 위생관리 기술을 수행하는 등의 전반적인 화장실 사용 기술을 지도한다고 생각해봅시다. 이때 만약 학습자가 기본적으로 대소변을 자주 바지에 실수하는 상황이라면, 화장실 이용기술을 지도하기 전에 용변훈련을 먼저 시행하여, 사전기술을 습득할 수 있도록 합니다. 그런데 용변훈련은 적절한 소변 간격(대략 90분 이상)을 보이고 건강상에 다른 문제가 없을 때 시작할 수 있습니다. 어쨌든 이러한 학습자를 대상으로 체계적인 용변훈련을 시행하여, 대소변을 화장실에서 처리하는 것이 일상화되었을 때, 다른 전반적인 화장실 사용 기술도 뒤이어서 가르칠 수 있을 겁니다.

다만 학생이 건강상의 문제나 여러 가지 인지적 문제로 인하여 사전 기술을 습득하는 것이 힘들다고 판단된 경우에는 부분적 참여(partial participation)의 원리를 고려하여, 해당 사전기술은 대체적인 방법을 활용하거나, 적절한 지원을 통해서 대신해주고, 나머지만 학생이 배울 수 있는 수준으로 목표기술을 조정하여 지도할 수도 있겠습니다. 예를 들어, 건강상의 문제로 인해서 소변을 기저귀에 눌 수밖에 없는 상황이라면, 기저귀를 스스로 또는 도움을 받아 처리하는 방법을 지도하면서, 다른 화장실 사용 기술도 지도해 나갈 수도 있습니다.

목표기술을 관찰 및 측정 가능하도록 조작적으로 정의하기

목표기술이 정해진 뒤에는 이 기술을 객관적으로 관찰하고, 성취 정도를 측정할 수 있도록 조작적으로 정의하는 것이 필요합니다. 조작적으로 정의한다는 것은 다시 말해, 행동을 직접 눈으로 볼 수 있으면서도, 어느 정도 수행을 할 수 있는지를 수치로 표현할 수 있도록 한다는 말이라고 볼 수 있습니다. 예를 들어, '국어의 기본 지식을 갖출 수 있다.' 또는 '국어의 기본 자·모음 규칙을 이해할 수 있다.'라는 목표의 경우에 '기본 지식'이 도대체 무엇인지 다른 사람들이 쉽게 알 수도 없고, '이해'라고 하는 것은 사람의 머릿속에서 일어나는 것인데 이해가 되었다는 것을 그 사람의 머리에 들어가 보지 않는 이상 제대로 알 방법이 없습니다. 따라서 목표기술을 조작적으로 정의할 때는 최대한 구체적으로 조건이나 상황을 명확하게 제시할 필요가 있고, '이해'했다는 표현 대신에, 이해한 내용을 말 또는 글이나 어떠한 행동으로 눈으로 관찰할 수 있게 끔 표현할 수 있도록 제시할 필요가 있습니다.

이처럼 목표기술을 조작적으로 정의하기 위해서는 (1) 조건, (2) 성취 기준, (3) 행동·용어 사용이라는 세 가지 사항을 고려할 필요가 있습니다 (장혜성, 김수진, 김지영, 2016).

(1) 조건

먼저, 조건은 목표기술이 일어날 때와 관련하여, 그에 앞서 나타나는 선행 자극을 말하는데, 환경적인 상황, 사용될 자료, 제공되는 촉진(단서, 도움, 지원)의 정도, 말이나 글을 통한 지시 등을 상세하게 제시할 수 있습니다.

〈표〉 목표기술 서술 시 적절한 조건 제시의 예

요소	예시
1(자료)	6문장으로 이루어진 한 문단의 글이 주어질 때
2(환경)	수학 수업시간 30분 동안에
3(지시)	교실에 있는 사물 중 하나를 가리킬 때,
4(촉진 정도)	교사의 시범을 보고, 그림 자료를 보고, 신체적 지원을 받아, 언어적 지원을 받아 등

(2) 성취 기준

다음으로, 성취 기준은 교육이 제공된 후 학습자가 교육적 성취를 적절하게 이루었는지에 대한 판단 기준을 말합니다. 예를 들어, 목표로 하는 행동 수준의 빈도, 지속시간, 반응시간, 지연시간, 비율, 백분율(%) 등으로 기준을 서술합니다.

〈표〉 목표기술 서술 시 적절한 성취 기준 제시의 예

요소	예시
1(빈도, 비율)	연속 나흘 동안 5분당 10개 이상 등
2(지속시간)	연속 사흘 동안, 5분 이상 지속하여
3(지연시간)	과제가 제시되면 10초 이내에
4(정확도)	주어진 기회에 90% 이상을 정확하게
5(백분율)	총 10단계 중 8단계 이상을 정확하게(80% 이상)

(3) 행동용어

교육을 제공하였을 때, 변화를 도모하고자 하는 학습자의 행동을 구체적으로 관찰하고 측정할 수 있도록 서술하여야 합니다. 예를 들어, '이해하다' 대신에 이해한 내용을 바탕으로 하여, '말할 수 있다' 또는 '쓸 수 있다' 혹은 어떠한 과제를 '수행할 수 있다' 등으로 가르치는 사람이 실제로 성취 여부를 객관적으로 확인할 수 있게끔 해야 합니다.

지금까지 알아본, 세 가지 조건을 준수하면서, 목표기술(행동)을 조작적으로 정의한 예는 다음과 같습니다.

〈표〉 목표기술 서술 시 적절한 행동 용어(동사)의 종류

목표를 서술하는 데 적절한 행동 동사의 예	응답한다. 색칠한다. 자른다. 그린다. 잡는다. 응시한다. 쓴다. 가리킨다. 말한다. 던진다. 지적한다. 누른다. 수행한다. 등
목표를 서술하는 데 부적절한 행동 동사의 예	이해한다. 발달한다. 증진한다. 안다. 참여한다. 인지한다. 습득한다. 경청한다. 관심을 갖는다. 향상된다. 확인한다. 등

〈예1〉 식사 준비 기술(라면 끓이기)

- 조건: 라면 봉지 뒷면에 있는 조리 과정 그림을 참고하여,

- 성취 기준: 모든 하위 단계를 스스로 정확하게 수행하면서,

- 행동용어: 국물이 있는 라면을 끓일 수 있다.

〈예2〉 물건 구매 기술

- 조건: 마트에 가서 구매계획표에 따라 3만 원 범위 안에서,

- 성취 기준: 사야 할 물건의 종류와 개수, 가격을 정확하게
  골라

- 행동용어: 물건을 구매할 수 있다.

〈예3〉 기능적 수학 기술

- 조건: cm, m, km의 길이 단위를 변환하는 문제가 주어질 때,

- 성취 기준: 연속 3회 이상 90% 이상의 정확도를 유지하면서,

- 행동용어: 연필로 정답을 쓸 수 있다./ 컴퓨터로 정답을 쓸
  수 있다./ 정답을 말할 수 있다. 등

〈예4〉 수업 참여 행동(과제 집중 행동)

- 조건: 체육수업이 진행되는 동안

- 성취 기준: 총 40분 중에서 30분(75%) 이상/ 5회 이상

- 행동용어: 수업에 참여하는 행동을 보일 수 있다./ 자리에 앉
  을 수 있다./ 교사에게 수업내용에 관해 질문할 수 있다. 등

〈예5〉 사회적 기술(인사하기)

　- 조건: 직장에서 자신보다 상급자가 2m 앞으로 접근하면,

　- 성취 기준: 5초 이내에

　- 행동용어: 존댓말로 인사할 수 있다.

〈예6〉 기초 작업 기술

　- 조건: 지시받은 부품 조립 공정을 동료의 시범을 보고,

　- 성취 기준: 주어진 전체 기회 중 90% 이상 정확하게,

　- 행동용어: 수행할 수 있다.

　그런데 이러한 목표기술은 수행 과정에 따라 비연속적인(discrete) 개별 행동일 수도, 여러 가지 비연속적인 개별 행동들이 순서대로 진행되어야 하는 연쇄적인(chained) 행동일 수도 있습니다. 이러한 목표기술의 유형에 따라서 다음 단계에서 이루어지는 스몰 스텝(small-step)의 방법이 달라질 수 있습니다.

한 번에 가르칠 수 있게
나누어요.

2. 목표기술을 한 번에 가르칠 수 있을 만큼 작게 나누기

비연속적인(discrete) 개별 기술	연쇄적(chained) 기술
나누지 않거나, 필요할 경우 행동형성적으로 단기목표 설정하기	기술이 꼭 순서대로 진행되어야 하므로, 과제분석을 통해 단계별로 나눔

3. 과정중심평가를 위한 체크리스트(평가지) 제작하기

비연속적인(discrete) 개별 기술	연쇄적(chained) 기술
정반응의 빈도, 비율을 중심으로 제작	과제분석 기반, 하위단계별 수행 파악

〈그림〉 ABA(응용행동분석) 기반의 체계적 교수 진행 과정(2~3단계)

목표기술을 선정하고, 관찰하고 측정할 수 있도록 정의한 뒤에는 한 번에 가르칠 수 있을 만큼 행동을 나누는 스몰 스텝의 과정이 필요합니다. 마치 개별화 교육계획을 수립하면서 장기목표(학기목표)를 단기목표(월 목표, 주간 목표 등)로 세분화하는 것처럼 말입니다. 이렇게 목표기술을 하위 과제로 나누게 되면, 한 번에 배우게 되는 학습량이 줄어들기 때문에 당연히 학습자 관점에서는 더 수월하게 과제를 수행할 수 있게 됩니다. 보통 학생의 학습 수준이나 과제의 난이도 등을 모두 고려하여, 한 번에 가르칠 수 있는 정도로 과제를 나누게 됩니다. 이때 목표기술이 비연속적인(discrete) 개별 행동인지, 또는 연쇄적(chained) 행동인지에 따라서 목표기술을 나누는 방법이 달라집니다.

비연속적인(discrete) 개별 기술의 경우

목표기술이 더 나눌 필요가 없는 개별적인 기술이라면, 과제분석을 할 필요가 없습니다. 예를 들어, 일견 단어(sight word)로 '급식소'라고 한 번에 읽는 것만이 목표기술이라면, 굳이 이 목표를 더 잘게 나눌 필요도 없고, 나누는 것도 힘들 겁니다.

목표기술이 비연속적인 개별 행동들이 꼭 순서에 맞게 이루어져야 하는 연쇄적인 행동은 아니지만, 단일의 개별 행동들의 집합으로 이루어져 있을 수도 있습니다. 예를 들어, 비교적 높은 학생의 학습 수준을 고려하여, '우리 국어의 자음 전체를 올바르게 발음하는 것'을 목표기술로 삼았다면, 먼저 'ㄱ'을 읽는 것을 가르치고, 다음에는 'ㄴ'을 가르치는 식으로 'ㅎ'까지 자음 읽기 과제를 나누어서 가르칠 수 있습니다. 다만 이전 하위 과제를 수행하지 못하면 다음 단계로 나아갈 수 없는 연쇄적인 기술과는 다르게 꼭 자음을 순서대로 가르칠 필요는 없을 겁니다.

이외에도, 스몰 스텝으로 하위 목표를 수립하는 과정에서 원칙적으로는 다소 지양해야 할 수 있지만, 과제 수행의 정확도를 30%, 40%, 50%의 순으로 늘려간다거나, 단위 시간 내에 완수하는 조립과제의 수를 10개, 20개, 30개와 같은 식으로 점차 늘려가는 형태로 교수학습 회기별

하위 목표를 설정하는 것도 때에 따라서는 필요할 수 있습니다.

연쇄적인(chained) 기술의 경우

여러 가지 비연속적인 개별 행동들이 대체로 순서대로 이루어져야 하는 연쇄적인 행동은 과제분석(task analysis)의 본래 의미가 가장 적합한 경우입니다. 이때는 행동 연쇄적인 과제분석이 필요합니다. 사실 우리가 흔히 말하는 과제분석이 바로 이 행동 연쇄적인 과제분석을 주로 뜻합니다.

사실 학습자의 수준이나 과제의 난이도에 따라서 이 세상 대부분의 행동이 연쇄적인 행동일 수도 있습니다. 예를 들어, '가수'라는 글자를 보고 말하는 것도, 그냥 하나의 비연속적인 개별 행동으로 보고 /가수/이라고 한 번에 읽도록 가르칠 수도 있지만, 학습자의 학습 수준이 가수를 한 번에 읽을 수 없을 정도로 어려움이 있거나 자모음의 발음 규칙과 합성을 가르치는 파닉스(phonics) 지도를 해야 하는 등의 상황에 따라 다음과 같이 연쇄적 행동으로 보고 과제분석을 할 수도 있습니다.

> 1단계: 자음 'ㄱ'을 /그/라고 발음할 수 있다.
> 2단계: 모음 'ㅏ'를 /아/라고 발음할 수 있다.
> 3단계: /그/와 /아/를 빠르게 말해, /가/라고 발음할 수 있다.
> 4단계: 자음 'ㅅ'을 /스/라고 발음할 수 있다.

5단계: 모음 'ㅜ'를 /우/라고 발음할 수 있다.

6단계: /스/와 /우/를 빠르게 말해, /수/라고 발음할 수 있다.

7단계: '가수'를 /가/와 /수/를 적절한 속도로 말해, /가수/라고 발음할 수 있다.

이러한 경우가 아니더라도 우리가 흔히 아무렇지도 않게 화장실을 가는 행동, 손을 씻는 행동, 의자에 앉는 행동, 필기하는 행동 등 일상생활이나 학습 장면에서 이루어지는 대부분 행동은 비연속적인 개별 행동들이 순서에 맞게 순서대로 이루어짐으로써 완성되는 연쇄적 행동인 경우가 많습니다. 이러한 연쇄적 행동을 비연속적인 개별 행동으로 아주 잘게 나누거나, 학습자의 학습 수준이나 과제 난이도 등을 고려하여 한 번에 가르칠 수 있을 만큼씩 나눌 수 있습니다.

당연하겠지만 학습 수준이 상대적으로 높거나 과제의 난이도가 작을 때에는 과제분석을 덜 하게 되고, 학습 수준이 낮거나 과제의 난이도가 클 때는 과제분석을 더욱 세밀하게 해야 합니다. 그러면 당연히 하위 단계의 개수가 늘어나게 될 겁니다. 또한, 이러한 과제분석은 보통 부모님이나 선생님이 직접 그 목표기술 과제를 수행해보면서, 하위 행동을 파악하고, 논리적이고 순서에 맞게 과제분석을 할 수 있습니다.

〈표〉 연쇄적 목표기술(샤워하기)의 과제분석 예
(과제분석을 덜 세밀하게 한 경우)

1단계: 옷을 벗는다.

2단계: 샤워부스로 이동한다.

3단계: 적정온도(온수와 냉수의 중간 정도)로 물을 조절한다.

4단계: 적정온도를 확인하고, 샤워기로 물을 몸에 충분히 적신다.

5단계: 물을 잠시 끄고, 비누 거품으로 얼굴과 온몸을 씻는다.

6단계: 샴푸를 적정량 덜어내어 머리를 감는다.

7단계: 다시 물을 틀어, 샴푸와 비누 거품을 깨끗하게 씻는다.

8단계: 거품이 묻어있지 않은 것을 확인하고, 물을 끈다.

9단계: 수건으로 머리와 몸에 묻은 물기를 닦는다.

10단계: 수건을 걸고 나와서, 속옷과 옷을 입는다.

〈표〉 연쇄적 목표기술(샤워하기)의 과제분석 예
(학습자의 수준을 고려하여 과제분석을 더 세밀하게 한 경우)

1단계: 윗옷을 벗는다.

2단계: 바지를 벗는다.

3단계: 속옷을 벗는다.

4단계: 양말을 모두 벗는다.

5단계: 화장실 문을 연다.

6단계: 샤워부스로 이동한다.

7단계: 적정온도(온수와 냉수의 중간 정도)로 물을 조절한다.

8단계: 적정온도가 되었음을 손으로 확인한다.

9단계: 샤워기로 물을 몸에 충분히 적신다.

10단계: 물을 잠시 끈다.

11단계: 비누 거품을 낸다.

12단계: 비누 거품으로 상체를 씻는다.

13단계: 비누 거품으로 하체를 씻는다.

14단계: 샴푸를 적정량 덜어내어 머리를 감는다.

15단계: 비누 거품을 덜어 얼굴을 30초 이상 씻는다.

16단계: 다시 물을 튼다.

17단계: 물로 샴푸와 비누 거품을 깨끗하게 씻는다.

18단계: 몸에 거품이 묻어있지 않은 것을 확인한다.

19단계: 수도꼭지를 끈다.

20단계: 마른 수건을 꺼낸다.

21단계: 수건으로 머리에 묻은 물기를 닦는다.

22단계: 수건으로 상체에 묻은 물기를 닦는다.

23단계: 수건으로 하체에 묻은 물기를 닦는다.

24단계: 수건이 마르도록 펴서 올바르게 걸어 놓는다.

25단계: 화장실 문을 열고 밖으로 나온다.

(후략)

사실 비연속적인 개별 기술과 연쇄적 기술을 나누는 기준은 조금 모호할 수 있습니다. 예를 들어, 점프하는 동작을 가르치는 때에도 학습자의 인지 수준이나 신체 발달 수준에 따라서 연속 동작을 한 번에 '통'으로 수행한다고 보고, 전체를 하나의 비연속적인 개별 기술로 바라보고 교육할 수 있습니다. 이와는 반대로, 점프 과정의 한 동작, 한 동작을 별도의 개별 기술로 바라보고, 아주 세분화하여 순서대로 수행해야 하는 연쇄적 기술로 접근하여 교육할 수도 있습니다. 따라서 목표기술의 난이도나 학습자의 학습 수행 및 발달 수준 등에 따라 부모님이나 선생님이 어떤 유형으로 접근해서 지도할지, 연쇄적 기술로 본다면 하위 단계는 얼마나 나눌지 등을 적절하게 판단해야 합니다.

다음 단계로 넘어가기 전에 연습장을 이용해서 목표기술을 스몰 스텝으로 나누는 과정까지를 한 번이 아니라, 꼭 몇 번 이상 실습해 보시기 바랍니다. 많은 전문가는 체계적 교수에서 가장 중요한 과정 중 하나가 바로, 과제의 난이도나 학습자의 수준에 따라 적절하게 스몰 스텝으로 과제분석하는 절차라고 말하고 있습니다. 과제분석을 어떻게 했는지에 따라서 향후 교육의 성과가 달라질 수 있음은 물론입니다. 조금 과장한다면 어쩌면 '특수교육' 자체가 '과제분석'에서 시작해서, '과제분석'으로 끝난다고 말할 수도 있다고 생각합니다.

3

체크리스트(평가지)를
만들어요.

비연속적인(discrete) 개별 기술의 경우

목표기술을 한 회기에 가르칠 수 있을 정도로 나누는 스몰 스텝의 과정이 이루어지고 나면, 이를 이용해서 과정중심평가를 위한 체크리스트 (평가지)를 제작하게 됩니다. 보통 비연속적인 개별 기술의 경우에는 정반응(성공) 횟수, 빈도, 정반응의 비율 등을 기준으로 체크리스트를 만듭니다. 예를 들어, 자음 'ㄱ'과 'ㄴ'을 10번 시도 중에서 몇 번 정확하게 읽었는지를 기록하도록 체크리스트를 만들 수 있습니다.

〈표〉 비연속적인 개별 기술에 대한 체크리스트의 예1

ㄱ	1회	2회	3회	4회	5회	6회	7회	8회	9회	10회	%
8.4일	X	X	X	X	X	X	X	X	P	O	10%
8.5일	X	X	X	X	X	X	P	P	O	O	20%
8.6일											
8.7일											
8.8일											
8.9일											

*O: 독립적 수행(정반응), P: 촉진 받아서 수행, X: 최종 오반응 및 무반응

만약, 여러 개의 비연속적인 개별 기술을 한 회기에 모두 가르치고자 계획한다면, 다음과 같이 체크리스트를 만들 수도 있습니다.

〈표〉 비연속적인 개별 기술에 대한 체크리스트의 예2(한 회기에 가르칠 하위 목표가 여러 개인 경우)

하위 목표	1회	2회	3회	4회	5회	6회	7회	8회	9회	10회	%
ㄱ	X	X	X	X	P	P	P	O	O	O	30%
ㄴ	X	X	X	X	P	P	P	O	O	O	30%
ㄷ	X	X	X	X	X	P	P	P	O	O	20%

사물이나 그림카드를 보고 해당하는 사물의 명칭을 말하거나, 글자카드를 읽는 등의 비연속적 개별 기술을 가르칠 때, 하나의 목표만 두고 반복해서 물어보게 되면, 학습자가 그림카드나 글자카드를 집중해서 보지 않은 상태에서 그냥 앵무새처럼 답을 따라 말하는 경우도 나타날 수 있습니다. 이 때문에, 처음부터 2~3개 이상의 목표를 한 회기에 가르치기로 정해두고, 무작위로 번갈아 가면서 과제를 제시할 수도 있습니다. 예를 들어, 'ㄱ' 카드를 제시해서 답을 말하게 하고, 다음에는 'ㄴ' 카드를 제시하는 식입니다. 하지만 이러한 계획은 학습자의 인지적 능력과 과제에 따라서 조금은 신중하게 결정해야 할 필요도 있습니다.

연쇄적인(chained) 기술의 경우

반면, 행동 수행의 순차적인 수행이 매우 강조되는 연쇄적 기술의 경우에는 과제분석을 통해 나누어진 하위 단계를 바탕으로 하위 단계별 수행 정도를 측정하고 평가해야 합니다. 이때는 각 하위 단계의 행동을 수행하는데 필요한 촉진(도움)의 양, 완성도, 정확도 등에 따라 다양한 척도(2점, 4점, 5점, 6점, 7점 등)로 만들고, 전제 수행률을 산출할 수 있도록 체크리스트를 만들 수 있습니다.

예를 들면, 2점 척도의 경우에는 독립적인 정반응 수행 여부에 따라 정반응과 오반응으로 구분할 수 있습니다. 여기서 정반응은 정확한 수행, 오반응은 부정확한 수행을 말합니다. 그리고 3점 척도의 경우에는 독립 수행, 언어적 촉진 또는 시범 촉진을 받아 수행, 통제 촉진*, 5점의 경우에는 독립 수행, 언어적 촉진을 받아 수행, 시범 촉진을 받아 수행, 부분적인 신체적 촉진을 받아 수행, 전반적인 촉진을 받아 수행 등과 같이 척도를 만들 수 있습니다.

가령, 8단계로 과제분석이 이루어진 '손 씻기' 기술의 평가 체크리스트는 다음의 〈표〉와 같이 제작할 수 있습니다. 여기서는 6점 척도(0점~5점)를 이용하여 아래와 같이 수행 수준을 측정하고 점수로 나타낼 수 있게 했습니다.

• 해당 행동을 수행할 수 있을 만큼 주어지는 촉진(단서, 도움, 지원)을 말함. 예를 들어, 부분적인 신체적 지원을 받으면 과제를 수행할 수 있는 경우에는 이 촉진이 통제 촉진이 됨.

〈표〉 연쇄적인 기술에 대한 체크리스트의 예1 (6점 척도)

손 씻기 기술에 대한 과제분석	0	1	2	3	4	5
1. 온수와 냉수의 중간 위치에 수도꼭지를 위치시킨다.			V			
2. 수도꼭지의 물을 튼다.		V				
3. 따뜻한 물로 양손 전체를 20초 이상 고르게 적신다.		V				
4. 비누로 손을 충분히 문지른다.	V					
5. 거품을 내어 30초 이상 손 전체를 꼼꼼하게 씻는다.	V					
6. 비누 거품을 씻어낸다.	V					
7. 수도꼭지의 물을 끈다.			V			
8. 수건으로 손을 닦는다.	V					
합계	5/40(12.5%)					

0점: 전반적인 신체적 촉진(도움)을 받아 수행함.

1점: 부분적인 신체적 촉진을 받아 수행함.

2점: 시범(모델링 촉진)을 보고 수행함.

3점: 간단한 몸짓 촉진을 받아 수행함.

4점: 간접, 또는 직접적인 언어적인 촉진을 받아 수행함.

5점: 완전히 독립적으로 수행함.

앞서 이루어진 연습 과정을 통해서 만들어진 내용을 바탕으로, 비연속적인 개별 기술과 연쇄적인 기술에 대한 평가 체크리스트를 꼭 연습장에 만들어 보시기 바랍니다. 컴퓨터를 이용하셔도 좋습니다.

4

현재 수행 수준을
파악해요.

4. 목표기술에 대한 현재 수행수준 파악하기(기초선 측정).	
비연속적인(discrete) 개별 기술 체크리스트를 이용해, 정·오반응 측정	연쇄적(chained) 기술 ① 단일기회법과 ② 다수기회법 중 선택

〈그림〉 ABA(응용행동분석) 기반의 체계적 교수 진행 과정(4단계)

과정 중심의 평가를 위한 체크리스트(평가지)를 만들고 나면, 이 체크리스트를 이용해서 가르치고자 하는 학습자의 현재 수행 수준을 몇 차례에 걸쳐서 파악하고, 기록하게 됩니다. 이를 기초선 측정 또는 사전평가라고 말합니다.

‖ 비연속적인(discrete) 개별 기술의 경우

목표기술의 유형 중에서, 비연속적인 개별 기술의 경우에는 바로 학습자의 수행 수준을 확실하게 확신할 수 있을 때까지 몇 차례에 걸쳐 측정이 이루어지게 됩니다. 예를 들어, 자음 'ㄱ'을 읽을 수 있는지를 확인하는 경우에는 'ㄱ'이 적힌 카드를 제시하고 읽어보도록 몇 차례에 걸쳐 요구할 수 있습니다. 이때 몇 차례에 걸쳐서 요구하는 이유는 학습자의 현재 수준을 보다 정확하고, 안정적으로 확인하기 위함입니다. 아무튼, 몇 차례에 걸쳐 문제 자극(예: 'ㄱ')을 제시해도, 정확한 반응을 보이지 못하거나 무응답을 보일 때에는 현재 해당 목표기술을 습득하고 있지 않다고 판단할 수 있습니다.

연쇄적(chained) 개별 기술의 경우

　연쇄적 기술의 경우에도 비연속적 개별 기술과 마찬가지 방법으로 기초선을 측정합니다. 다만 다른 점이 있다면, 기초선 측정을 시작하기에 앞서 전체 단계 중 특정 하위 단계에서 정반응(독립 수행)을 보이지 못하면, 그 이후 단계부터는 측정하지 않고 평가를 종료하는 **단일기회법**, 그리고 특정 하위 단계에서 정반응을 보이지 못하더라도, 해당 단계는 대신 수행해주는 방식으로 넘어가서 마지막 단계까지 평가가 이루어지는 **다수기회법** 중에서 하나를 선택해야 합니다.

　보통 발달장애를 가지고 있는 학습자를 대상으로는 중간중간마다 수행할 수 있는 하위 단계가 있을 수도 있기에, 가급적 다수기회법을 주로 사용합니다. 다만 특정 과제(예: 전체 단계를 순서대로 정확하게 수행하는 것이 아주 중요한 목표기술 등)나 상황에 따라서는 좀 더 완고하고 보수적인 측정 방법인 단일기회법을 사용할 수도 있습니다. 단일기회법과 다수기회법의 측정 예를 간단하게 표로 제시하면 다음과 같습니다.

〈표〉 단일기회법과 다수기회법의 측정 예

손 씻기 기술에 대한 과제분석	단일기회법	다수기회법
1. 수도꼭지의 물을 튼다.	독립 수행(O)	독립 수행(O)
2. 따뜻한 물로 손을 충분히 적신다.	독립 수행(O)	독립 수행(O)
3. 비누로 손을 충분히 문지른다.	수행 못함(X)	수행 못함(X)
4. 거품을 내어 30초 이상 씻는다.	측정	독립 수행(O)
5. 비누를 씻어내고, 물을 끈다.	종료	수행 못함(X)
합 계	2/5(40%)	3/5(60%)

Step 2 체계적 교수를 실천하기 위한 10개의 계단

가르치는 순서를
결정해요.

4. 목표기술에 대한 현재 수행수준 파악하기(기초선 측정).	
비연속적인(discrete) 개별 기술 체크리스트를 이용해, 정·오반응 측정	연쇄적(chained) 기술 ① 단일기회법과 ② 다수기회법 중 선택

5. 목표기술을 가르치는 순서 결정하기		
전진형	후진형	전체과제 제시형

6. 학습자의 주의집중을 조성하고, 나누어진 하위목표별로 체계적으로 가르치기				
자극촉진(위치, 색깔, 눈에 띄게)		반응촉진(언어적, 몸짓, 시범, 신체적 촉진)		
자극형성	자극용암	시간지연(2)	동시촉진(1)	반응촉진체계(3)

〈그림〉 ABA(응용행동분석) 기반의 체계적 교수 진행 과정(4~6단계)

‖ 비연속적인(discrete) 개별 기술의 경우

위의 그림에서처럼, 비연속적인(discrete) 개별 기술 유형의 목표기술
을 가르칠 때는 특별하게 순서를 결정할 필요 없이, 바로 교수학습 절차
를 시작하면 됩니다. 다만, 하위 목표(단기목표)의 난이도나 양, 학습에
걸리는 기간 등을 고려하여 먼저 가르칠 것과 나중에 가르칠 기술을 나

누어 볼 수는 있습니다. 예를 들어, 중도의 인지적 장애를 가지고 있는 학습자가 학교에 있는 다양한 장소의 명칭을 습득할 수 있도록 체계적 교수를 활용한다면, 매일 방문해서 노출 빈도가 높거나 학습자가 평소에 좋아하는 등의 이유로, 현재 수준 평가(기초선 측정) 결과, 정확하게는 아니지만, 어렴풋이나마 알고 있는 장소들의 명칭을 가장 먼저 가르치도록 교수학습 스케줄을 조정할 수 있습니다.

연쇄적(chained) 개별 기술의 경우

반면에, 화장실 사용 기술 교육, 조립기술 교육, 문장제 문제 풀이 단계에 대한 교육 등 하위 단계의 순차적이고 연속적인 수행이 강조되는 연쇄적(chained) 기술들을 가르치기 위해서는 교수학습 절차를 시작하기 이전에 목표기술의 하위 단계들을 가르치기 위한 순서를 결정하는 것이 필요합니다. 연쇄적인 목표기술을 가르치기 위한 순서 유형에는 (1)전진형, (2)후진형, (3)전체과제 제시형의 세 가지가 있습니다.

(1) 전진형

전진형은 과제분석된 하위 단계를 첫 번째 단계부터 마지막 단계까지 순서대로 가르치는 유형을 말합니다. 다시 말해, 1단계에 대한 교수학습 목표가 성취되면, 2단계로, 1, 2단계에 대한 교수학습 목표가 성취되면, 3단계에 대한 지도를 시작하여 마지막 단계까지 나아가는 방식입니다.

보통 전진형은 뒤이어 설명할 후진형에 비해서 상대적으로 쉬운 과제이거나 학습자의 학습 수준이 높은 경우에 활용되는 경향이 있습니다.

예를 들어, 반구체물 수준의 연산이 가능한 학습자에게 덧셈이 들어간 수학 문장제 문제 해결 기술을 가르치기 위해서, 다음과 같이 과제분석을 하였습니다. 여기서 반구체물 수준이란 숫자 옆에 동그라미를 그리거나 빗금을 긋는 등의 방법으로 수를 세고, 기초적인 계산을 하는 수준을 말합니다. 구체물-반구체물-추상물에 대한 설명은 제3장의 기능적 수학 기술 부분에 자세하게 설명하였습니다.

〈문제〉 철수는 초콜릿 과자 3개와 딸기 과자 8개를 샀습니다. 총 몇 개를 샀나요?

1단계: 문제를 읽고, 더해야 할 숫자를 표시할 수 있다.
2단계: 더해야 할 숫자를 도식에 넣어 수식을 만들 수 있다.
　　　 ※ (　　) + (　　) = (　　)
3단계: 숫자의 개수만큼 빈칸에 동그라미를 그려 넣을 수 있다.
4단계: 그려진 동그라미를 모두 셀 수 있다.
5단계: 모두 세서 나온 수를 정답 칸에 넣을 수 있다.

여기서 전진형으로 교수학습 순서를 선택한 경우에는 과제 분석한 하위 단계에 따라 순서대로, 1단계의 교수학습 목표를 성취하게 되면, 앞으로 1단계 하위 목표 행동은 학습자 스스로 수행할 수 있도록 하고[또는 목표기술(목표행동)의 조작적 정의 단계에서 하위 목표 행동의 성취(달성)기준으로 정해둔 만큼의 촉진(단서, 도움, 지원)만 주고], 2단계 하위 목표 행동에 대한 교수학습 절차를 진행합니다. 가령, 목표기술의 조작적 정의 단계에서 학습자가 목표기술에 대한 완전한 독립적 수행은 어려울 것으로 판단되어, 간접적인 언어적인 촉진은 계속 받도록 장기목표나 단기목표의 성취 기준을 정했습니다. 그러면 앞으로도 계속 교수학습 절차가 일단은 완료된 하위 목표 행동이지만, 그 정도만큼의 촉진(간접적인 언어적 촉진)은 제공할 수 있습니다.

아무튼, 그렇게 2단계 하위 목표 행동에 대한 교수학습 절차를 진행하여, 학습자가 교수학습 목표를 성취합니다. 그러면 앞으로 1, 2단계 하위 목표 행동은 학습자가 스스로 수행하도록 하거나, 성취 기준으로 정해둔 만큼의 촉진(도움)만 제공하여 정확하게 수행하도록 합니다. 그리고 3단계로 나아가서 교수학습 절차를 진행합니다. 최종적으로는 이러한 과정을 거쳐, 마지막인 5단계까지 체계적인 교수학습이 이루어지게 됩니다(1단계→2단계→3단계→4단계→5단계).

(2) 후진형

후진형은 과제 분석된 하위 단계를 마지막 단계에서 역순으로 가르치는 유형입니다. 다시 말해, 1단계부터 10단계까지로 이루어진 연쇄적 기술이라면, 1단계부터 마지막 전 단계인 9단계까지 부모님이나 선생님이 대신 수행해주고, 마지막 단계인 10단계를 체계적으로 가르칩니다. 10단계를 독립적으로 수행(또는 부분적 참여의 원리를 반영하여, 완전히 독립적으로 수행하지 않더라도 사전에 설정된 만큼의 성취 기준만큼 수행)하게 되면, 이번에는 1~8단계까지 대신 수행해주고, 9단계부터 교수학습이 이루어지게 됩니다. 이러한 방식으로 거꾸로 거슬러 올라가 1단계까지 교육이 이루어지게 됩니다.

연쇄적 기술을 후진형으로 가르치면 전진형에 비해서 시간은 오래 걸릴 수밖에 없습니다. 하지만 교수학습이 이루어지기 전 단계까지를 부모님이나 선생님이 대신 수행해주는 모습을 하나의 시범으로 반복적으로 관찰할 수 있다는 장점이 있습니다. 또한, 항상 모든 교수학습 회기에서 마지막 단계에 대한 최종 결과가 산출되기에 인위적이지 않은 지극히 자연적인 보상(강화) 또는 동기유발이 이루어질 수 있습니다. 그래서 보통 앞서 설명한 전진형에 비해서 상대적으로 어려운 과제이거나 학습자의 학습 수준이 부족한 경우에 후진형이 주로 사용되는 경향이 있습니다.

예를 들어, 앞서 수학 문장제 문제 해결 기술을 가르치는 과정에서 후진형을 적용한다면, 1단계인 문제를 읽고, 더해야 할 숫자를 표시하는 것부터, 4단계인 그려진 동그라미를 세는 것까지는 부모님이나 선생님이 대신 수행해주고, 마지막 5단계부터 체계적으로 가르치는 과정을 시작하게 됩니다. 그리고 5단계의 교수학습 목표가 성취되면, 1~3단계까지는 대신 수행해주고, 4단계부터 교수학습 과정이 이루어지게 됩니다. 당연히 이러한 교수학습 과정은 계속 역순으로 거슬러 올라가 가장 첫 번째 단계인 1단계까지 가르치게 됩니다(5단계→4단계→3단계→2단계→1단계).

(3) 전체과제 제시형

전체과제 제시형은 한 교수학습 회기 동안에 전체 단계를 모두 순서대로 가르치는 유형을 말합니다. 예를 들어, 앞서 수학 문장제 문제 해결 기술을 가르칠 때, 1~5단계까지를 한 회기 내에 모두 체계적으로 교육할 수 있습니다. 따라서 1단계의 교수학습 목표 성취 기준에 다다르지 못했다고 하더라도, 다음 하위 단계로 계속 교수학습 절차를 진행하면서, 최종적으로 마지막 단계까지 교수학습 절차를 진행하게 됩니다. 물론, 한 번에 전체 하위 단계에 대한 배움을 얻기는 힘들기에, 이러한 과정이 여러 회기에 걸쳐 계속해서 반복되어야 할 필요가 있습니다.

전체과제 제시형은 어떠한 목표기술의 전체 하위 단계를 물 흐르듯 자연스럽게 진행하면서 교수학습이 이루어져 비교적 편리하게 적용할 수 있다는 가장 큰 장점이 있습니다. 다만 전체과제 제시형은 보통 과제가 한 차시에 모두 배울 수 있을 정도로 어렵지 않거나, 하위 단계의 수가 비교적 많지 않을 때, 그리고 학습자의 수준이 비교적 높을 때, 또는 해당 목표기술의 하위 단계 상당수를 개별적으로는 스스로 수행할 수 있을 때 주로 사용할 수 있습니다.

하지만 목표기술의 유형이나 상황에 따라서는 전체과제 제시형을 적용할 수밖에 없을 때도 있습니다. 예를 들어, 일과시간 중에 손을 씻어야 하는 상황을 포착해서 손 씻기 기술을 가르치고자 한다면, 손 씻기의 전체 과정을 물 흐르듯 자연스럽게 순서대로 전부 가르치는 전체과제 제시형이 비교적 적합한 방법이 될 수 있습니다.

목표기술을
체계적으로 가르쳐요.

6. 학습자의 주의집중을 조성하고, 나누어진 하위목표별로 체계적으로 가르치기				
자극촉진(위치, 색깔, 눈에 띄게)		반응촉진(언어적, 몸짓, 시범, 신체적 촉진)		
자극형성	자극용암	시간지연(2)	동시촉진(1)	반응촉진체계(3)

〈그림〉 ABA(응용행동분석) 기반의 체계적 교수 진행 과정(6단계)

　　1~5단계까지(비연속적 개별 기술의 경우에는 1~4단계까지)는 체계적 교수를 실행하기 위한 사전 준비 작업의 성격이 강했다면, 6단계는 목표기술을 체계적으로 가르치는 과정으로서, 과제분석과 함께 체계적 교수의 또 다른 핵심 절차라고 볼 수 있습니다. 체계적 교수 자체가 응용행동분석(ABA)을 기초로 한 증거기반을 갖춘 체계적인 촉진(단서, 도움, 지원) 전략들로 학습자에게 배움을 이끄는 데 목적이 있으므로, 말 그대로 이 단계는 체계적 교수 그 자체라고 말할 수도 있습니다.

　　이 단계에서는 스몰 스텝으로 한 회기(교육 시간)에 가르칠 정도로 나누어진 하위 목표 행동을 앞서 설정된 교수학습 순서에 따라 자극촉진 및 반응촉진을 포함하는 촉진 전략의 체계적인 적용을 통해 회기 안의 매 시기(자극제시 → 학습자 반응 → 후속결과)마다 가르치게 됩니다.

참고로 어떻게 설정하는가에 따라 다르지만 한 회기는 보통 10~30번 정도의 교수학습 시기(시행)로 이루어질 수 있습니다.

한편, 먼저 본격적으로 어떠한 교수학습 목표를 가르치기 전에는 주로 교육이 이루어지는 장소, 그리고 가르치는 사람에 대해서 긍정적인 감정 또는 친밀감을 가질 수 있도록 환경과 사람 그리고 강화를 짝짓는 (연합하는) 절차가 때에 따라 필요할 수 있습니다. 물론 이 절차가 언제나, 모든 학습자를 대상으로 필요한 건 아니라고 생각합니다. 모든 교육 장소나 사람을 그렇게 만들 수도 없을 겁니다. 그러나 장애의 유무와는 관계없이 대부분 사람은 '옳은 말'을 듣는 게 아니라, '좋아하는 사람이 하는 말'을 듣고자 노력한다는 격언에서도 볼 수 있듯이 교수학습 절차 이전에 먼저 교육 장소와 가르치는 사람을 학습자에게 긍정적으로 인식될 수 있게끔 하는 작업은 때때로 필요합니다.

또한, 본격적인 교수학습 절차가 시작되고 나서, 매 교수학습 시기를 시작하기 전에는 학습자의 주의집중을 유도하는 절차가 꼭 먼저 이루어질 필요가 있습니다. 학습자의 주의집중을 조금이라도 더 유도했을 때, 좀 더 효과적인 교수학습 과정과 함께 높은 학습 성과를 기대할 수 있기 때문입니다.

교육 환경과 가르치는 사람에 대한 긍정적 감정 형성하기

사람은 누구나 좋아하는 장소에서 더 편안함을 느끼고, 좋아하는 사람이 하는 말을 듣고자 노력합니다. 그렇기에 어려운 점이 많을 수밖에 없겠지만, 우리가 할 수 있는 최대한, 주로 교육이 이루어지는 환경과 주로 교수학습 절차를 진행하는 '가르치는 사람'에 대해서 학습자가 긍정적인 감정을 느낄 수 있도록 해줄 필요가 있습니다.

앞서 제1장에서 강화에 관해서 설명한 바가 있습니다. 강화는 행동을 증가시키는 것을 말합니다. 그리고 강화물 또는 강화제는 행동을 증가시키기 위해서 사용되는 물건이나 활동, 특정 행동에 대한 영혼(?)이 담긴 구체적인 칭찬(사회적 강화) 등을 말합니다. 적절한 강화제를 선정하고, 교수학습 상황에서 적용하는 방법론에 대해서는 바로 다음 절에서 자세하게 알아보도록 하겠습니다.

아무튼, 우리는 교수학습의 목표가 되는 행동에 대한 증가와 향상을 위해서 '강화제'를 영리하게 사용할 필요가 있습니다. 하지만 그 전에 본격적으로 교수학습 목표를 가르치기에 앞서, 교육 환경과 가르치는 사람에 대한 긍정적인 감정을 느끼도록, 학습자가 좋아하는 강화제와 주로 교육이 이루어지는 환경, 가르치는 사람들을 실제로 짝짓는 '연합' 과정이 이루어져야 할 수 있습니다. 이 '짝짓기(연합)' 과정은 며칠이나 몇 주 만에 '완성'이 되는 것이 아니라, 양육과 교육이 이루어지는 가정이나 학교, 센터 등에서 오랜 시간에 걸쳐 꾸준히 지속해서 이루어져야 합니다. 다만 이 '연합' 과정이 중요하다고 하더라도, 특정 목표기술에 대한 체계적 교수를 본격적으로 진행하고 있는 상황에서, 해당 목표기술을 수행했을 때 학습자에게 제공하기로 약속한 강화제를 그 외 다른 상황에서 주어서는 곤란할 수 있습니다. 자칫 목표기술을 수행하지 않아도 강화제를 받는 경험을 통해 목표기술 수행에 대한 동기가 줄어드는 '밀수 강화로 인한 역효과' 현상이 나타날 수 있기 때문입니다.

(1) 강화제와 장소, 사람을 짝짓기(연합)하는 방법

학습자가 평소에 좋아하는 여러 강화제를 교육 장소, 교수학습 자료, 그리고 가르치는 사람과 짝지을 방법을 찾아야 합니다. 이 방법을 '연합'이라고 말합니다. '연합'이라는 말이 어렵지만, 쉽게 말해서 주로 교육이나 양육이 이루어지는 장소에서, 주로 가르치는 사람이 강화제를 미리 가지고 있다가 학습자에게 다가가서 그 강화제를 어떠한 요구 사항도 없이 제공하는 과정을 반복하는 것입니다(한상민 역, 2020). 이러한 과정은 학습자가 교육 장소, 사람에 대해서 긍정적인 감정(좋아하는 마음)을 느끼고 있다고 판단할 때까지 꾸준히 이루어질 수 있습니다. 그리고 그 이후에도 때때로 이러한 과정을 종종 학습자에게 제공해서, 학습자가 교육 장소와 가르치는 사람에게 느끼는 감정을 계속 좋게 유지할 수 있습니다. 구체적인 방법의 예를 제시하면 다음과 같습니다.

- 학습자가 TV 시청이나 컴퓨터 게임, 노래 부르기 등 어떠한 활동을 좋아한다면, 교육이 주로 이루어지는 장소에서 아무런 조건 없이, 정해진 시간 동안 그 활동을 할 수 있게끔 해줍니다. 예를 들어, 저는 특수학교에서 고등학교 과정 담임을 맡았을 때, 일주일에 우리 반 음악 수업을 2시간도 맡았습니다. 그때 항상 25분 정도 음악 수업하고 나

면, 나머지 15분과 쉬는 시간을 포함해서 20~25분 정도는 휴대용 노래방 마이크를 사서 학생들이 평소에 좋아하는 대중가요를 듣고, 불러보는 활동을 했습니다. 집에서 노래를 연습해올 정도로 좋아하는 친구들도 있었습니다. 이외에도 학생들이 좋아해서 강화가 될만한 활동을 한 주에 적어도 2~3번 정도는 포함해서 교육 장소인 학교에 오고 싶게끔 하려고 나름대로 노력했습니다.

- 학습자가 어떤 음식을 좋아한다면, 과도하지 않은 범위에서 해당 음식을 교육 장소에서 가르치는 사람이 직접 학습자에게 제공합니다. 물론 문제행동을 보인 상황에서 어떠한 음식을 제공하는 것은 그 행동을 강화할 수 있기에, 그래서는 안 됩니다. 다만 문제행동을 보이지 않을 때, 과도하지 않고, 되도록 적은 양의 좋아하는 음식(예: 젤리, 비스킷 등)을 제공할 수도 있습니다.

- 학습자가 꼭 어떤 것을 확실하게 잘했을 때만 칭찬하지 말고, 아주 사소한 부분이라도 자주, 그리고 꾸준히 구체적인 행동을 이야기해주면서 진심을 담아 칭찬하고, 관심을 줍니다. 때로는 문제행동을 보이지 않은 것만으로도 칭찬하고 관심을 줄 수 있습니다. 이러한 과정을 통해 학습자가 가르치는 사람을 조금 더 좋아하게끔 만들 수 있습니다. 더

불어, 학습자의 이름은 되도록 긍정적인 상호작용을 할 때만 부르고, 부정적인 언급을 할 때는 이름은 부르지 않아서, 이름을 부르는 것 자체에 대해서 좋은 감정을 유지하도록 할 수도 있습니다. 저는 학교를 오기 싫어하고, 수업에도 참여하지 않으면서 자주 학교 밖으로 무단이탈하는 학생의 담임을 맡은 적이 있었습니다. 저는 처음에는 하루에 10번 정도는 학생과 긍정적인 상호작용을 하겠다고 마음먹고, 수업시간 외에도, 쉬는 시간마다 찾아가서 사소한 행동이라도 구체적으로 이야기해주면서 진심을 담아 칭찬했습니다. 그리고 교실 밖으로 무단이탈하지 않은 시간마다 낱개 포장된 작은 비스킷 하나를 선물로 주었습니다. 처음에는 학생이 여전히 학교 오는 것을 싫어했지만, 점차 등교할 때 거부하는 모습을 보이지 않았으며, 무단이탈하는 행동도 보이지 않게 되었습니다. 그리고 수업에도 이전보다 더 집중해서 참여하는 모습을 객관적으로 관찰할 수 있었습니다. 그리고 점차 시간이 지나면서 낱개 포장된 비스킷은 하루나 이틀에 한 번만 하교 시간에 주는 걸 목표로 조금씩 줄여나갔습니다. 학생이 학교와 가르치는 사람인 저에 대해서 긍정적인 감정을 느끼게 되니, 자연스럽게 학교이탈 행동도 더는 보이지 않게 되었고, 교육 활동에 대한 집중도도 조금은 더 높아져서 개별화 교육계획의 학기목표도 대부분 성취하는 모습을 보여주었습니다.

- 교육 장소나 교재를 학습자가 좋아하는 캐릭터로 꾸밉니다. 가령 학습자가 특정 만화 캐릭터를 좋아한다면 교육 장소에 해당 캐릭터 스티커를 붙여 두고, 교재를 만들 때 해당 캐릭터를 이용하며, 해당 캐릭터 장난감을 교육 장소에 비치해 두고 가르치는 사람이 학습자에게 종종 제공할 수도 있습니다. 물론 본격적인 교육 활동이 이루어질 때는 집중을 분산할 수 있기에 때 두었다가, 나중에 다시 붙여두는 등과 같은 방법을 사용할 수는 있습니다.

'연합'이라는 말이 다소 어려울 수 있지만, 매 학년 초에 영유아나 어린 학생들이 처음 어린이집이나 유치원, 학교의 교실에 들어왔을 때, 최대한 즐겁고 재미있게 해주고 교육 활동도 조금씩 느슨하게 조정해서, 부모님과 떨어져도 울거나 슬퍼하지 않고, 등원, 등교할 수 있게끔 해주는 노력(?)을 말한다고 보셔도 되겠습니다.

아무튼, 이러한 과정을 통해서 학습자가 교육 장소와 가르치는 사람에 대해서 긍정적인 감정을 느낀다고 보인다면, 다음에는 학습자와 상호작용을 시작합니다. 상호작용은 무언가를 요구하는 게 아니라, 학습자가 좋아할 만한 방법으로, 좋아하는 주제로 정서적인 교류를 하는 과정을 말합니다. 예를 들어, 간단한 신체적인 접촉(예: 살짝 간지럽히기), 학습자가 좋아하는 주제에 관해서 이야기 나누기, 함께 노래 부르기 등과 같은 방법으로 상호작용할 수 있습니다.

(2) 차근차근 조금씩 교수학습 활동 참여 요구하기

학습자가 교육 장소와 가르치는 사람에 대해서 긍정적인 감정을 느끼게 되었다면, 차근차근 조금씩 학습 활동 참여를 요구하게 됩니다. 이때 중요한 건, 먼저는 아주 낮은 수준의 요구부터 시작해서 점진적으로 천천히 요구의 양과 강도를 늘려나가야 한다는 점입니다. '급한 밥에 체 한다.'라는 격언을 기억해 주십시오. 장소나 상황에 따라 분명 어려울 수 있습니다만, 처음에는 학습자가 교수학습 활동을 하고 있다고 느끼지 못할 만큼, 조금씩만 참여를 요구합니다(작은 학습량, 작은 학습시간 등). 그리고 조금씩 조금씩 그 양과 시간을 늘려가면서 학습자가 적응할 수 있도록 도와준다면 좋겠습니다.

예를 들어, 특수학교에서 근무하는 저의 경우에는 3~4월 학기 초반에는 40분의 수업시간 모두를 순수한 교수학습 활동에만 할애하지는 않으려고 합니다. 학기 초반에는 수업 중간중간마다 학생들이 좋아하는 활동을 추가하고, 수업도 조금 일찍 끝내고 학생들이 좋아하는 활동을 함께하려고 나름대로는 노력하는 편입니다. 그리고 차츰 수업시간에 본격적인 교수학습의 비중을 조금씩 늘려나가곤 합니다. 제가 경험해 본 바로는, 그렇게 했을 때 처음에는 교수학습 시간이 적을 수 있겠지만, 얼마간의 기간이 지나면 오히려 학생들이 수업이 집중하는 정도가 더 향상되기 때문에 더 많은 배움을 얻는 경우가 적지 않았습니다.

‖ 학습자의 주의집중 유도하기

본격적인 교수학습 절차가 시작되고 나서, 매 교수학습 회기나 시기를 시작하기 전에는 학습자의 주의집중을 유도하는 절차가 먼저 이루어질 필요가 있습니다. 발달장애 학습자는 특정 자극에 초점을 맞춰 집중하는 선택적 주의집중력이 다소 부족할 수 있습니다. 이 학습자들이 집중하도록 돕기 위해서는 기본적으로 (1) 일반적인 주의집중 단서와 (2) 특정적인 주의집중 단서를 주는 방식이 활용될 수 있습니다(박경옥, 이병혁 역, 2019).

(1) 일반적인 주의집중 단서

많은 학습자는 가르치는 사람이 주의집중 단서를 제시했을 때, 이에 대해 적절하게 반응하여 교수학습 활동에 참여할 준비가 되었음을 표현합니다. 일반적인 주의집중 단서에는 많은 예시가 있습니다. 예를 들어, ① 학습자의 이름을 친근하게 부르거나(예: "철수야."), ② "준비됐나요?" 혹은 "여기를 봐요." 혹은 "여기를 보세요." 등과 같이 교수학습이 시작될 시간임을 의미하는 단서를 학습자에게 줄 수 있습니다. 또한, ③ 전등을 껐다가 다시 켠다거나, 목소리의 크기를 줄였다가 다시 크게 바꾸기도 하며, 학습자의 신체 부위를 간단하게 터치(예: 어깨 만지기, 코를 톡톡 두드리기 등)하여 주의집중 단서를 주기도 합니다.

(2) 특정 주의집중 단서

학습자 특성이나 상황에 따라 일반적인 주의집중 단서가 충분하지 못할 때도 있습니다. 이때 가르치는 사람은 주의집중을 하고 있음을 보여주는 특정 반응을 하도록 학습자에게 요청할 수 있습니다. 이러한 특정 주의집중 단서에는 학습자에게 요청하는 특정한 반응 행동이 목표기술 과제와 관련이 되어 있는 ① 관련된 특정 주의집중 단서, 반대로 목표기술 과제와는 관련이 없는 ② 관련되지 않은 특정 주의집중 단서의 두 가지 하위 유형이 있습니다. 예를 들어보겠습니다.

> 사과 실물을 보고 이름을 맞추는 과제에서
> ① 관련된 특정 주의집중 단서의 예
>   "앞에 있는 과일에 손을 올려주세요."
> ② 관련되지 않은 특정 주의집중 단서의 예
>   "앞에 있는 자리에 앉아요."

이러한 주의집중 단서들 이외에도 학습자들이 선택적으로 집중할 수 있도록 하기 위해서는 다양한 방법이 적용될 수 있습니다. 저자가 학교에서 학생들을 가르치면서 주로 활용하는 방법을 몇 가지만 알아보겠습니다(변관석, 2020).

> - 과제 수행 시 얻게 될 강화물(보상)에 대해서 미리 알 수 있도록 약속을 하고, 꼭 지키기

- 과제에 집중하는 것을 목표기술로 하는 체계적 교수 절차를 사전에 실시하기(예: 10초 동안 부모님이나 선생님 또는 과제물을 집중하여 응시하는 비연속적인 개별 기술을 목표로 하여, 체계적 교수학습 절차 진행하기)
- 신기성을 높이는 방법(예: 관심을 너무 그쪽에 두지 않을 만큼 간단한 마술, 놀이, 동영상, 카툰 등)
- 학습자에게 친숙한 사람(예: 부모님, 자기 자신, 친한 친구, 좋아하는 만화 캐릭터 등)을 동기유발 자료나 과제 자체에 나타나도록 하기
- 언어적인 발문을 사용할 때, 강조할 필요가 있을 때는 적절하게 강약을 조절하기
- 학습자가 받아들일 수 있는 정도에서, 속도감 있게 교수학습을 진행하기

이러한 방법이나 기타 부모님이나 선생님이 알고 있는 다양한 방법들로 학습자가 주의집중 할 수 있도록 돕습니다. 아마도 자녀나 학생이 어떨 때 집중하는 가는 부모님이나 선생님이 제일 잘 알고 있다고 생각합니다. 아무튼, 여러 방법을 통해서 주의집중이 이루어지게 되면, 과제분석이 이루어진 하위 목표 행동별로 체계적인 교수학습 과정을 진행해야 합니다. 또한, 체계적인 촉진(단서, 도움, 지원) 전략을 통해서 하위 목표 기술을 배우게 되면, 이 촉진을 점차 줄여나가는 과정도 필요합니다. 이와 같은 과정을 용암 또는 페이딩(fading)이라고 말합니다.

학습자가 목표기술을 하위단계별로 습득할 수 있도록 제공되는 촉진(단서, 도움, 지원)은 크게 자극촉진(stimulus prompts)과 반응촉진(response prompts)으로 구분합니다. 앞서 제1장에서 응용행동분석의 기본적인 내용을 이야기하면서, A-B-C 모형에 대해서 언급한 기억이 나실 겁니다.

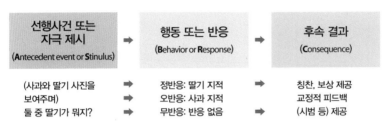

〈그림〉 선행사건(자극 제시)-행동-후속 결과(교수학습 한 시기)

위의 그림에서 선행사건-행동-후속 결과를 교수학습 상황에 적용하면, 자극 제시(S)-반응(R)-후속 결과(C)로 이어지는 한 시기(시행)라고 말합니다. 이 교수학습 시기에서 자극촉진은 선행사건으로 자극이 제시되기 전 또는 자극이 제시되는 상황에서 도움이나 단서가 학습자에게 제공되는 걸 말합니다. 예를 들어, 사과와 딸기 사진 중 딸기를 고르는 선행 자극(과제)을 제시했다면, 딸기 사진을 사과 사진보다 학습자에게 가까이 두거나(위치 단서), 딸기 사진만 흑백이 아닌 색깔로 표시해 두거나(색깔 단서), 사과 사진보다 딸기 사진 카드를 더 크게 만들 수 있습니다(눈에 띄게 함).

반면, 반응촉진은 자극이 제시되고 난 뒤에 학습자가 이에 대한 행동

(반응)을 수행하기 전이나 반응을 수행하는 중에 적절한 도움을 제공합니다. 예를 들어, 적절한 설명으로 도움을 주는 언어적 촉진, 자세나 손가락으로 지적하는 등의 방법으로 도움을 주는 몸짓 촉진, 시범(모델링) 촉진, 그리고 신체적 촉진을 학습자에게 필요한 도움의 정도에 따라 제공합니다.

> 언어적 촉진: "둘 중 크기가 더 작은 걸 골라보자." 등
> 몸짓 촉진: 딸기 그림카드를 살짝 지적해줌
> 시범(모델링) 촉진: 딸기 그림카드를 고르는 모습을 보여줌
> 신체적 촉진: 학습자의 손을 잡고, 딸기 그림카드에 닿도록
> 도와줌

자극촉진과 반응촉진은 한 목표기술을 가르치는데, 둘 다 한꺼번에 적용할 수도 있으며, 하나만 적용될 수도 있습니다.

▌자극촉진(Stimulus prompts)의 유형과 전략

자극촉진은 가르치는 사람의 직접적인 도움 없이도 스스로 사전에 제시된 단서를 통해서 좀 더 수월하게 목표행동을 수행할 수 있도록 한다는 장점이 있습니다(경제성 높음). 반면에 여러 연구를 통해서 보았을 때 반응촉진보다는 효과성은 부족할 수 있다는 단점도 있습니다. 보통

발달장애를 가진 학습자를 교육하는 과정에서 적어도 중재 초기에는, 뒤이어 자세하게 설명할 반응촉진과 함께 자극촉진을 보완적 성격으로 활용하는 경향이 있습니다.

(1) 자극촉진의 유형

자극촉진에는 크게 위치 단서, 색깔 단서, 자극을 눈에 띄게 하는 방법 등의 하위 유형이 있습니다.

▪ 위치 단서

위치 단서는 말 그대로, 자극 제시의 공간이나 위치를 조정해서 학습자에게 선행적인 단서를 주는 방법을 말합니다. 예를 들어, 여러 가지 공구 중에서 드라이버를 고르는 목표행동을 지도할 때, 드라이버를 다른 공구보다 학습자 가까이에 올려둘 수 있습니다.

▪ 색깔 단서(컬러 코팅)

색깔 단서는 문제 자극을 제시할 때, 눈에 띄는 색깔을 추가하여, 학습자에게 단서를 주는 방법을 말합니다. 예를 들어, 우리가 수도꼭지 물을 틀 때, 찬물에는 파란색, 뜨거운 물에는 빨간색이 표시된 것도 하나의 색깔 단서를 활용한 자극촉진이 됩니다. 이외에도, 여러 가지 작업기구 중에서 전동 드라이버를 골라야 한다면, 전동 드라이버만 색깔 띠지를 붙여두던지, 사진이나 그림카드에서 해당 자극만 흑백이 아닌 컬러로 뽑든지 같은 방법들이 주로 활용됩니다.

- 자극을 눈에 띄게(salient) 하기

앞서 위치 단서나 색깔 단서를 이용한 방법 이외에도, 다양한 방법으로 올바른 반응(정반응)에 해당하는 자극을 학습자의 눈에 띄게, 두드러지게 해줄 수 있습니다. 예를 들어, '수박'이라는 단어를 읽도록 가르친다고 했을 때, 수박 사진을 글자와 함께 제시하여 학습자의 눈에 띄게 할수도 있습니다. 그리고 목표가 되는 자극을 다른 자극보다 더 진하게 또는 더 크게 제시하거나, 목표 자극에만 두드러지는 촉각적인 자극을 줄수도 있습니다.

(2) 자극촉진을 이용한 교수학습 전략

자극촉진을 이용한 교수학습 전략에는 크게 자극 형성(stimulus shaping)과 자극 용암(stimulus fading)의 두 가지 방법이 있습니다.

- 자극 형성(stimulus shaping)

자극 형성은 제시되는 자극을 점차 자연스럽게 변화시켜가는 방법을 말합니다. 다시 말해서, 문제 자극 그 자체를 조작하여, 인위적인 단서를 제공하다가, 점차 자연스러운 자극 그 자체로도 올바른 반응을 보일 수 있도록 수정해 나가는 걸 말합니다. 예를 들어, 영어 소문자 e를 가르치기 위해서, e로 시작되는 단어인 코끼리(elephants) 모양으로 인위적인 단서를 줍니다. 그리고 점차 코끼리 모양이 소문자 'e'와 비슷하게 변해가면서, 본래의 자연스러운 영어 소문자 'e'의 모양이 되게끔 문제 자극을 수정해 나갈 수 있습니다.

자극 형성에 대한 좀 더 자세한 설명과 그림 예시는 아래 제 블로그 글 〈자극 형성과 자극 용암에 대한 설명〉을 참조해 주시기 바랍니다.

▷ 글 링크: blog.naver.com/bjs718/221679383516

■ 자극 용암(stimulus fading)

자극 용암 또는 자극 페이딩(fading)은 처음에 문제 자극을 제시할 때, 가장 높은 수준의 자극촉진을 제공하였다가 학습자가 올바른 반응(정반응)을 보일 때마다, 점차 자극촉진의 강도를 낮추어 나가는 방법을 말합니다. 여러 농기구에서 호미를 찾는 과제에서 위치 단서, 색깔 단서, 자극을 눈에 띄게 하기 등의 자극촉진 유형별로 자극 용암의 예시를 살펴보면 다음과 같습니다.

위치 단서

처음에는 호미 사진을 다른 농기구 사진들과 달리 학습자 아주 가까이에 두었다가, 학습자가 올바른 반응을 보이면, 점차 다른 농기구 사진이 놓여 있는 곳과 가깝게 둘 수 있습니다. 최종적으로는 다른 농기구 사진과 같은 위치에 두게 됩니다.

색깔 단서

처음에는 호미 사진을 다른 농기구 사진과 다르게 혼자만 완전한 컬러로 제시해 두었다가, 학습자가 정반응을 계속 보이면, 점차 색을 옅게 하여, 최종적으로는 다른 농기구 사진들과 같은 흑백으로 조정할 수 있습니다.

자극을 눈에 띄게 하기

처음에는 호미 사진카드를 다른 카드의 두 배 이상의 크기로 제시했다가, 학습자가 정반응을 계속 보이면, 점차 크기를 줄여 최종적으로는 다른 농기구 사진카드와 같은 크기로 제시할 수 있습니다.

이외에도 단어 '바나나'를 가르치기 위해서 글자에 바나나 사진을 덧입혀서 자극을 눈에 띄게 만들 수 있습니다. 그리고 처음에는 바나나 사진을 진하게 제시하였다가 학습자가 올바른 반응을 보이면(예: /바나나/라고 잘 읽으면), 점차 사진을 연하게 해서 자극촉진을 줄입니다. 이렇게 해서 최종적으로는 '바나나'라는 글자만 남아 있어도, 학습자가 /바나나/라고 읽을 수 있도록 하는 데 자극 용암 전략의 목적이 있습니다.

〈그림〉 자극 용암(fading)의 예

만약 자극 용암 전략이 아니라 앞서 살펴본, 자극 형성 전략이었다면, 바나나라는 글자 자체를 수정해서 바나나 모양으로 만들었다가 점차 자연스러운 '바나나' 글자가 되도록 점진적으로 수정했을 겁니다.

반응촉진(Response prompts)의 유형과 전략

반응촉진은 자극(S)이 제시되고 나서, 학습자가 반응을 수행하는 과정에서 적절한 설명이나 도움, 지원을 제공하는 방법을 말합니다. 이러한 방법을 통해서 학습자는 가르치는 사람의 도움을 받아 목표기술을 좀 더 쉽게 수행할 수 있습니다. 반응촉진에는 일반적으로 언어적 촉진(간접적인 언어촉진, 직접적인 언어촉진으로 나뉨), 자세(몸짓) 촉진, 시범(모델링) 촉진, 신체적 촉진(부분적인 신체적 촉진, 전반적인 신체적 촉진으로 나뉨) 등이 있습니다.

이외에도 학습자가 자기 주도적으로 스스로 반응촉진을 활용하는 방법으로 비디오 모델링, 비디오 프롬팅(촉진) 등을 포함하는 비디오 기반 자기촉진, 그리고 그림 기반 자기촉진, 텍스트(글) 기반 자기촉진, 자기 청각적 촉진 등의 자기촉진 체계(self-prompting system)가 있습니다. 이 자기촉진 체계는 목표기술을 처음 배울 때부터 사용할 수도 있지만, 보통 발달장애를 가진 학습자를 대상으로는 충분한 교수학습이 이루어진 뒤에 배운 기술을 좀 더 유창하게 수행하게(숙달), 오랜 시간이 지나도 유지하며, 여러 상황에서 수행할 수 있도록 일반화하는데, 하나의 기억 보조 장치의 성격으로 활용하는 것이 좀 더 효과적일 수 있습니다.

따라서 여러 가지 자기촉진체계의 유형들은 나중에 10편 〈교수에서 학습으로 나아가요.〉에서 자세하게 알아보도록 하고, 여기서는 가르치는 사람이 제공하는 반응촉진의 유형과 전략에 대해서만 알아보도록 하겠습니다.

(1) 반응촉진의 위계

반응촉진은 학습자가 행동을 수행하는 과정에 걸쳐 제시되는 단서, 지원을 말합니다. 위계는 반응촉진의 강도를 순서대로 나타낸 것을 말하는데, 학습자의 특성이나 과제의 유형에 따라서 더 강한 촉진, 덜 강한 촉진의 위계 순서는 조금씩 달라질 수 있습니다. 더불어, 여러 유형의 반응촉진을 함께 결합해서 학습자에게 제공할 수도 있습니다(변관석, 2020).

※촉진 종류, 강도는 학생 특성(예: 청각 문제, 시각 문제 등),
과제 특성(예: 구어 활용 과제, 신체 활용 과제 등)에 따라 달라질 수 있음.

〈그림〉 반응촉진의 위계(반응촉진 강도의 순위) 예시

한편, 학습자를 교육하면서, 반응촉진을 제공할 때 가장 조심해야 할 점은 '침묵을 메우는 용도로 촉진을 사용하는 것'입니다. 이 말은 학습자가 어느 정도 독립적으로 목표기술을 수행할 수 있는 상황임에도 단지 수업 중에 침묵이 이어지는 것에 대한 불안(?)으로 무의식중에 애매한 도움을 제공해서는 안 된다는 말입니다.

예를 들어, 학습자가 신발을 신으려고 하거나, 손을 씻을 때 혹은 수업 장면에서 어느 정도 스스로 목표를 수행할 수 있음에도 간혹 부모님이나 선생님들께서 계속 "그래 철수야, 신발 신었으면 신발장 문 닫고……(후략)" 혹은 "그래, 영희야, 스티커는 이쪽에 붙여볼까?" 등과 같이 무의식중으로 도움을 주는 경우를 볼 수 있습니다. 가르치는 사람은 이러한 행동은 최대한 하지 않아야 합니다. '침묵이 금이다.'라는 말이 있듯이, 어떠한 도움을 제공하지 않았을 때, 학습자가 목표기술을 수행하는 것이 가장 좋은 모습입니다. 언어적인 설명이든 다른 유형의 도움이든 촉진은 늘 신중하게 계획해서 꼭 필요할 때만 해주어야지 단지 침묵을 메우기 위한 용도로 사용되어서는 안 됩니다. 'Too much Information'은 교수학습에서도 별로 좋지 못하다는 말입니다.

① 언어적 촉진(verbal prompts)

언어적 촉진은 가르치는 사람이 말을 이용해서 학습자의 목표기술 수행을 돕는 촉진입니다. 다시 말해, 말을 이용한 지시나 설명을 통해서 과제 수행에 대한 도움을 주는 일체를 말합니다. 예를 들어, 샤워하기 기술을 지도한다고 했을 때, 온몸에 비누칠을 마쳤으면, "이제 샤워기에 물을 틀어 비누 거품을 깨끗하게 씻어내세요."라고 말로 설명할 수 있습니다. 발달장애를 가진 학습자에게 언어적 촉진을 할 때는 한 번에 길고 자세하게 이야기하기보다는 학습자의 인지적 능력에 맞는 용어를 사용하여, 짧은 문장들로 나누어서 여러 번에 걸쳐서 필요한 내용을 간략하게 설명해 나가는 것이 더 효과적이라고 알려져 있습니다(변관석, 2020). 언어적 촉진에는 촉진의 위계가 덜한 간접적인 언어촉진, 그리고 직접적인 언어촉진이 있습니다.

- 간접적인 언어촉진: 학습자가 구체적인 지시나 설명을 통하지 않아도, 약간의 언급만으로도 목표기술을 수행할 수 있을 것으로 판단될 때 적용할 수 있는 언어적 촉진입니다. 예를 들어, "몸에 비누칠을 다 했으면, 이제 무엇을 해야 할까요?" 정도로 간접적으로 간단하게 수행해야 할 목표기술을 언급해 단서를 줄 수 있습니다.
- 직접적인 언어촉진: 간접적인 언어촉진과는 다르게 앞서 언어적 촉진의 일반적인 내용에서 설명한 바와 같이 학습자에게 목표기술 수행에 대해서 말로 구체적인 지시나 설명을 해주는 걸 말합니다.

② 자세 또는 몸짓 촉진(gestural prompt)

'gesture'는 어떻게 번역하느냐에 따라서 자세, 몸짓 촉진이라고 하며, 때때로 지적하기(pointing) 촉진이라고도 불립니다. 간단한 몸짓이나 자세, 또는 특정한 방향을 지적해서 학습자의 목표기술 수행에 도움을 주는 방법입니다. 예를 들어, 앞서 샤워하기 과제에서 학습자가 몸에 비누칠을 다 했는데도, 무엇을 해야 할지 모르고 있다면, 가르치는 사람은 샤워기나 수도꼭지를 살짝 가리키거나 샤워기로 몸을 씻는 시늉을 간단하게 몸짓으로 표현해서 다음 수행 단계에 대한 기억에 도움을 줄 수 있습니다. 자세촉진이 앞선 예시처럼 사용되는 경우에는 판단하기에 따라서 언어적 촉진보다 더 낮은 강도로, 더 독립적인 수준의 촉진이 제공되었다고 볼 수도 있습니다.

또한, 그림카드를 변별하는 활동에서 학습자가 변별에 어려움을 겪고 있다면, 해당 카드를 손가락으로 살짝 지적해 줄 수도 있습니다. 사실 이때의 자세촉진은 거의 정답을 가르쳐주는 용도로 사용되기 때문에 상당한 강도로 도움이 제공되었다고 볼 수 있습니다. 이렇듯 자세촉진이 반응촉진 위계(순위)에서 가지는 위치는 목표기술의 유형이나 사용법에 따라서 충분히 달라질 수 있습니다. 촉진의 위계는 절대적인 게 결코 아닙니다.

③ 시범 또는 모델링 촉진(modeling prompt)

시범 촉진 또는 모델링 촉진은 목표기술이나 행동에 대해서 구체적으로 시범을 보여주는 것을 말합니다. 예를 들어, 철수에게 샤워하기 기술을 가르칠 때, 아버지가 옆 샤워기에서 각 하위 단계별로 행동을 수행하는 모습을 보여줌으로써, 학습자에게 도움을 줄 수 있습니다. 모델링 촉진도 목표를 수행하는데 필요한 전체 동작을 다 시범 보여주는 ㉠ 전반적인 모델링(시범) 촉진이 있고, 필요한 부분만 부분적으로 시범을 보여주는 ㉡ 부분적인 모델링(시범) 촉진이 있을 수 있습니다.

그런데 만약 교수학습의 목표가 특정한 단어나 문장을 말해야 하는 것이라면, 그 목표 언어를 말로 표현해주는 것은 언어적 촉진이기보다는 목표행동에 대해 시범을 보여주는 모델링(시범) 촉진에 가깝다고 볼 수 있습니다. 예를 들어, "기다려 주세요."라는 말을 상황에 맞게 표현하도록 가르칠 때, 해당 상황에서 "기다려 주세요."라는 말 전체를 말로 먼저 해주고 학습자가 따라 말하도록 가르친다면, 그건 전체적인 모델링(시범) 촉진이 될 수 있습니다. 그리고 어느 정도 목표 언어에 익숙해진 뒤에 학습자가 약간 혼동하는 듯 보여서 "기다……" 정도로 앞글자의 힌트를 주는 건 부분적인 모델링(시범) 촉진이라고 볼 수 있습니다.

시범 촉진을 활용하기 위해서는 일단 학습자가 시범을 따라 할 수 있는 기초능력을 갖춰야 합니다. 자폐스펙트럼장애를 가지고 있는 학습자의 경우에는 모방 학습에 어려움을 가지고 있는 경우가 많습니다. 따라서 이때는 의도적으로 가르치는 사람의 행동을 따라 하는 모방 학습 기술을 선행기술로 가르치는 과정이 먼저 필요할 수 있습니다. 물론 이 행동 모방 학습에서도 지금 설명하는 체계적 교수 절차와 함께, 이러한 체계적 교수를 중간중간 살짝 포함하는 놀이 활동(예: 전통놀이, 보드게임, 연극놀이, 소꿉놀이 등 학습자가 좋아하면서 다른 사람의 행동을 모방할 필요가 있는 다양한 놀이) 등을 통해서 모방능력의 향상을 도울 수 있습니다.

④ 신체적 촉진(physical prompts)

신체적 촉진은 학습자가 목표기술이나 행동을 적절하게 수행하지 못할 때 신체적, 물리적으로 도움을 주는 촉진을 말합니다. 신체적 촉진은 보통 아주 높은 강도의 도움, 지원을 학습자에게 제공한다고 볼 수 있습니다. 예를 들어, 철수에게 샤워하기 기술을 가르칠 때, 아버지가 옆에서 하위 단계별로 직접 철수의 손을 잡아서 신체적으로 도움을 주면서 행동을 수행하도록 합니다. 이러한 신체적 촉진은 부분적으로 필요할 때만 신체적인 도움을 제공하는 부분적인 신체적 촉진, 그리고 계속 신체적 촉진을 제공하는 전반적인 신체적 촉진으로 구분합니다.

이중 특히 전반적인 신체적 촉진을 제공하는 경우에는 자칫 학습자에게 불쾌한 자극이 될 수도 있습니다. 따라서 미리 충분하게 친밀도를 쌓은 사람이 조심스럽게 실시해야 합니다. 더불어, 자폐스펙트럼장애를 가지고 있는 학생의 경우에 감각 민감도가 다른 사람들과 달라 신체적 접촉에 과민하게 반응할 수 있으므로, 이때도 점진적으로 접촉의 정도를 늘려가는 등 많은 주의가 필요할 수 있습니다.

- 부분적인 신체적 촉진: 목표기술을 수행하는 과정에서 필요할 때만 부분적으로 신체적인 도움을 제공합니다. 예를 들어, 샤워하기 기술을 가르칠 때, 학습자의 손을 잡아 살짝 샤워기에 대어주고, 학습자가 샤워기를 잡으면 손을 빼고 수행을 지켜보다가 다시 필요할 때 팔을 잡아서 도움을 주는 것과 같은 촉진을 해주게 됩니다.
- 전반적인 신체적 촉진: 목표기술을 수행하는 과정에서 전반적으로 강도 높은 신체적인 도움을 제공하여, 학습자가 그 과제를 도움을 받아서 반드시 수행하게끔 합니다. 손 위에 손(hand over hand) 전략이라고도 불리는데, 학습자의 손 등을 잡고 과제 수행을 직접 돕게 됩니다. 나중에 반응촉진

을 이용한 교수학습 전략에서 점진적 안내(graduated guid-ance) 전략을 설명하면서 자세하게 이야기하겠지만, 이때 점차 학습자의 손을 잡는 힘이나 위치(손이나 손등을 잡았다면, 점차 팔을 살짝 잡는 것과 같이) 등을 조정해가면서 신체적인 도움의 양을 줄여갈 수 있습니다.

한편, 앞서 반응촉진의 위계를 다룬 〈그림〉에도 적어두었지만, 촉진의 종류, 강도는 학생 특성에 따라 얼마든지 달라질 수도 있습니다. 청각 문제가 있는 경우에는 말로 하는 설명은 사용할 수 없어서, 다른 시각적인 촉진 방법을 사용해야 하며, 시각에 문제가 있는 경우에는 시범 촉진과 같은 방법은 당연히 사용하기 힘들 수 있습니다. 시청각의 사용에 모두 어려움이 있는 경우에는 앤 설리번 선생님이 헬렌 켈러에게 그랬던 것처럼, 촉각적인 수단을 통해서 교수학습을 해야 할 겁니다. 또한, 학습자의 특성과 과제의 특성에 따라서 촉진의 강도는 그림에서와는 얼마든지 다르게 설정될 수 있을 겁니다.

또 더불어, 당연한 이야기이지만, 〈그림〉에서 같은 칸에 있는 촉진이라고 할지라도, 그 안에서는 다시 세부적으로 보면 촉진의 강도는 아주 세세하게 나눌 수 있습니다. 예를 들어, 같은 부분적인 신체적 촉진 또는 부분적인 시범 촉진이라고 해도, 전체 동작이 아닌 일부분에 대한 신체적인 도움을 주거나 시범을 보여준다는 개념은 같겠지만, 그 일부분이 아주 조금을 말할지, 아니면 전반적이지는 않더라도 비교적 상당한 정도를 말할지 등에 따라 다시 여러 위계 수준으로 나눌 수 있습니다. 또한,

간접적인 언어촉진의 경우에도 그 '간접적인'이라는 말 안에는 완전히 직접적인 언어촉진은 아니더라도 어느 정도의 언어적인 단서를 줄지에 따라서 다양한 수준의 언어적 촉진이 포함될 수 있습니다.

(2) 반응촉진을 이용한 교수학습 전략

반응촉진을 이용한 교수학습 전략은 사실 체계적 교수의 핵심 중의 핵심이라고 말할 수 있습니다. 앞서 이야기한 반응촉진 위계를 이용해서 학습자를 가르치는 방법에는 크게 여섯 가지가 있습니다. 모두 수많은 연구를 통해서 효과성이 충분히 입증된 전략이기 때문에 부모님과 선생님은 상황에 따라, 또 목표기술의 유형에 따라 적절한 전략을 선택해서 활용하시면 되겠습니다.

참고로, 유튜브에서 영어로 해당 전략을 검색하시면, 반응촉진을 이용한 교수학습 전략의 실제 활용 모습을 담은 다양한 동영상을 손쉽게 시청할 수 있습니다. 영어를 잘 못 들으셔도 크게 상관없습니다. 이 책을 한 번 보고 난 뒤에 동영상을 보면 방법을 이해하는 데 그리 어려움은 없을 것으로 생각합니다. 그래서 이 책에서도 해당 전략의 영어 명칭을 괄호로 함께 적어두었습니다.

> 제가 운영하는 블로그에도 〈체계적인 반응촉진 전략에 대한 동영상 링크〉라는 제목의 글에 전략별로 참고할만한 활용 동영상의 주소 링크를 걸어두었으니, 필요한 분은 꼭 참고 바랍니다.
> ▷ 글 링크: blog.naver.com/bjs718/222314894596

기법	설명
최소촉진체계	교수학습 시기 또는 회기마다 매번 학습자가 정확한 반응을 보일 때까지 반응촉진(단서, 도움, 지원)의 강도나 양을 최소에서 최대로 점차 늘려갑니다.
최대–최소촉진	보통 여러 회기에 걸쳐 반응촉진의 강도나 양을 최대에서 최소로 아주 천천히 줄여갑니다.
점진적 안내	신체적 촉진의 강도를 최대에서 최소로 점차 줄여갑니다. 손 위에 손 (hand over hand) 전략이라고도 불립니다.
고정 시간지연	처음에는 과제 제시 후에 곧바로 과제를 수행하기에 충분한 정도의 반응촉진(통제촉진)을 몇 차례 제공해 목표기술을 가르칩니다(0초 시간지연). 그 이후에는 과제 제시 후 일정 시간(예: 5초)을 기다려(지연 시간), 독립적 수행을 유도합니다. 정반응을 수행하면 강화하고, 반대로 기다려 주어도 적절하게 수행하지 못할 때는 다시 충분한 촉진을 제공하는 것을 반복합니다.
점진적 시간지연	고정 시간지연과 거의 유사합니다. 다만 기다리는 시간(지연 시간)을 일정하게 유지하지 않고, 점차 늘려가면서(예: 1초→2초→3초→4초→5초→6초 등), 학습자의 독립적 수행을 유도합니다.
동시촉진	목표를 수행하기에 충분한 촉진(통제촉진)이 과제 제시 후 곧바로 계속 제공됩니다. 0초 시간지연 절차의 꾸준한 반복입니다. 따라서, 무오류 학습 기회가 계속 제공됩니다. 전략 자체는 간편하나 회기 시작 전 사전평가가 매번 필요합니다.

① 최소촉진체계(system of least prompts)

최소촉진체계는 학습자에게 제공하는 반응촉진의 양이나 질, 강도의 위계를 가장 낮은 것에서(예: 독립적 수행)부터 시작합니다. 그리고 정확한 반응을 보이기에 충분한 정도의 시간을 기다려 주어도(예: 5초), 학습자가 목표기술을 정확하고 독립적으로 수행하지 못했다면, 수행을 중단시키고 미리 설정된 반응촉진의 위계에 따라 낮은 수준의 촉진을 제공하고, 다시 일정 시간을 기다려 줍니다. 학습자가 이 촉진을 통해서 정확한 반응을 보였다면 칭찬 등의 강화를 제공할 수 있습니다. 하지만 학습자가 이번에도 정확한 반응을 보이지 않았다면 이전보다 한 단계 높은 위계의 촉진을 제공합니다.

이렇듯 최소촉진체계는 충분히 기다려 주어도, 학습자가 정확한 반응을 수행하지 못할 때마다 미리 계획된 촉진의 위계를 하나씩 더 높여가는 교수학습 방법입니다. 예를 들어, 간접적인 언어적 촉진 → 직접적인 언어적 촉진 → 자세촉진 → 시범 촉진 → 부분적인 신체적 촉진 → 전반적인 신체적 촉진의 순서로 촉진의 강도를 높여갈 수 있습니다.

이때, 이전에 제공되었던 촉진과 이번에 제공할 촉진을 함께 결합해서 제공(예: 시범 촉진을 해줄 때, 언어적인 촉진도 함께 제시함)할 수도 있습니다. 최소촉진체계는 교수 시기마다 매번 학습자가 올바른 목표행동을 수행하는 데 꼭 필요한 만큼의 도움만을 받을 수 있도록 해줍니다.

한편, 최소촉진체계에서는 같은 촉진 유형 안에서도 도움의 세세한 강도나 양에 차이를 두어 촉진의 위계를 만들 수도 있습니다. 가령 '사과 주세요.'라는 문장을 가르치기 위해서, 처음에는 '사'를 말해주고, 그 뒤에는 '사과'를 말해주며, 그 뒤에는 '사과 주……'까지 말해주고, 그래도 정확한 반응을 보이지 않으면, "사과 주세……"까지 말해줍니다. 그래도 학습자가 정확한 반응(예: "사과 주세요."라고 말함)을 보이지 않을 때는 '사과 주세요.'라는 전체 문장을 완전하게 시범 보여주고, 학습자가 따라 말하도록 도와줍니다.

최소촉진체계에서는 최소한 세 가지 이상의 촉진 위계를 사전에 계획할 것을 필요로 합니다. 그래야 촉진의 위계(순위)를 구성할 수 있기 때문입니다. 최소촉진체계를 좀 쉬운 말로 표현하면, "학습자가 어떻게 수행해야 할지 모른다면 먼저 말해주고(언어적 촉진), 그래도 어려워한다면 보여주며(시범 촉진), 그래도 힘들어한다면 도와준다.(신체적 촉진)."라고 이야기할 수 있습니다. 그리고 이를 '3단계 지시법'이라고 부를 수도 있습니다. 최소촉진체계에서는 최종적으로 학습자가 도움을 받아 목표기술을 수행할 수 있을 정도(정확한 반응을 보일 때)까지 촉진을 제공합니다.

이같이 정확한 반응을 보이기에 충분한 촉진을 학문적으로는 통제 촉진(controlling prompt)이라고 말합니다. 만약 적절하게 최소촉진체계를 활용한 교수학습이 진행된다면, 물론 기간의 차이는 있겠지만, 이 통제촉진의 위계가 더 낮아지게 될 것입니다. 예를 들면, 교수학습 초기에는 신체적인 도움을 받아야만 수행 가능했던 행동이 점차 시범을 보고도 가능해지고, 나중에서는 언어적 도움만으로도 가능해지며, 최종적으로는 독립적으로 수행할 수 있게 될 수 있습니다.

최소촉진체계의 교수학습 절차를 제시해보면 다음과 같습니다(박경옥, 이병혁 역, 2019).

ㄱ 학습자가 집중할 수 있도록 돕는다.

ㄴ 가르치고자 하는 하위 목표기술에 대한 과제를 제시한다.

ㄷ 학습자가 독립적으로 수행할 수 있도록 사전에 설정된 시간 간격(예: 5초, 8초 등)만큼 충분히 기다린다.

ⓐ 학습자가 독립적으로 정확하게 반응한다면, 구체적인 수행 내용을 이야기하는 칭찬(예: "철수가 5,000원을 잘 골랐구나, 참 잘했어요.")과 함께 약속된 보상을 제공한다. 그리고 목표기술의 교수학습 순서에 따라 다음 하위목표에 대한 과제를 제시한다.

ⓜ 정해진 시간만큼 기다려도 학습자가 반응이 없거나, 수행 과정 중 오류를 보인다면 미리 정한 촉진 위계 중에서 있는 강도가 낮은 촉진(예: 간접적인 언어적 촉진)을 제공한다. 그리고 다시 정해진 시간 간격만큼 대기하면서, 학습자의 수행을 기다린다.

ⓗ 대기 시간 내에 학습자가 이 촉진을 받아 올바르게 하위목표를 수행한다면, 칭찬과 함께 약속된 보상을 준다. 이때 보상은 독립적으로 목표를 수행했을 때보다는 다소 작은 것을 줄 필요가 있으며, 더 강도 높은 촉진을 받을 때마다 보상도 더 약해지도록 학습자와 약속할 수 있다.

ⓢ 정해진 시간만큼 기다려도 학습자가 반응이 없거나, 수행 과정 중 오류를 보인다면 미리 정한 촉진 위계에서 좀 더 강도가 높은 촉진(예: 직접적인 언어적 촉진 또는 자세촉진)을 주고, 다시 정해진 시간 동안 반응을 기다린다.

ⓞ 학습자가 해당 촉진을 받아 올바르게 수행한다면, 칭찬해 준다. 반응이 없거나 오류가 있다면, 학습자가 정확하게 반응할 때까지(통제촉진을 확인할 수 있을 때까지), 계속해서

미리 계획된 촉진 위계상 그다음으로 강도가 높은 촉진(예: 부분적인 시범 촉진 → 전반적인 시범 촉진 → 부분적인 신체적 촉진 → 전반적인 신체적 촉진)을 제공해 나간다.

ⓒ 학습자가 해당 하위 목표기술을 사전에 정해진 성취 기준(예: 독립적으로 해당 하위목표를 수행한다. 등)만큼 수행하기 전까지는, 매번 교수학습 시기를 시작할 때 항상 독립적 수행의 유도에서 시작해서 정확한 반응을 보일 때까지(통제촉진에 다다를 때까지), 촉진의 위계를 점차 높여간다. 다시 말해, ㉠~ⓒ까지의 절차를 반복한다.

ⓒ 목표기술에 대한 교수학습 순서에 따라 다음 하위목표에 대한 교수학습으로 나아가기 전에는, 학습자가 보인 정확한 반응에 대해서 자세하게 칭찬해준다. 그리고 약간 부족한 부분이 있다면, 최대한 긍정적으로 보완할 점을 설명하고 시범을 보인다(피드백 제공).

최소촉진체계는 교수 시기마다 매번 독립적인 수행에서 시작해서 미리 정해둔 위계에 있는 여러 촉진을 학습자가 정확한 반응을 보일 때까지 순서대로 거쳐나가기 때문에 비교적 교수학습에 필요한 시간이 많을 수 있다는 한계가 있습니다. 하지만 최소촉진체계는 교수학습 시기마다 매번 전체 촉진 위계를 거치기 때문에 학습자의 현재 수행수준을 별도의 평가 과정 없이 가르치는 과정에서 바로 확인할 수 있다는 큰 장점이 있습니다. 이 때문에 보통 체계적 교수에 관한 학술적 연구에서는 최소촉진체계를 주로 이용하는 편입니다. 또한, 교수 시기별로 매번 학습자가 지금 필요한 최소한의 정도로만 도움을 받도록 하여, 반대로 독립성은 최대한 높일 수 있다는 큰 장점이 있습니다. 그리고 최종적으로 독립적 수행이 어려운 학습자라도 할지라도 부분적 참여의 원리를 바탕으로 촉진의 강도가 줄어드는 배움의 성과를 확인할 수 있게끔 해줍니다. 예를 들어, 신체적 촉진을 받아야만 했던 중도 지적장애 학생이 최소촉진체계를 통해 교수학습이 이루어진 뒤에는 시범을 통해 과제를 수행할 수 있게 됨을 확인할 수 있습니다.

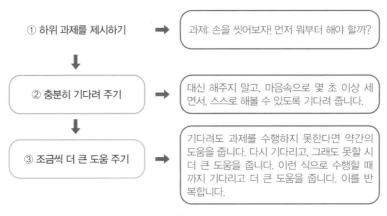

〈그림〉 최소촉진체계의 진행 과정 간단 요약

② 최대-최소촉진(most-to-least prompts)

최대-최소촉진은 최소촉진체계와는 반대로, 촉진의 강도를 학습자가 정확한 반응(행동)을 보일 수 있을 만큼 높은 것에서 시작합니다. 다시 말해, 통제촉진에서 처음 시작한다는 의미입니다. 그리고 교수학습을 진행하면서, 학습자의 수행능력 향상에 맞추어 점차 이전에 제공된 것보다는 조금 더 낮은 위계의 촉진으로 줄여나가 최종적으로는 성취 기준까지 다다를 수 있도록 하는 방법이 최대-최소촉진 전략입니다. 예를 들어, 전반적인 신체적 촉진 → 부분적인 신체적 촉진 → 전반적인 시범 촉진 → 부분적인 시범 촉진 → 자세촉진 → 직접적인 언어적 촉진 → 간접적인 언어적 촉진 → 독립적 수행의 순서로 진행될 수 있습니다.

또한, 최소촉진체계에서와 마찬가지로 한두 가지의 촉진 종류 안에서도 도움의 정도에 따라 촉진의 위계를 세세하게 나누어 접근할 수도 있습니다. 다만 신체적 촉진만으로 구성되는 최대-최소촉진은 뒤이어 설명할 '점진적 안내'라는 이름으로 별도 구분되어 있습니다. 최대-최소촉진도 최소촉진체계와 마찬가지로, 최소한 세 가지 이상의 촉진 위계로 구성합니다. 그 위계는 신체적 촉진, 시범 촉진, 독립적 수행/ 또는 전반적인 시범 촉진, 부분적인 시범 촉진, 최소한의 부분적인 시범 촉진, 독립적 수행 등으로 다양한 예를 들 수 있습니다.

최대-최소촉진에서 가르치는 사람은 학습자가 충분히 준비되었을 때만 강도가 덜한 촉진으로 옮겨가면서 이 순서를 비교적 느리게 진행합니다. 따라서 이 절차는 학습자의 수행능력 정도에 대한 가르치는 사람의 판단에 따라, 또는 미리 설정된 교수 시기의 수에 따라, 혹은 교수학습을 시작하기 이전에 이루어지는 수행능력에 관한 평가 결과에 따라, 점차 촉진의 강도를 낮추게 됩니다.

예를 들어, 교수학습 절차가 시작되고 나서 처음 며칠은 신체적 촉진(또는 신체적 촉진과 언어적 촉진과 함께 결합해서)을 제공하여 정확한 반응을 보이도록 합니다. 그리고 그다음 며칠은 시범 촉진(또는 시범 촉진과 언어적 촉진을 결합해서)을 제공하면서 교수학습 목표의 성취 정도를 판단해보고, 어느 정도 학습이 이루어졌다고 평가 결과나 개인적 견해를 통해 판단되면 그다음 며칠은 언어적인 촉진만 제공됩니다. 그리고 그 뒤에는 촉진을 제공하지 않고 학습자의 독립적 수행을 유도할 수 있습니다. 만일 최대-최소촉진 절차를 진행하는 과정에서, 학습자가 해당 목표행동을 강도가 덜한 촉진으로 수행할 수 없다면, 다시 이전 강도의 높은 위계의 촉진으로 되돌아가야 합니다.

이전에 알아본 최소촉진체계에서는 교수 시기별로 매번 독립적 수행부터 시작해서 순서대로 촉진의 강도를 높여가기 때문에 별도의 평가 시기 없이도, 자연스럽게 학습자의 수행수준을 측정 및 평가할 수 있었습니다. 하지만 지금 설명하는 최대-최소촉진은 그렇지 않게 때문에, 적정한 시기마다 강도가 덜한 촉진으로 나아갈 준비가 되었는지를 평가하기 위한 평가 과정이 필요합니다. 예를 들어, 시범 촉진을 제공하고 일정 기간이 지나고 나서 가르치는 사람은 학습자에게 촉진 없이, 또는 언어적인 촉진 등으로 행동을 수행해 볼 기회를 제공하고, 이 결과에 근거하여 강도가 덜한 촉진으로 나아갈 준비가 되어 있는지를 확인해 볼 수 있습니다.

최대-최소촉진의 교수학습 절차를 제시해보면, 다음과 같습니다(박경옥, 이병혁 역, 2019).

　　ⓘ 학습자가 집중할 수 있도록 돕는다.
　　ⓛ 하위 목표기술에 대한 과제를 제시한다.

ⓒ 학습자가 하위목표 행동을 수행(정확한 반응을 보임)할 수 있을 정도의 강도 높은 촉진(통제촉진)을 즉시 제공하고, 모든 정확한 반응에 대해 칭찬하고 필요할 경우 강화물도 제공할 수 있다.

ⓜ 일정 기간 이 촉진을 적용한 뒤, 가르치는 사람의 판단에 따라 덜 강도 높은 촉진을 통해 교수학습을 제공하면서 모든 정확한 반응을 칭찬한다. 만약 강도가 덜한 촉진으로 학습자의 하위목표 행동 수행이 계속 어렵다면, 다시 이전의 더 강도 높은 촉진으로 돌아간다.

ⓑ 이러한 방식으로 점차 강도가 덜한 촉진을 제공하여, 학습자의 독립성 수준을 높이는 방향으로 나아간다. 모든 정확한 반응을 구체적으로 칭찬하고, 강도가 더 낮은 촉진에도 정확한 반응을 보임에 따라 학습자가 더 좋아하는 강화물을 제공할 수 있다.

ⓢ 최종적으로 학습자가 독립적으로 하위목표 행동을 수행할 수 있거나, 처음부터 학생의 특성이나 과제 난이도 상 완전한 독립적인 수행은 어려울 것으로 판단되어 사전에 성취 기준으로 설정해 둔 정도로 수행(예: 언어적 촉진을 받아 수행, 또는 그림으로 된 수행 순서도를 보고 수행[*])할 때까지 교수학습 절차를 진행한다.

• 그림 기반의 자기촉진(그림촉진)이라고 말할 수 있으며, 자세한 내용은 나중에 10편에서 설명합니다.

◎ 이후에는 목표기술의 교수학습 순서에 따라 다음 하위목표 행동에 대한 교수학습 절차를 진행한다.

최대-최소촉진은 나이가 비교적 어리거나 새로운 목표기술에 대한 교수학습 초기에 많은 지원을 요구하는 경우, 혹은 과제 자체가 어려운 경우나 학습자의 인지적인 장애 정도가 비교적 심해서 매번 독립적 수행을 유도하는 것으로 교수학습 절차를 시작하는데 큰 의미가 없을 때 특히 적합합니다.

③ 점진적 안내(graduated guidance)

점진적 안내는 신체적 촉진에 대한 최대-최소촉진이라고 말할 수 있습니다. 다시 말해, 신체적 촉진의 강도를 최대치에서 점차 최소로 줄여가는 방법입니다. 예를 들어, 처음에는 필기 지도를 위해서 직접 학생의 손등을 잡아서 연필 잡는 법에 대한 전반적인 신체적인 지원을 해주다가 점차 신체적 촉진의 강도를 줄여나가 나중에는 손끝으로 팔에 미세한 촉진을 제공해서 학습자의 정확한 반응을 이끌 수 있습니다.

최대-최소촉진과 비슷하게 강도가 덜한 신체적 촉진으로의 변화는 가르치는 사람의 판단에 따라 결정할 수 있습니다. 하지만 일반적인 최대-최소촉진과 달리 그 판단은 한 교수학습 시기 안에서도 순간순간마다 계속 이루어질 수도 있습니다. 가르치는 사람은 경험을 통해서 학습자가 더 목표기술 수행에 능숙해짐을 느끼게 되면, 손등을 잡아 전반적인 신체적 도움을 주는 것에서 팔뚝을 잡는 것으로, 그 이후에는 팔꿈치에 손을 대는 것으로 진행할 수 있습니다. 최대-최소촉진과 마찬가지로 강도가 덜한 신체적 촉진에 적절하게 반응하지 못한다고 판단된다면, 다시 원래 촉진 강도로 돌아갈 수 있습니다.

점진적 안내의 교수학습 절차는 다음과 같습니다(박경옥, 이병혁 역, 2019).

ㄱ 학습자가 집중할 수 있도록 돕는다.

ㄴ 하위목표 기술에 대한 과제를 제시한다.

ㄷ 필요에 따라 학습자의 움직임을 따라다니면서 신체적인 촉진을 제공한다. 신체적 촉진의 강도는 학습자의 수행수준에 따라 점차 줄여나간다.

ㅁ 만일 학습자가 오류를 범하기 시작한다면, 즉시 다시 더 강도 높은 신체적 촉진을 제공한다.

ㅂ 학습자가 독립적으로 수행한 행동뿐만 아니라, 촉진을 받아 수행한 행동도 칭찬할 수 있다. 그리고 점차 강도가 덜한 신체적 촉진을 받아 하위목표 행동을 수행했을 때, 칭찬과 함께 강화물을 제공할 수 있다.

ㅅ 최종적으로 학습자가 독립적으로 하위목표 행동을 수행할 수 있거나, 처음부터 학생의 특성이나 과제 난이도 상 독립적 수행은 어려울 것으로 판단되어 미리 목표로 설정해 둔 정도(예: 아주 약간의 신체적 지원을 받아 목표행동 수행)로 수행할 때까지 교수학습 절차를 진행한다. 때에 따

라서는, 차후에 좀 더 강도가 덜한 촉진에도 반응할 수 있도록 언어적 촉진을 함께 제공할 수도 있다(예: 신체적 촉진을 통해 점진적인 도움을 주면서 언어적인 설명도 함께 제공함).

◎ 이후에는 목표기술의 교수학습 순서에 따라 다음 하위목표(단계) 행동에 대한 교수학습 절차를 진행한다.

점진적 안내 전략은 소근육, 대근육 등을 포함해서 신체 운동 기능을 활용해야 하는 여러 과제(예: 수저 이용, 포크 이용, 필기, 체육 관련 기술 등 다양함)를 가르칠 때 주로 적용됩니다. 특히 학습자의 장애 정도가 심한 경우에도 효과적으로 이용할 수 있습니다. 상대적으로 장애 정도가 심한 중도·중복장애를 가진 학습자를 대상으로 점진적 안내 절차를 진행할 때는, 어려울 수 있지만, 마음의 여유와 인내심을 가지고 천천히 아주 점진적으로 신체적인 도움의 양을 줄여나갈 필요가 있습니다.

④ 고정 시간지연(constant time delay)

시간지연에는 고정 시간지연, 점진적 시간지연의 두 가지 하위 유형이 있습니다. 나중에 설명할 동시촉진 전략도 시간지연의 한 변형이라고 볼 수도 있습니다. 시간지연 전략은 쉽게 말해서 학습자가 어떠한 목표 행동을 독립적으로 수행할 수 있도록 미리 설정된 시간 간격(예: 5초)만큼 기다리는 방법입니다. 만약 일정 시간을 기다려 주어도 학습자가 적절하게 수행하지 못하면 정확한 반응을 수행하기에 충분한 수준의 촉진

(통제촉진)을 제공합니다. 이 방법은 가르치는 사람이 비교적 활용하기 편리하고 간편한 교수학습 전략입니다. 또한, 가르치는 사람이 제공하는 촉진을 점차 줄이는 페이딩(fading) 방법이 될 수 있습니다.

시간지연 전략에서는 먼저 가르치는 사람이 모든 교수학습 시기와 회기 전반에 걸쳐서 활용할 수 있는 촉진을 선택합니다. 예를 들어, 어떠한 목표행동을 가르치는 데 언어적 촉진이나 자세촉진에는 학습자가 정확한 반응을 수행하지 않습니다. 하지만 시범(모델링) 촉진을 받으면 적절하게 과제를 수행할 수 있습니다. 그러면 이 시범(모델링) 촉진을 교수 시기와 회기 전체에 걸쳐 사용할 수 있는 하나의 촉진으로 선택할 수 있습니다. 이렇게 선택된 촉진을 앞서 여러 번 언급한 통제촉진(controlling prompt)이라고 말합니다. 중요한 건, 학습자가 시범 촉진만 받아도 충분히 목표행동을 수행할 수 있다면, 더 강도 높은 촉진을 선택하지는 않는다는 점입니다.

그럼 이제 본격적으로 고정 시간지연에 대해서 알아보겠습니다. 고정 시간지연은 어떠한 목표행동을 가르치는 회기에서 초기 몇 차례의 교수학습 시기는 과제 제시 후 곧바로 앞서 설명한 통제촉진을 제공해서 목표행동의 수행을 가르쳐줍니다. 이 과정을 0초 시간지연(zero second time delay)이라고 말합니다. 과제 제시 후에 바로 충분한 정도의 도움이 제공되면서, 무오류 학습(errorless learning)을 유도하게 됩니다.

회기별로 매번 몇 차례 시기(보통 5~6회 정도이며, 더 많은 횟수도 가능)에 걸쳐서 0초 시간지연 절차가 진행되고 나면, 그다음에는 과제 제시 후에 사전에 설정된 일정한 시간 간격(예: 3초, 5초, 7초, 10초 등)을 기다려 줍니다. 이제 고정 시간지연의 본래 절차가 시작된 것입니다. 이 시간 간격 내에 학습자가 목표행동에 대한 수행을 시작해서 정확한 반응을 수행한다면 구체적인 칭찬을 해주고, 강화 스케줄에 따라 보상을 줄 수 있습니다. 하지만 정해진 시간 간격 내에 수행을 시작하지 못하거나 오류를 보인다면, 학습자의 수행을 즉시 정지시키고 다시 충분한 수준의 도움(통제촉진)을 제공하여, 정확한 반응을 가르칩니다. 이때, 학습자가 오류를 보였다고 해서, 오류를 보인 부분에 대해서 부정적인 언급을 하는 것은 피합니다. 단지 오류를 보였을 때, 더 이상의 수행을 멈추게 하고 다시 통제촉진을 제공하는 절차를 진행하는 것으로 충분합니다. 그리고 이러한 시기를 그 회기가 종료될 때까지 반복합니다.

고정 시간지연의 구체적인 절차는 다음과 같습니다(박경옥, 이병혁 역, 2019).

ⓖ 학습자가 집중할 수 있도록 돕는다.

ⓛ 하위목표 행동에 대한 과제를 제시한다.

ⓔ 처음 몇 시기(예: 5~6회) 동안은 0초의 간격을 두고 과제 제시와 동시에 충분한 도움(통제촉진)을 제공하여 정확한 반응을 수행하게끔 한다. 이때는 촉진을 받아서 한 수행이라도 해도 구체적인 칭찬을 제공할 수 있다.

ⓡ 그 이후에는 과제 제시 후 정해진 시간 간격(예 5초)을 두고 학습자가 스스로 수행하기를 기다린다.

ⓜ 학습자가 시간 간격 내에 반응을 시작해서 정반응을 보인

다면, 구체적인 행동을 담은 칭찬과 함께 강화 스케줄에 따라 강화물을 제공한다.

ⓑ 어떠한 반응도 보이지 못하거나 오류를 보인다면, 학습자의 수행을 정지시키고, 통제촉진을 제공하여 정확한 반응을 수행하게끔 한다. 교수학습이 이루어지는 초반에는 통제촉진을 받고 정확한 반응을 보이더라도 적어도 간단한 칭찬을 제공할 수 있으며, 나중에는 촉진을 받고 수행한 정확한 반응에는 칭찬을 제공하지 않는다.

ⓢ 이러한 과정을 반복해서, 해당 하위목표 행동을 완수하면, 미리 계획된 교수학습 순서에 따라 다음 하위목표 행동에 대한 교수학습을 ㉠에서부터 시작한다.

⑤점진적 시간지연(progressive time delay)

점진적 시간지연은 고정 시간지연과 거의 유사한 방법입니다. 처음에 몇 차례 0초 시간지연 절차를 통해 목표행동에 대한 충분한 촉진이 제공되고 난 다음에, 촉진을 제공하기까지 대기 시간을 두는 점은 고정 시간지연과 같습니다.

다만 다른 점이 하나 있습니다. 고정 시간지연에서는 4초면 3초, 6초면 6초와 같은 식으로 촉진의 제공을 지연하는 시간 간격을 딱 정해놓고, 끝까지 그대로 유지합니다. 하지만 점진적 시간지연은 학습자의 독립적 수행을 기다리는 이 시간 간격을 1초 → 2초 → 3초 → 4초 → 5초 → 6초와 같은 식으로 점진적으로 늘려나가게 됩니다. 이렇게 시간 간격을 점진적으로 늘려감으로써 학습자의 독립적 수행을 좀 더 유도할 수 있게 됩니다. 하지만 이 시간 간격도 마냥 늘려가는 건 아닙니다. 어디까지나 목표기술을 실제 생활에서 활용하는데 허용할 수 있는 범위 안에서 기다립니다.

예를 들어, 대중교통 사용 기술 중에서 교통카드를 버스 카드 단말기에 대서 교통비를 내는 하위목표 행동을 가르친다고 생각해봅시다. 학습자가 정확한 반응을 보일 때까지 마냥 시내버스가 기다릴 수는 없습니다. 따라서 일상생활에서 통상적으로 허용될 정도까지만, 지연되는 시간 간격을 점진적으로 늘려가게 됩니다.

⑥ 동시촉진(simultaneous prompting)

동시촉진은 고정 시간지연과 점진적 시간지연에서 회기 초반에 제공되는 0초 시간지연과 동일한 형태로 이루어집니다. 다시 말해서, 하위목표 행동에 대한 과제가 제시된 동시에 곧바로 통제촉진이 제공되는 것입니다. 하지만 0초 시간지연과 다른 점이 있다면, 0초 시간지연은 이후에 고정 시간지연이든 점진적 시간지연이든 시간 간격을 두기 위한 사전 학습 과정이라고 보는 데 반해, 동시촉진 절차에서는 그 교수학습 회기가 끝날 때까지 모든 시기에서 일정하게 0초 간격(곧바로)으로 통제촉진이 제공된다는 것입니다. 다시 말해, 독립적 수행을 위한 시간 간격을 두지 않고 계속 과제 제시 후 곧바로 충분한 정도의 도움이 제공된다는 말입니다.

동시촉진은 이렇게 0초 시간지연이 쭉 이어지는 진행 과정이기 때문에 비교적 활용하기가 수월하다는 장점이 있습니다. 또한, 오류가 없는 학습(무오류 학습)을 계속 유도할 수 있어, 충분하게 촉진을 받아 과제를 수행하면서 학습해 볼 기회를 보장할 수 있습니다. 이 때문에 인지적인 장애 정도가 심한 학습자를 대상으로 특히 효과적으로 적용할 수 있습니다.

다만 동시촉진은 충분한 수준의 촉진이 계속 제공되는 만큼 학습자의 독립적 수행 여부나 조금의 진보를 확인할 수가 없습니다. 따라서 교수학습 회기마다 매번, 본격적인 교수학습 절차가 시작되기 전에 학습자의 현재 수행수준을 파악하는 사전평가가 이루어질 필요가 있습니다.

이러한 사전평가 절차를 포함한 동시촉진 절차는 다음과 같습니다(박경옥, 이병혁 역, 2019).

※ 교수학습 절차 시작 전 사전평가 절차

㉠ 학습자가 집중할 수 있도록 돕는다.

㉡ 하위목표 행동에 대한 과제를 제시한다.

㉢ 학습자가 스스로 정확한 반응을 수행할 수 있는지 확인하기 위해서 몇 초(예: 5초) 동안 기다린다.

㉣ 정확한 수행을 여러 차례 반복해서 보일 때는 해당 하위목표를 성취한 결로 판단한다. 그리고 다음 하위목표 행동에 대한 평가 절차를 진행한다.

㉤ 설정된 시간 내에 하위목표 행동의 수행을 시작하지 못하거나 오류를 보일 때는 오류에 대한 수정 절차 없이, 바로

교수학습 절차를 진행한다.

※ 동시촉진 교수학습 절차

㉠ 학습자가 집중할 수 있도록 돕는다.

㉡ 하위목표 행동에 대한 과제를 제시한다.

㉢ 과제 제시와 동시에 학습자가 올바르게 하위목표 행동을 정확하게 수행하는 데 필요한 가장 강도가 덜한 통제촉진을 즉시 제공한다(예: 시범 촉진을 통해 과제를 수행할 수 있다면 신체적 촉진은 제공하지 않음).

㉣ 촉진을 받아 수행한 모든 올바른 수행에 대해서 칭찬을 해주고, 그래도 오류가 발생했다면, 더 높은 수준의 촉진으로 통제촉진을 변경하여 제공한다.

㉤ 해당 교수학습 회기가 끝날 때까지 교수학습 시기 ㉠~㉣을 반복한다.

지금까지 반응촉진을 활용한 교수학습 전략으로 최소촉진체계, 최대-최소촉진, 점진적 안내, 고정 시간지연, 점진적 시간지연, 동시촉진의 6가지를 모두 살펴보았습니다. 6가지 전략 모두 증거기반을 갖추고 있는 증거기반실제로서 비교적 인지적 장애 정도가 덜한 경도에서 인지적 장애 정도가 심한 편인 중도까지 대부분 발달장애를 가진 학습자를 대상으로 그 효과성이 널리 입증되었으며, 지금도 계속 이를 지지하는 연구 성과가 보고되고 있습니다. 부모님과 선생님께서는 각 전략을 설명하면서 말씀드린 내용을 바탕으로 학습자의 특성이나 목표기술의 과제 특성에 따라 교수학습 전략 중 하나를 적절하게 선택하셔서 활용하시면 되겠습니다.

개인적으로는 처음 체계적 교수를 해보시는 분들에게는 고정 또는 점진적 시간지연 절차와 같은 방법을 추천합니다. 시간지연 전략은 최소촉진체계나 최대-최소촉진과 같이 촉진의 위계를 따로 미리 계획해 두고 순서대로 적용하지 않아도 돼서, 비교적 수월하게 바로 활용하실 수 있을 것으로 봅니다.

또한, 응용행동분석을 아주 깊이 있게 공부한 전문가분들은 어떻게 생각할지 모르겠지만, 제가 특수교육 현장에서 체계적 교수를 통해 학생들을 가르치면서 경험한 바로는, 몇 가지의 교수학습 전략을 섞어서 가르치는 것이 때로는 좀 더 효과적인 전략이 될 수 있었습니다.

예를 들어, 최소촉진체계와 점진적 시간지연 절차를 결합하여, 최소촉진체계를 이용해서 어느 정도 교수학습이 이루어진 뒤에는 점진적 시간지연처럼 대기 시간을 점차 늘려가 학습자의 독립적 수행을 좀 더 유도해 볼 수 있습니다. 또한, 동시촉진 절차를 충분히 제공하다가 이후에 가르치는 사람의 판단에 따라 일종의 최대-최소촉진 형태로 통제촉진을 좀 더 강도가 덜한 수준으로 줄여갈 수 있습니다.

이외에도, 동시촉진 절차에서 시간지연 절차로 전환하여 시간 간격을 두어보는 방법들도 고려해 볼 수 있지 않을까 합니다. 그리고 얼마간은 동시촉진 절차를 적용하여 충분히 무오류 학습을 해볼 수 있도록 한 뒤에, 그 뒤에는 최소촉진체계의 절차를 적용하는 방법도 최근 2021년 출판된 연구에서 확인할 수 있었습니다(Brock, et al., 2021). 다음 〈그림〉

에 제시된 예시를 봐주십시오. 비교적 심한 인지적 장애를 가진 학습자에게 화장실 비데 사용 방법을 가르쳐 본, 제 실제 사례입니다.

목표

스스로 또는 최소한의 도움만 받고, 화장실 비데 '세정' 버튼을 이용할 수 있다.

과정

1. 먼저 비데의 세정 버튼에 색깔 띠지 등을 붙여 단서를 준다.
2. 대변을 보고 난 뒤에 세정 버튼을 누르도록 몇 차례 신체적인 도움을 주어 지원한다.
3. 어느 정도 교육이 이루어지고 난 뒤에는 대변을 보고 난 뒤에 도움을 주지 않고 5초 이상 기다린다.
4. 학생이 세정 버튼을 누르면 칭찬해주고, 그렇지 않을 시에는 "무엇을 눌러야 하지?"라며 물어보고, 다시 몇 초를 기다린다.
5. 세정 버튼을 누르면 칭찬하고, 기다려 주어도 그렇지 못할 때는 좀 더 강한 언어적 도움을 준다. (예: "빨간색이 붙어 있는 버튼을 눌러요!")
6. 정반응을 보이면 칭찬해주고, 그렇지 못할 시에는 세정 버튼을 누를 때까지 점차 높은 강도의 도움을 주고 기다리기를 반복한다. 그리고 이 과정을 매일 반복하도록 한다.

일상생활 지원에서의 동시촉진 + 최소촉진체계의 적용 예

저는 화장실 비데 버튼을 학습자가 적절하게 사용하도록 가르치는 과정에서, 먼저 자극촉진인 색깔 단서를 띠지를 이용해서 제공하였습니다(과정 1번 참조). 그리고 과정 2번에서 보듯이, 처음 한 주 동안은 학습

자가 대변을 보고 난 뒤에(과제 상황이 발생한 뒤에) 곧바로, 0초 간격으로 신체적인 촉진을 제공하는 동시촉진 전략을 사용하였습니다. 학습자가 어느 정도 비데와 세정 버튼에 대해서 인식하였다고 판단한 뒤에는 과정 3~6번에서 보듯이, 최소촉진체계를 적용하였습니다. 학습자의 인지적 장애 정도가 비교적 심한 편이기도 했고, 대변을 매일 보는 것도 아니라 학습 기회가 적어 다소 오래 걸리기는 하였지만, 한 달 정도가 지나자 학습자 스스로 도움 없이 세정 버튼을 누르게 되었습니다. 그 뒤에는 다음 하위목표 행동으로 건조 버튼 이용을 가르쳤는데, 일반화 효과가 나타났는지 비교적 빠르게 배움을 얻을 수 있었습니다.

이렇게 하나의 목표행동을 가르치기 위해서 6가지 반응촉진 전략과 더불어 때로는 자극촉진 전략도 함께 복합해서 적용할 수 있습니다. 하지만 어디까지나 자극촉진과 반응촉진의 교수학습 전략에 대한 기본 원리를 충분히 이해하고 하나하나 실제로 적용해보는 것을 선행해야 하지 않을까 합니다. 그리고 그 뒤에는 부모님이나 선생님의 판단에 따라 발달장애 학습자를 가르치기에 좀 더 적합한 방법을 찾기 위해 체계적인 촉진 전략을 여러 가지로 보완하고 합치는 등의 응용을 해볼 수도 있다고 생각해 봅니다.

7. 목표기술의 각 단계별로 피드백을 제공하기	
정반응 시 칭찬과 강화 스케줄 제공	오반응 시 오류수정(error correction)

〈그림〉 ABA(응용행동분석) 기반의 체계적 교수 진행 과정(7단계)

피드백은 과제 제시에 따른 학습자의 행동에 관해서 가르치는 사람이 다시 적절한 반응을 보이는 걸 말합니다. 쉽게 말해서, 만일 학습자가 정확한 수행을 했다면, 칭찬과 보상이 제공되어야 하겠습니다(강화). 반면 그 반대라면, 다시 촉진을 제공하여 정확한 수행을 유도하거나, 잘못된 부분에 대해서 적절한 교정을 해주어야 합니다(교정적 피드백). 때로는 학습자가 올바른 수행을 보일 때에도, 과제 수행과 관련된 부가적인 기술이나 지식을 언급해 줄 수도 있습니다(교수적 피드백). 가르치는 사람은 한 회기에서 이루어지는 많은 교수학습 시기마다 적절한 피드백을 제공할 수 있어야 합니다.

피드백은 촉진을 통한 교수학습 절차를 제공하는 과정에서 함께 이루어져야 하는 만큼, 이러한 피드백을 제공하는 방법은 앞서 촉진 절차를 설명하면서도 간단하게 이야기를 하였습니다. 다만 여기서는 좀 더 자세하게 강화, 교정적·교수적 피드백을 제공하는 방법에 대해서 살펴보도록 하겠습니다.

강화(reinforcement)

강화는 앞서 제1장에서 응용행동분석의 기본 원리를 설명하면서 이야기했듯이, 어떠한 행동을 증가시키는 것을 의미하는 학문적 용어입니다. 그리고 이와 같은 행동을 증가시키는 강화를 제공하는 데 있어 학습자에게 활용할 수 있는 보상을 강화물, 또는 강화제(reinforcer)라고 말합니다.

사실 지금 체계적 교수를 설명하는 후반에 이르러서 강화에 관해서 이야기하고 있지만, 실제로는 체계적 교수를 본격적으로 실시하기 전부터 학습자의 바람직한 행동 발생을 증가시킬 수 있을 만한 강화물(예: 좋아하는 물건, 음식, 활동, 토큰 강화 이용, 칭찬 방법 등)을 먼저 최대한 많이 찾아두어야 합니다. 이렇게 미리 찾아둔 강화물은 교수학습 절차를 진행하는 과정에서 각 하위목표 기술이나 행동별로 강화 스케줄에 따라 제공하게 됩니다. 이때 학습자의 행동 수행 그 자체에 초점을 두는 구체적인 칭찬도 함께 제공합니다. 사실 칭찬 자체도 잘 사용하면 효과적인 사회적 강화제가 될 수 있습니다.

사실 어떤 분들은 강화제의 제공이 학습자의 내적인 동기 형성을 저해하고, 자율성을 훼손할 수 있다고 부정적으로 말씀하기도 합니다. 하지만 발달장애를 가진 학습자들은 사실 처음부터 과제 자체에 내적인 동기를 가지는 데는 어려움을 느낄 수 있습니다. 그리고 꼭 장애를 가지고 있지 않은 비장애인이더라도, 단지 내적인 동기 때문에 어떠한 직무나 과제를 수행하는 경우는 일부 위인이라고 불릴 수 있는 분들을 제외하고는 찾아보기 힘들다고 생각합니다. 처음에는 외적인 보상을 바라고 일을 시작했지만, 점차 일 자체에 대한 흥미, 순수한 열정 등의 내적인 동기가 함께 형성되는 경우가 대부분입니다. 당장 강화제에 대해서 부정적인 생각을 하는 부모님이나 선생님이 계신다면, 지금 하시는 일을 돈한 푼 받지 않고 해야 한다고 생각해보십시오. 직무에서 오는 내적 동기만 가지고 일을 계속 수행할 수 있을까요? 아마 어려울 거라고 봅니다.

저 역시 특수교사로서 우리 학생들을 가르치는 일에 내적으로 동기나 만족감을 느끼고 있습니다. 하지만 매달 나오는 월급이라는 외적인 강화를 통해서 책임감과 동기를 느끼는 부분도 너무나 큽니다. 당장 정당한 수준의 급여를 받지 않고 무보수로 특수교사로서의 직무를 계속하라고 한다면, 지극히 평범한 수준의 보통사람인 저로서는, 특수교육이라는 길을 좋아하지만 그래도 다른 일을 선택할 것 같습니다. 하지만 외적인 강화를 통해서 시작된 일이 내적인 동기를 유발하면서 직무와 관련된(돈 버는 것과는 큰 상관이 없는 특수교육에 관한 정보를 전달하는 블로그를 운영하거나, 이러한 책을 쓰는 것과 같은), 스스로 나름대로 가치가 있다고 생각하는 여러 일을 할 수 있게도 해줍니다. 그래서 외적인 강화제는 내적인 동기유발을 위한 마중물이 될 수 있습니다.

(1) 강화물 선정 방법

학습자에게 목표행동 수행에 대한 적절한 보상이 될 수 있는 강화물을 찾는 방법은 다음과 같은 몇 가지가 있습니다.

- 학습자 본인이나 관련인(부모님, 친구 등 학습자를 잘 알고 있는 사람)에게 물어봅니다.
- 학습자의 생활 모습을 충분히 관찰하여, 학습자가 평소에 좋아하는 강화물(물건, 활동, 음식 등)을 찾아봅니다.
- 체계적인 강화물 조사를 시행합니다. 예를 들어, 두 가지 이상의 강화물 중 좋아하는 것을 선택하는 방식으로, 이러한 과정을 반복해서 최종적으로 학습자가 가장 좋아하는 강화물 목록을 선정할 수 있습니다. 예전에 TV 예능 프로그램에서 자주 했던 '이상형 월드컵'과 같은 방식이라고 생각하시면 됩니다.
- 학습자의 동기를 유발할만한 강화물이 없거나, 오직 음식만이 강화물이 되어서 곤란할 때가 있습니다. 이러한 경우는 실제로 학습자가 다양한 활동들을 체험해 본 경험이 적어서 자신이 좋아하는 것이 무엇인지 본인도 알지 못하는 상황일 수도 있습니다. 따라서 생활연령(실제 나이)이나 인지적인 나이, 또는 장애 특성이 유사한 또래들이 주로 좋아하는 여러 가지 활동(예: 장난감 놀이, 컴퓨터, 놀이터 이용하기, 트램펄린 타기 등)을 체험하고 가르쳐주면서 학습자가 즐거

위하고 관심을 가질만한 활동들을 찾아볼 수 있습니다.

(2) 교수학습 장면에서 각 하위 목표(단계) 행동 수행에 따라 학습자
　　에게 강화를 제공할 때, 유의할 사항들

학습자에게 촉진 절차를 활용하여 교수학습 절차를 진행하면서 각 하
위목표 행동의 수행에 따라 강화를 제공할 때, 주로 유의할 점들은 다음
과 같습니다.

- 강화를 제공할 때는 미리 계획한 강화물과 함께 학습자의
　구체적인 행동을 이야기하면서 칭찬해주어야 합니다. 예를
　들어, "철수가 2,000원을 잘 거슬러주었구나, 참 잘했어요."
　등과 같이 구체적으로 무엇을 잘했는지 언급하는 겁니다.
　적어도 초기에는 이렇게 구체적으로 칭찬을 해주는 게 더
　효과적이라고 알려져 있습니다. 만일 학습자가 칭찬에 적절
　하게 반응하지 못하는 경우라도 마찬가지입니다. 칭찬이라
　는 사회적 강화와 물질적인 강화제를 함께 제공하면, 이 둘
　이 조건화(conditioning)되어 나중에는 칭찬만으로 학습자
　의 동기가 유발될 수도 있기 때문입니다.
- 학습자가 해당 강화물에 질리지 않도록 합니다. 이를 학문
　적으로는 '포만'이라는 이름으로 부릅니다. 어떠한 강화물
　에 포만하게 되면, 그 강화물의 영향력은 현저히 감소하게
　됩니다. 따라서 강화물은 학습자가 적절하게 반응하는 범위

안에서 가급적 작게, 짧게 제시합니다. 예를 들어, 과자를 강화물로 사용한다면, 학습자가 수용하는 범위 안에서 잘라서 사용할 수 있습니다. 또한, 놀이 활동을 강화물로 사용하는 경우라면, 마찬가지로 학습자에게 강화가 될 수 있을 만큼의 범위 안에서는 비교적 짧은 시간 동안만 놀이 활동을 허용해야 합니다.

- 어떠한 하위목표 기술에 대한 교수학습이 이루어지는 초기에는 학습자가 완전히 스스로 정확하게 수행하지 못했다고 하더라도, 일정 정도라도 진전이 있었다면 강화물을 제공할 수 있습니다. 예를 들어, 아주 초반에는 강력한 촉진(도움)을 받아서 과제를 수행했더라도 칭찬과 함께 작은 강화물이라도 제공하여, 학습자의 동기를 유발합니다. 그리고 나서는 이전 시기에서 부분적인 신체적 촉진을 받아서 과제를 수행하다가, 시범 촉진을 받아서 과제를 수행할 수 있게 되는 등과 같이 조금 더 독립적인 수행을 보이면, 칭찬과 강화물을 함께 제공할 수 있습니다. 적어도 구체적인 칭찬이라도 해주어야 합니다. 이후 더 독립적이고 정확하게 행동을 수행할 때 조금 더 학습자가 좋아하는 강화를 제공해 나가는 방식으로 점진적으로 목표행동의 정확한 수행을 만들어 갈 수 있습니다. 이를 학문적으로 행동 형성(shaping)이라고 말합니다.

- 체계적 교수의 절차를 진행하기 전에 가급적 최대한 많은 수

의 강화물을 선정해 둘 필요가 있습니다. 아무리 조심해도 결국 하나의 강화물만 사용하게 되면, 시간의 차이는 있겠지만 포만 현상이 나타날 수밖에 없을 겁니다. 이 때문에, 최대한 다양하게 강화물을 선정하여 번갈아 사용하도록 합니다.

- 목표행동 수행 이외에 다른 방법으로는 해당 강화물을 얻지 못하도록 해야 합니다. 이렇게 다른 방법으로 강화물을 얻는 걸 밀수강화라고 말합니다. 이 밀수강화는 강화제의 영향력을 매우 감소시킬 수 있습니다. 예를 들어, 특정 과자를 강화물로 선정했는데 교수학습 시간 전에, 이미 할머니가 오셔서 아무런 대가 없이 과자를 사주셨다면 학습자의 학습 동기가 유발되기 힘들 수 있습니다.

- 앞서 Step 1에서 언급한 토큰 강화를 학습자의 인지적 수준에 따라 점진적으로 도입할 필요가 있습니다. 토큰 강화는 미리 행동 계약을 해두고 일정 개수의 토큰(스티커, 자석 등 다양함)을 모으면 약속한 강화물을 제공하는 방법입니다. 토큰 강화를 적용하면, 교수학습이 이루어지는 중간마다 강화물 지급을 위해서 시간이 끊기는 일을 막을 수 있습니다. 또한, 학습자에게도 즉각적인 강화를 기다리는 힘을 길러줄 수 있습니다. 이러한 '힘'은 향후 학습자가 성장해서, 지역사회에서 나름의 역할을 하며 살아가는 데 중요한 역량이 됩니다. 마치 매일 일당을 주지 않아도 한 달 뒤 받게 될 월급을 위해 때로는 참으며 일하는 어른들처럼 말입니다. 다만

Step 2 체계적 교수를 실천하기 위한 10개의 계단

토큰 강화는 학습자의 인지적 수준에 따라 충분히 시간을 두고 접근해야 할 필요가 있습니다. 예를 들어, 처음에는 토큰 1개와 강화물 1개를 바로 교환합니다. 그리고 점차 토큰 2개, 3개, 4개 순으로 토큰의 교환 비율을 늘려가면서, 학습자의 저항을 줄일 수 있습니다.

- 점차 사회적으로 타당한 강화물을 활용해야 합니다. 사회적으로 타당한 강화물이란 여러 다른 사람들이 해당 학습자의 나이 등을 고려했을 때, 적합하다고 판단하는 강화물을 말합니다. 예를 들어, 고등학교에 재학 중인 학생을 대상으로 과자나 초콜릿 같은 음식 강화물을 사용하는 방법은 사회적인 타당성이 그리 높다고 볼 수는 없습니다. 어쩔 수 없이 초기에는 이러한 강화물을 사용하더라도 점차 사회적으로 타당하다고 여겨지는 강화물(예: 컴퓨터 사용 시간 제공, 개인 여가활동 시간 제공 등)로 변화를 주어야 합니다. 하지만 다른 어떠한 강화물에도 반응이 없는 학습자의 경우에는 음식 강화물이라도 적절한 양을 잘 판단해서 계속 사용해야 할 수 있습니다.

- 마찬가지로 어렵겠지만 아주 점진적으로 자연적인 강화로의 변화를 도모해야 할 필요가 있습니다. 자연적인 강화란 그 행동을 수행했을 때 자연적으로 얻을 수 있는 물건이나 상황, 감정을 통해서 학습자의 학습 동기가 유발될 수 있는 것을 말합니다. 예를 들어, 샤워하기 기술의 습득을 통해서 학

습자가 자신의 몸이 깨끗해지는 것 자체에 학습 동기가 형성된다면 가장 좋은 강화가 될 수 있습니다. 이러한 자연적인 강화는 거저 얻어지기보다는 외적인 강화물을 제공하다가 점차 줄여나가는 과정에서, 자연스럽게 형성되는 경우가 많습니다. 마치 어린 시절 그렇게 하기 싫었던 양치질이지만, 성인이 되어 치과에 가서 돈 좀 깨지고 나서는 남이 시키지 않아도 열심히 닦게 되는 것처럼 말이지요. 돈이라는 강력한 강화물이 사라지는 부적 강화를 여러 번 경험하게 되면서, 이를 열심히 닦게 됩니다. 또 그러다 보니 자연스럽게 양치질이라는 행동 자체가 주는 자연적 강화(예: 상쾌한 느낌, 치아 건강)로의 변화가 조금씩 이루어지게 됩니다.

(3) 강화 스케줄

학습자에게 강화물을 제공할 때는 무작정 계속 주는 것이 아니라 가르치는 사람 스스로 어떠한 스케줄을 만들어두고 점진적으로 강화물 제공을 줄어나가는 과정이 필요합니다. 마치 교수학습 과정에서도 점차 촉진의 양을 점차 줄여나가 독립적 수행을 유도해야 하듯이 말입니다. 보통 강화 스케줄은 다음과 같은 순서로 나아가게 되며, 이 과정에서 앞서 설명한 토큰 강화와 함께 적용할 수도 있습니다.

① 처음에는 목표행동의 수행 시마다 칭찬과 함께 약속한 강화물을 제공합니다. 이를 계속적 강화라고 말합니다.

② 학습자가 해당 목표기술을 어느 정도 잘 배우고 있다고 판단되면, 점차 고정 간격(예: 3분마다 한 번씩) 또는 고정 비율(예: 2번에 한 번, 3번에 한 번 등)로 간헐적으로 강화를 제공합니다.

③ 고정적인 간격이나 비율로 주던 강화를 점차 **변동적인 비율이나 간격**(예: 변동 비율의 경우, 2번마다 → 4번마다 → 2번마다 → 3번마다 등)으로 간헐적으로 제공하다가, 점차 비율이나 간격을 늘려나가 최종적으로는 강화물의 제공 없이도 해당 목표행동을 수행할 수 있을 때까지 스케줄을 진행해 나갈 수 있도록 합니다.

이러한 강화의 제거 절차에서 중요한 점은 충분한 시간을 가지고, 무리하지 않게 되도록 천천히 진행되어야 한다는 겁니다. 아주 심한 인지적 장애를 가지고 있는 학습자의 경우에는 학습자도 눈치채지 못할 정도로 천천히 제거 절차가 이루어지는 것이 좋습니다. 물론 말이 쉽지 실제로 그리 쉬운 일만은 아닙니다. 부모님이나 선생님의 많은 경험과 노력이 필요할 수 있습니다.

교정적, 교수적 피드백(corrective and instructive feedback)

학습자가 목표행동을 수행하는 데 있어서 수행을 시작하지 못하거나,

정확하게 수행하지 못하는 오류를 보인다면, 이에 대한 오류수정 절차가 필요합니다. 이러한 오류수정 절차를 교정적 피드백이라고 말합니다. 앞서 촉진 전략을 통한 교수학습 과정에서도 설명했듯이, 학습자가 일정 시간 간격을 기다려 주어도 올바른 수행을 하지 못하면, 가르치는 사람은 즉시 학습자의 수행을 정지시키고, 학습자가 오류를 수정하도록 적절한 촉진(도움)을 주어야 합니다. 이러한 도움은 언어적 촉진, 자세촉진, 시범 촉진, 신체적 촉진 등 모든 반응촉진 유형이 활용될 수 있습니다. 다만 학습자가 도움을 받아 적절하게 오류를 수정할 수 있는 범위 안에서는 가장 덜 강도 높은(개입이 덜한) 촉진을 사용하는 것이 좋습니다.

교수학습 초반에는 구체적이고 자세하게 교정적 피드백을 제공하다가, 점차 학습자의 수행능력 향상에 따라 덜 구체적으로 간단간단하게, 간접적으로 교정적 피드백을 제공할 수도 있습니다. 또한, 아주 나중에는 하위목표 수행 하나하나마다 부정확한 행동에 관한 수정을 하지 않고, 학습자의 전체적인 목표기술에 대한 수행을 쭉 관찰한 뒤에 필요한 부분만 따로 골라서 교정적 피드백을 제공하기도 합니다.

예를 들어, 한 문단의 글을 소리 내어 읽는 목표기술을 지도한다고 했을 때, 처음에는 한 글자 한 글자 오류를 보일 때마다 즉각적으로 학습자의 행동을 중지시키고 다시 체계적인 촉진 전략을 통해 부정확한 반응을 수정합니다. 이러한 과정을 통해서 글 읽기가 꽤 능숙해져 부정확한 반응이 많지 않게 되면, 전체 글을 다 읽도록 독립적인 연습 기회를 준 뒤, 틀린 글자에 대해서만 나중에 간단하게 피드백을 줄 수 있습니다.

한편, 학습자가 적절하게 목표행동을 수행하는 상황이라면, 칭찬이나 강화물의 제공과 함께, 목표행동 수행과 관련된 추가적인 지식이나 기술, 정보를 안내할 수도 있습니다. 이를 교수적 피드백이라고 말합니다. 아무래도 교수적 피드백은 주로 언어를 이용해서 이루어지는 경향이 많을 수밖에 없습니다. 예를 들어, 체육 시간에 체계적 교수를 통해서 볼링의 투구 자세를 지도한다고 했을 때, 학습자가 적절하게 투구 자세를 보여 핀을 모두 쓰러뜨리게 되면, 학습자에게 "이렇게 핀을 한 번에 전부 다 쓰러뜨리는 걸 스트라이크라고 한단다."와 같이 향후 볼링 게임을 하는 데 필요한 추가적인 지식이나 정보를 추가해서 제시할 수 있습니다. 이러한 교수적 피드백은 최종적으로 큰 범주의 목표기술을 가르치는 데 필요한 시간을 줄이는 경제적인 방법이 될 수 있습니다.

성취도를
자주 평가해요.

7. 목표기술의 각 단계별로 피드백을 제공하기	
정반응 시 칭찬과 강화 스케줄 제공	오반응 시 오류수정(error correction)

⬇ ⬆

8. 3단계에서 만든 체크리스트를 이용하여 성취도를 자주 점검하기(상시적 평가)

⬇ ⬆

9. 습득된 교수학습 목표의 유지와 일반화를 도모하기	
유지 전략 집중, 분산, 간격 시행(연습)	일반화 전략: 다양한 사례, 실제 장소 이용, 응용기회 제공

〈그림〉 ABA(응용행동분석) 기반의 체계적 교수 진행 과정(7~9단계)

체계적인 촉진 절차와 강화, 그리고 피드백을 통해서 학습자의 목표 행동을 교육하는 과정에서 가르치는 사람에게 요구되는 또 하나의 역할은 학습자의 수행을 상시적, 반복적으로 측정하고 평가하는 평가자의 역할입니다. 평가 과정에서는 앞서 학습자의 현재 수준을 파악하기 위해서 만들어두었던 평가 체크리스트(평가지)를 계속 활용합니다.

전체 목표기술의 여러 하위목표를 가르치는 교수학습 과정에서도 앞서 제작한 평가 체크리스트를 활용해서 상시적, 반복적인 측정, 기록, 평가를 할 수 있습니다. 그 결과를 점수로 나타내고, 시각적으로 보기 쉽게 그래프로도 그려봄으로써, 필요할 때마다 적절한 교육적 결정을 원활하게 할 수 있습니다. (학습자의 인지능력 수준에 따라, 학습자 스스로 평가 결과를 그래프에 그려보는 자기 점검을 해볼 수도 있습니다.)

만일 학습자의 목표기술 수행이 생각보다 더디다면, 교수학습 전략을 다른 것으로 수정하거나 잘못된 부분은 없는지 살펴보고 보완할 수 있습니다. 이외에도 목표기술을 나누는 스몰 스텝의 과정이 너무 크게 이루어졌다고 판단된다면, 좀 더 세밀하고 잘게 다시 과제분석을 해볼 수도 있을 겁니다. 또한, 학습자에게 강화물이 잘 적용되고 있는지를 점검해보고 그렇지 않다면, 다른 강화물로의 변경을 도모합니다. 그래도 목표기술 수행이 목표한 대로 진행되지 않는다고 한다면, 목표기술을 수행하기 위한 사전 기술이 습득되어 있는지를 파악하고, 부족한 부분이 있다면 먼저 그것부터 지도합니다. 그것도 아니면, 아예 목표기술의 난이도를 줄이거나, 학습자의 반응 방법 등을 수정할 수도 있습니다.

이러한 교육적인 결정은 학습자의 교수학습 과정을 지속해서 측정하고 평가하는 과정중심평가를 통해서 좀 더 손쉽게 이루어지게 돕습니다. 이외에도, 그래프를 통해서 학습자의 성취도가 점진적으로 향상되는 걸 눈으로 보게 되면, 학습자 본인뿐만 아니라 가르치는 부모님이나 선생님도 가르침에 대한 내적인 동기가 유발될 수 있습니다. 저 역시 비교적 심한 인지적 장애를 가진 학생을 가르칠 때, 1학기 동안 나름대로 열심히 가르쳤지만, 여전히 학습자가 스스로 목표행동을 하지 못하는 모습을 보면서 꽤 힘이 빠졌던 경험이 있습니다. 그 학생의 목표행동이 향상되지 못했다고 생각했습니다. 하지만 아니었습니다. 2학기에 체계적인 관찰과 측정, 평가를 해보고 나니 알게 되었습니다. 여전히 스스로 목표 행동 전체를 수행할 수는 없었지만, 하위목표 중에는 스스로 할 수 있는 것들도 여럿 생겼으며, 스스로 수행하지 못하더라도 이전보다 더 독립적으로, 덜 강도 높은 촉진을 받으면서도 정확한 반응을 수행할 수 있게 된 것이었습니다. 체크리스트로 학생의 수행을 계속 점검하고, 점수화해서 기록하며, 그래프로 그려보지 않았다면, 이 학생이 보인 '우상향'을 저는 알지 못했을 수도 있습니다.

특수교육은 인내가 필요합니다. 하지만 그 인내가 무턱대고 기다리는 것을 의미하지는 않습니다. 끊임없는 관찰과 측정을 통해서 학습자의 작은 성장을 파악하고, 이를 기록해 나감으로써 좀 더 전문적이고 의미 있는 교육을 실행해 나갈 수 있다고 생각합니다. 물론, 학교나 가정에서 가르치고 배우는 모든 교육내용이나 목표에 대해서 이렇게 점검하고 평가하며 그래프를 그리는 건 사실 불가능한 일이라고 생각합니다. 학습자에게 꼭 필요한 필수적인 교육목표, 체계적 교수 절차를 꾸준히 적용하고자 하는 그런 몇 가지 교육목표에 대해서 이런 과정중심평가를 가정과 학교에서 실행할 수 있기를 바랄 뿐입니다.

그럼 지금부터 상시적인 측정 결과를 그래프로 그리는 방법에 대해 간단하게 살펴보겠습니다.

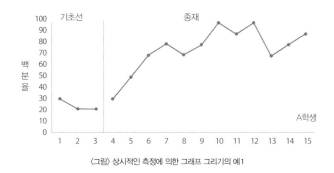

〈그림〉 상시적인 측정에 의한 그래프 그리기의 예1

먼저 그래프의 가로(X)축에는 목표기술에 대한 측정 및 평가가 이루어진 교수학습 회기를 표시합니다. 그리고 세로(Y)축에는 목표기술의 향상 정도를 평가하기 위한 체계를 표시합니다. 이 체계는 빈도(목표행동이 발생한 횟수)가 될 수도 있고, 시간(목표행동을 유지한 시간, 목표행동이 발생하기까지 걸린 시간 등)이 될 수도 있습니다. 이 그래프에서는 통상적으로 많이 활용되는 백분율을 적용하였습니다. 앞서 평가 체크리스트를 만드는 과정에서 백분율을 계산하는 방법은 설명하였습니다.

예를 들어, 비연속적 개별 기술인 화폐 구별하기 중 여러 종류의 지폐 중에서 10,000원을 고르는 하위목표 과제를 체계적 교수를 통해서 가르친다고 생각해보겠습니다. 한 교수학습 회기에 20번의 교수학습 시기를 가졌고, 이 중 10번 정반응을 보였다면, 10/20×100=50%의 백분율(정확도)로 계산할 수 있습니다.

이외에도, 비연속적 개별 기술인 단어 읽기 목표로 총 20개의 목표 어휘를 선정하여 읽는 과제가 선정되었다면, 이전처럼 개별 단어마다 모두 그래프를 그릴 수도 있지만, 전체 단어에 대한 정확하게 읽은 단어의 수를 100으로 곱하여 백분율(정확도)을 산출할 수도 있습니다. 만약 학생이 6개의 단어를 정확하게 읽고 14개의 단어는 정확하게 읽지 못했다면, 6/20×100=30%의 백분율(정확도)로 계산할 수 있습니다.

한편, 여러 하위 단계를 차례대로 교수학습 해야 하는 연쇄적 기술의 경우에는 과제 분석된 전체 하위 단계별로 수행수준을 측정 및 평가하여 아래와 같이 한 회기에 대한 백분율을 산출할 수 있습니다. 앞서 말씀드렸지만, 점수를 산출하기 위한 척도는 아래 그림에서처럼 6점 척도를 사용할 수도 있지만, 2점, 3점, 4점 등 다양하게 적용할 수 있습니다. 만약 여러 종류의 촉진 위계가 사용되는 최소촉진체계나 최대-최소촉진체계를 활용한다면, 사용되는 촉진 위계의 수를 척도로 반영할 수도 있습니다. 예를 들어, 독립적 수행, 언어적 촉진, 시범 촉진, 신체적 촉진의 네 가지 위계를 적용하기로 계획했다면, 0~3점까지의 4점 척도를 활용할 수 있습니다. 만일 독립적 수행을 수행하지 못했을 때 목표행동을 수행하기에 충분한 통제촉진이 항상 제공되는 게 기본형인 고정 시간지연이나 점진적 시간지연 절차를 활용한다면, 독립적인 정확한 수행(정반응)과 부정확한 반응으로 통제촉진을 받아 수행(오반응)의 2점 척도를 주로 활용할 수 있을 겁니다.

〈표〉 연쇄적인 기술에 대한 체크리스트의 예(6점 척도)

손 씻기 기술에 대한 과제분석	0	1	2	3	4	5
1. 수도꼭지의 물을 튼다.						∨
2. 따뜻한 물로 손을 충분히 적신다.						∨
3. 비누로 손을 충분히 문지른다.					∨	
4. 거품을 내어 30초 이상 씻는다.				∨		

5. 비누를 씻어내고, 물을 끈다.				V	
합계			20/25(80%)		

0점: 전반적인 신체적 촉진(도움)을 받아 수행함.

1점: 부분적인 신체적 촉진을 받아 수행함.

2점: 시범(모델링 촉진)을 보고 수행함.

3점: 간단한 몸짓 촉진을 받아 수행함.

4점: 간접, 또는 직접적인 언어적인 촉진을 받아 수행함.

5점: 완전히 독립적으로 수행함.

　아무튼, 이러한 방법으로 회기별로 점수(백분율, 빈도, 시간 등 다양함)를 산출하여 기록하고 나면, 이를 그래프에 점으로 그려 넣습니다. 그리고 점들을 선으로 이어가면 하나의 그래프가 완성됩니다. 주의할 점은 하나의 구간이 바뀔 때(예: 현재 수행수준을 파악하는 기초선 구간이 끝나고, 교수학습을 제공하는 중재 구간으로 넘어갈 때)는 점과 점 사이를 잇지 않고 세로 선을 그어주어 구분을 해주면 좋다는 겁니다. 아래 그래프를 보면, 기초선 구간, 중재(교수학습) 구간 이외에도 유지, 일반화 구간도 포함되어 세로 선으로 구분한 걸 보실 수 있습니다. 유지와 일반화에 대해서는 다음 편에서 자세하게 이야기하도록 하겠습니다.

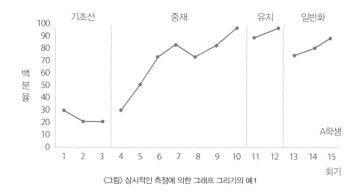

〈그림〉 상시적인 측정에 의한 그래프 그리기의 예1

습득한 기술의 유지와
일반화를 도모해요.

9. 습득된 교수학습 목표의 유지와 일반화를 도모하기	
유지 전략 집중, 분산, 간격 시행(연습)	일반화 전략: 다양한 사례, 실제 장소 이용, 응용기회 제공

〈그림〉 ABA(응용행동분석) 기반의 체계적 교수 진행 과정(9단계)

앞서 체계적인 촉진 전략과 강화, 오류수정 절차 등을 통해서 어떠한 목표기술을 학습자가 배우게 되었다고 생각해보십시오. 이렇게 어떠한 목표기술을 처음 배우게 되는 걸 우리는 '습득'이라고 합니다.

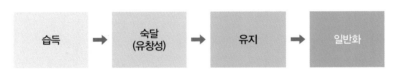

〈그림〉 학습의 과정(습득-숙달-유지-일반화)

이렇게 습득이 이루어지면 모든 학습이 끝이 난 걸까요? 아닙니다. 오히려 학습이라는 과정에서 하나의 시작점을 찍은 정도라고 보아야 할지도 모릅니다. 습득이 이루어진 뒤에는 습득된 기술을 항상 정확하고, 적절한 속도로 수행할 수 있도록 하는 '숙달(유창성)'의 단계가 뒤따라야 합니다. 예를 들어, 글을 읽는 것을 가르쳤는데 이를 때때로 정확하게 읽지 못한다거나, 버스 이용 기술을 가르쳤는데 버스요금 내는 과정에 1 2분 이상이 소요된다면, 실제 생활에서 배운 기술을 써먹기가 힘들 수 있습니다. 그렇기에 숙달 과정을 통해서 습득한 기술의 유창한 사용을 도모해야 합니다. 그럼 숙달 과정이 끝나면, 학습이 종료되는 것일까요? 그것도 아닙니다. 그 뒤에는 오랜 시간이 소요되어도 배운 기술을 계속 기억할 수 있는 '유지' 단계, 실제 상황이나 다양한 다른 상황에서도 배운 기술을 사용할 수 있는 '일반화' 단계가 이어져야 합니다. 유지와 일반화 단계는 동시에 이루어질 수도 있습니다.

그럼 지금부터 습득한 목표기술을 숙달 및 유지하고, 일반화하는 방법에 대해서 살펴보도록 하겠습니다.

숙달 및 유지를 위한 방법

습득한 목표기술의 숙달 및 유지를 위한 방법은 단순합니다. 쉽게 말하면, 습득한 목표기술을 학습자의 인지적 수준에 따라 적당한 만큼 반복해서 연습(학습)하는 방법만이 숙달과 유지를 도모할 수 있게 합니다. 숙달과 유지를 위한 연습 스케줄은 크게 집중 연습, 분산 연습, 간격 연습 등이 있습니다.

(1) 집중 연습

집중 연습은 특히 습득과 숙달 과정에서 유용하게 활용할 수 있는 교수학습 형식입니다. 집중 연습은 말 그대로, 습득한 목표기술을 집중해서 반복적으로 연습할 수 있도록 학습 기회를 주는 것을 말합니다. 이렇게 반복적인 연습을 통해서 충분한 수준의 정확성과 수행 속도를 보일 수 있을 때까지 집중적인 연습 기회를 제공하게 됩니다. Ebbinghaus의 망각곡선에 따르면 배울 기술을 가장 빨리 잊어버리는 때가 학습 직후라고 이야기합니다. 따라서 습득이 이루어진 초기에는 집중적인 반복 연습이 꼭 필요합니다(변관석, 2020). 특히 발달장애를 가지고 있는 학습자의 경우에는 더더욱 그러할 겁니다.

(2) 분산 연습

분산 연습은 습득 및 숙달된 목표기술의 유지 과정에서 특히 적절하게 사용될 수 있습니다. 처음 집중 연습 과정에서 매시간, 매일 반복해서 연습 및 지도했던 목표기술을 1일에 한 번, 2일에 한 번, 3일에 한 번, 5일에 한 번, 1주일에 한 번, 2주일에 한 번, 한 달에 한 번과 같은 식으로 점차 간격을 늘려가면서 연습 기회를 제공하게 됩니다. 이러한 분산된 연습 과정을 거쳐 목표기술을 학습자의 장기기억 속으로 저장할 수 있을 때까지 분산된 연습이 이루어지게 됩니다.

(3) 간격 연습(시행)

간격 연습은 2명 이상(보통 10명은 넘지 않는)의 소집단 교수 장면에서 학습자를 가르칠 때, 학생별로 순서대로 교수학습 및 연습 기회를 제공하는 방법을 말합니다. 경제성 측면에서 효율적이며, 다른 학습자의 수행을 지켜보면서 관찰학습의 기회를 줄 수 있다는 장점이 있습니다. 하지만 개별 학생별로 집중적인 교수학습과 연습 기회를 제공하는 것에 비해서 효과성은 다소 부족할 수 있으며, 관찰학습 자체가 학습자의 주의집중을 요구하는 일이기 때문에 발달장애를 가진 학습자의 경우 다른 학습자의 목표기술 수행을 집중해서 관찰할 거라고, 꼭 보장할 수도 없습니다.

반복 학습 및 연습 기회를 제공할 때 가장 중요한 점은 학습자가 연습 과정에서 지루함을 느끼지 않도록 가능한 속도를 빠르게 하여 진행할 필요가 있다는 점입니다. 목표기술의 유형과 난이도에 따라서 충분히 달라질 수는 있지만, 어느 정도 유지단계로 접어들게 되면, 주로 5~10분 안에 연습이 이루어질 수 있도록 하는 게 좋다고 합니다. 그리고 비교적 최근에 습득한 기술은 머릿속에서 꺼내서 수행하는 데 어려움을 느낄 수 있습니다. 그런데 이러한 기술만 계속 반복해서 연습하고 유지 여부를 점검하게 되면, 부정확한 반응을 보일 가능성이 커지고, 이는 곧 학습자의 학습 동기를 저해하는 요인이 될 수 있습니다. 따라서 연습 과정에서 이미 어느 정도 연습이 이루어진 기술이나 개념 사이에 비교적 새롭게 배운 내용을 섞어서 연습 기회를 제공한다면, 학습자의 학습 효능감도 키우면서 좀 더 효과적인 연습 시간이 되도록 할 수 있습니다.

일반화를 위한 방법

　일반화는 학습한 목표기술을 다양한 환경이나 상황에서 그대로 또는 일부를 적절하게 변형해서 활용하는 것을 말합니다(변관석, 2018). 예를 들어, 체계적 교수를 통해서 물건을 구매하는 기술을 교실에서 익혔다면, 학교 매점, 편의점, 마트 등 실제 환경에서 물건을 구매하는 것을 일반화라고 할 수 있습니다. 일반화는 사실 체계적 교수, 아니 더 나아가 모든 특수교육의 궁극적인 목표라고 볼 수 있습니다. 특수교육이 가지는 궁극적인 목표 중 하나가 바로, 장애를 가진 학생들이 학교나 시설이 아닌 지역사회에서 생활하도록 돕는 데 있기 때문입니다.

　일반화를 위한 과정은 보통 체계적인 교수학습을 진행하거나 유지 과정으로 반복 연습을 하는 과정에서 함께 이루어지는 경우가 많습니다. 하지만 이와는 별도로 일반화를 위한 절차를 따로 두는 때도 있습니다. 습득된 목표기술을 일반화하는 방법은 다음과 같습니다(변관석, 2020).

(1) 실제 상황에서 교수학습 및 연습하기

　일반화를 도모하기 위해서는 실제 목표기술을 수행해야 하는 환경에서 체계적인 교수학습 절차를 진행하고, 연습할 기회를 주는 것이 필요합니다. 예를 들어, 일반 학교에 재학 중인 발달장애 청소년에게 특수학급에서 공통교육과정 국어과 텍스트를 읽을 수 있도록 가르쳤다면, 일반학급에서도 이를 비슷하게 수행할 수 있도록 가르치고 연습하는 것이 필요합니다. 또한 가정(예: 음식조리 기술, 청결 기술, 식사 준비 기술, 청소, 빨래 등의 기술 등)이나 지역사회(예: 구매 기술, 지역사회 이동 기술, 은행 이용 기술 등)에서 수행해야 하는 기능적인 기술을 교육하였다면, 이를 실제 지역사회 환경에서도 지도하고(또는 처음부터 실제 환경에서 지도하거나), 연습 기회를 제공하며, 수행 정도를 평가해 보는 과정이 포함되어야 합니다.

실제 목표기술이 사용되는 지역사회에서 목표기술을 체계적으로 교수학습하고 연습 기회를 제공하는 것을 지역사회 중심 교수(community-based instruction)라고 말하는데, 지역사회 중심 교수는 일반적인 현장체험학습과는 다릅니다. 일반적인 현장체험학습이 주로 일회성의 경험을 주는 정도라면, 지역사회 중심 교수는 특정한 목표기술을 정하고, 체계적인 교수학습 전략을 통해서 실제 지역사회 내에서 이 목표기술을 활용하도록 하는 데 목적이 있습니다.

사실 대부분의 기능적 기술들은 지역사회 환경에서, 지역사회 중심으로 교수학습 하는 것이 가장 적합합니다. 하지만 교육 인력이나 자원 등을 고려하였을 때, 그리고 학습자의 특성을 고려하였을 때, 현실적으로 매번 지역사회에서 교수학습과 연습 기회를 제공하는 건 쉽지 않은 일입니다. 그 때문에, 가정이나 교실, 학교 장면에서 충분히 교육이 이루어진 이후에 실제 지역사회를 이용하는 방식으로 이루어지기도 합니다. 그렇지만, 때에 따라서는 지역사회 환경 내에서 먼저 교육이 이루어지거나, 교실(학교) 및 가정에서의 교육과 함께 지역사회 중심 교수가 동시에 이루어지는 것이 좀 더 효과적일 수 있습니다.

만약 가정에서도 다양한 일상생활 기술에 대한 체계적 교수가 학교와 연계하여 함께 이루어질 수 있다면, 교육 인력이나 자원을 엄청나게 필요로 하지 않더라도, 더욱 효과적인 배움이 일어날 수 있으리라 생각합니다. 예를 들어, 저녁 찬거리를 자녀와 함께 사면서, 또 집 안을 청소하고 정리하면서, 자녀에게 교수학습을 제공할 수 있습니다. 이외에도 수많은 교수학습 기회가 우리의 생활 속에 존재합니다. 물론 말처럼 쉬운 일은 결코 아니라는 점도 알고 있습니다. 어쩌면 그 무엇보다 어려운 일이 될 수도 있습니다. 그렇지만, 특수교육의 시작과 끝은 가정과 지역사회가 될 수밖에 없기에, 이 어렵고도 때로는 지루한 작업을 우리는 꾸준히 해나가야 할 필요가 있습니다. 사실 제가 이 책을 쓰는 이유도 결국 가정과 지역사회에서 체계적 교수를 통해 더 효과적인 자립생활 교육이 이루어지도록 조금이나마 돕는 데 있다고, 감히 말씀드립니다.

(2) 다양한 사례(예시) 제시

다양한 사례(예시)를 제시하는 것 또한 일반화를 도모할 수 있는 효과적인 방법이 됩니다. 예를 들어, 학습자에게 어떠한 단어나 문장을 가르쳤다면, 이 단어를 손 글씨, 컴퓨터의 다른 글자체 등으로 제시하는 것 역시 일반화 가능성을 높이는 데 필요할 수 있습니다. 의외로 발달장애를 가진 학습자 중에는 글자체가 바뀌면 읽기에 어려움을 느끼는 경우가 종종 있습니다. 또한, 구매 기술을 지도하고 있다면, 동네 슈퍼, 편의점, 큰 마트 등 다양한 관련 환경에서 목표기술을 교수학습 또는 연습시키고 수행 정도를 평가해 볼 필요도 있습니다.

(3) 일반사례의 프로그래밍(일반사례 교수)

목표기술을 수행하는 다양한 환경을 모두 가르치는 일은 쉬운 일이 아닐 수 없습니다. 이때는 가능하다면, 여러 다양한 사례를 통합할 수 있는 일반 환경을 찾거나, 일반적인 환경을 만들어서 교수학습 및 연습 기회를 제공할 수 있습니다. 예를 들어, 은행 ATM기기를 이용하는 기술을 지도한다고 가정해 봅시다. 은행별로 조금씩 다른 ATM기가 사용되기 때문에 모든 ATM기기를 별도로 가르쳐야 할 수도 있지만, 이는 많은 시간이 필요합니다. 따라서, ① 지역사회 인근 은행들의 ATM기기를 미리 조사해서, 사용 방법이 다른 은행의 기기들과 가장 겹치는 한 두 은행의 ATM기기를 선정하거나, ② 다소 힘들 수 있겠지만 일반적으로 일반화될 수 있는 학습용 ATM 애플리케이션 등을 찾아서 교수학습 과정에 활용할 수도 있습니다.

일반사례의 프로그래밍은 늘 가능한 일은 아닙니다. 가능하다고 판단되는 상황에서만 적용할 수 있는 일반화 증진 방법이라고 볼 수 있습니다. 다만 지역사회에서 교수학습 및 연습 장소를 선정할 때, 처음부터 다른 환경에서도 일반화될 수 있을 만한 곳을 정하자는 마음가짐은 필요합니다. 예를 들어, 물건 구매 기술을 지도한다면, 지역사회 인근에서 학습자가 가장 자주 이용하면서, 활용도가 높고 일반화된 장소인 적당한 크기의 마트를 가장 먼저 교육 장소로 선정할 수 있습니다.

(4) 반응 일반화(목표기술의 응용) 촉진하기

일반화에는 크게 자극 일반화와 반응 일반화가 있습니다. 자극 일반화는 습득한 목표기술을 다양한 상황이나 환경에서 그대로 활용하는 걸 말합니다. 반면에, 반응 일반화는 환경이나 상황에 따라 적절하게 목표 기술을 응용하는 거라고 볼 수 있습니다. 예를 들어, 음식 조리 기술로 학교 가사실습실에서 김치찌개를 만드는 방법을 배워 집에서 그대로 만들었다면 자극 일반화가 되었다고 할 수 있으며, 김치찌개 만드는 방법을 바탕으로 비슷한 부대찌개를 만드는 방법을 응용해서 수행했다고 한다면 반응 일반화가 되었다고 말할 수 있습니다.

반응 일반화를 이끌기 위해서, 부모님이나 선생님이 할 수 있는 또 다른 방법은 학습자의 목표기술 수행을 방해하는 사건을 포함하는 겁니다. 이를 행동연쇄 방해 전략이라고 말합니다. 예를 들어, 구매계획표에 따라 물건 구매를 하는 과정에서 계획표에 있는 물건이 없는 상황을 만들어서 가격과 용도가 비슷한 대체품을 골라볼 수 있도록 지도한다든지, 음식 조리 기술을 지도하면서 조리법에 적힌 설탕이 없는 상황에서 설탕 대신 쓸 수 있는 다른 재료(예: 물엿)를 찾아볼 수 있도록 지도한다든지 같은 방법을 이용합니다. 또 대중교통 이용 기술을 지도하면서 교통카드 잔액이 부족한 상황을 만들어서, 현금으로 요금을 내는 방법을 함께 지도한다든지, 현금으로 물건 가격을 낼 때, 다른 종류 돈을 지급하여 올바르게 계산하도록 지도하는 방법도 있습니다(예: 평소에 10,000원을 주었다면, 5,000원 1장과 1,000원 5장을 지급함).

10

'교수'에서
'학습'으로 나아가요.

체계적 교수는 응용행동분석의 원리를 전면적으로 적용한 교육방법으로, 발달장애를 가진 학습자가 학업 기술, 의사소통 기술, 사회성 기술, 일상생활 기술, 직업 관련 기술, 운동 기술 등 다양한 기능적인 목표기술들을 배우는 데 효과적으로 활용될 수 있습니다. 다만, 체계적 교수는 부모님이나 선생님 같은 가르치는 사람이 교수학습을 주도해서 실시하는 방법이기 때문에, 실제 일상생활에서 학습자가 자기 주도적으로 활용할 수 있도록 지도하는 데에는 다소간의 한계가 있을 수도 있습니다. 이 때문에 앞서 말씀드린 유지와 일반화를 증진하는 방법을 포함해야 하지만, 그것만으로는 부족할 수도 있습니다.

따라서 때로는 학습자의 자기 주도적인 목표기술 수행을 유도하는 방법들이 함께 적용되어야 할 수 있습니다. 이렇게 학습자의 자기 주도적인 학습과 목표기술 수행을 유도하는 교육방법에는 자기촉진 체계, 그리고 자기관리 전략 등이 있습니다(변관석, 2020).

자기촉진 체계(self-prompting system)

자기촉진 체계도 사실 앞서 설명한 반응촉진의 한 유형이라고 볼 수도 있습니다. 하지만 중요한 차이점은 일반적인 형태의 반응촉진이 부모님, 선생님, 때로는 또래 등을 포함하는 타인의 도움을 계속 필요로 하는 데 반해, 자기촉진은 몇몇 촉진 매체를 학습자가 스스로 이용하여 목표기술을 수행하는데 필요한 도움을 받는다는 데 있습니다. 이러한 자기촉진 체계의 사용은 다양한 자립생활 기술에 대한 독립성을 높여, 실제 삶에서의 일반화 가능성을 높일 수 있습니다.

학습자 스스로 각종 촉진 매체를 조작하여 본인에게 독립적인 과제 수행에 대한 도움을 주는 전략인 자기촉진 체계의 방법론에는 비디오(동영상), 그림(사진), 텍스트(성문), 자기 청각적 촉진 등을 포함합니다. 그리고 두 가지 이상의 유형을 동시에 활용할 수도 있습니다. 보통 자기 청각적 촉진 → 텍스트(글) → 그림(사진) → 비디오(동영상)의 순서로 도움이 강도가 더 높다고 볼 수도 있으나, 반드시 그런 건 아닙니다. 모든 유형의 자기촉진이 학습자 스스로 활용될 때에는 비교적 매우 자율적인 반응촉진이라고 볼 수 있습니다.

(1) 비디오(동영상)를 활용한 자기촉진

비디오(동영상)을 활용한 자기촉진은 목표기술을 수행하는 과정을 스마트폰이나 디지털카메라 등을 포함하는 영상기기로 찍고 편집해서, 학습자가 목표기술을 스스로 수행하는 과정에서 실제로 참고하도록 하는 방법을 말합니다. 꼭 부모님이나 선생님이 직접 영상을 찍고 편집까지 하지 않더라도, 인터넷에 있는 다양한 동영상을 이용할 수도 있습니다. 특히, 일상생활기술이나 직업기술 등 다양한 기능적 기술들은 유튜브나 포털 검색을 통해서 쓸 만한 관련 영상이 있는지 먼저 알아보는 게 좀 더 유용할 수 있습니다. 더 나아가, 요즈음 많은 사람은 유튜브 등에서 동영상을 검색하여 잘 모르는 내용이나 기술을 스스로 학습합니다. 가령, 저 같은 경우에도 부끄럽지만 자주 넥타이를 매지 않다 보니, 매는 법을 매번 까먹습니다. 그래서 가끔 넥타이를 맬 때마다 유튜브에서 넥타이 매는 법을 검색해서 동영상을 보면서 따라 하곤 합니다. 비디오를 활용한 자기촉진의 좋은 예입니다. 발달장애를 가진 학습자도 어떠한 기술을 수행하는데 참고할만한 동영상을 인터넷 플랫폼에서 스스로 찾아 활용하도록 가르친다면, 그야말로 일반화 측면에서 최적의 교육이 이루어졌다고 볼 수 있을 겁니다.

유튜브 이외에도, 발달장애인 콘텐츠 전문 사이트인 〈다모아〉에서도 다양한 관련 동영상을 검색하고, 시청할 수 있습니다. 특히 〈다모아〉 사이트를 화면 구성이나 용어, 글자 크기 등을 발달장애인에게 친화적으로 구성되어 있다는 장점이 있습니다. 아직은 개설되고 얼마 되지 않아서 자료가 다소 부족한 편이지만, 앞으로 더 다양한 자료가 발달장애 학습자를 위해서 탑재될 겁니다. 포털사이트에서 검색하면, 쉽게 〈다모아〉 사이트로 이동할 수 있어, 별도로 주소를 적어두지는 않겠습니다.

저는 집에서 요리할 때, 백종원 씨의 유튜브 채널을 꽤 이용합니다. 백종원 씨가 운영하는 유튜브 채널에 있는 김치찌개 만드는 동영상을 시청하면서(혹은 시청한 이후에), 김치찌개를 만듭니다. 이 역시, 비디오를 활용한 자기촉진입니다. 비디오를 활용한 자기촉진이라는 말이 조금 어려워서 그렇지, 어려운 걸 말하는 게 결코 아닙니다. 이외에도 화장하는 동영상을 보면서 따라서 화장을 해보고, 가구 만드는 동영상을 보면서 가구를 만들어 보는 것들 모두가 비디오를 활용한 자기촉진입니다.

비디오를 활용한 자기촉진은 아주 넓은 연령대나 장애 정도를 대상으로 연구를 통해 효과성이 입증된 증거기반실제로 인정됩니다. 또한, 비디오를 활용한 자기촉진으로 가르치거나, 수행에 도움을 줄 수 있는 목표기술도 학업 기술, 사회적 기술, 직업기술, 일상생활 기술 등 매우 다양한 것으로 알려져 있습니다. 예를 들어, 마트를 이용하는 과정에서 요구되는 덧셈과 곱셈이 포함되는 문장제 문제(예: 수박 12,520원짜리 1개, 사과 2,000원짜리 3개, 비누 1,000원짜리 3개를 샀을 때, 총 얼마를 내야 할까요?)를 푸는 단계별 과정을 동영상으로 찍어서, 실제로 학습자가 해당 과제를 수행할 때, 스스로 시청하면서 도움을 얻도록 할 수 있습니다. 교과 학습 상황에서도 비디오 기반의 자기촉진을 충분히 활용할 수 있는 겁니다.

비디오를 활용한 자기촉진은 여러 가지 범주에 따라 하위 유형이 나누어지는데, 여기서 간단하게 살펴보면 다음과 같습니다(변관석, 20202).

- 동영상의 제시 시점에 따라서, ㉠ 전체 모델링 동영상을 시청한 뒤 과제를 수행하는 일반적인 형태의 비디오 모델링,

ⓒ 동영상을 시청하는 과정에서 동시에 과제를 함께 수행할 수 있도록 하는 동시적인 **비디오 모델링**, 그리고 더 나아가 ⓓ 계속 동영상을 다시 볼 수 있도록 자동 재생이 이루어지도록 한다면 **연속적 비디오 모델링**이라고 말합니다. 한편, ⓔ 목표기술의 하위 단계가 비교적 복잡한 경우에 앞서 설명한 비디오 모델링 방법에서처럼 모든 수행 과정을 한 동영상에 담는 게 아니라, 각 하위 단계별로 20~40초씩 단위로 동영상 클립을 끊어서 차례대로 활용하는 **비디오 촉진 (비디오 프롬팅)**도 있습니다. 예를 들면, 첫 번째 동영상 클립을 보고, 해당 하위 단계 과제를 수행합니다. 그리고 두 번째 동영상 클립을 보고, 다시 해당 하위 단계 과제를 수행합니다. 이런 식으로 계속 끊어가면서 동영상을 시청하며 학습합니다. 비디오 프롬팅은 특히 목표기술의 과제가 복잡하거나 발달장애 학습자의 장애 정도가 좀 더 심한 경우에 비디오 모델링에 비해 효과적입니다.

- 시범자(모델)에 따라서, ⓐ 일반적으로는 **부모님이나 선생님, 노래(친구), 기타 불특정한 사람들**이 동영상 속에서 목표기술을 수행하는 시범자가 될 수 있습니다. 하지만 때에 따라서는 학습자의 동기를 유발하고, 주의집중력을 개선하며, 자기 효능감을 증진하는 차원에서 학습자 본인이 시범자가 되기도 합니다. 이를 ⓑ **비디오 자기 모델링**이라고 말

합니다. 비디오 자기 모델링은 동영상 편집 기술이 꽤 요구
됩니다. 비디오 자기 모델링에는 긍정적 자기 고찰과 선형
피드백이라는 두 가지 유형이 있습니다. 먼저 긍정적 자기
고찰은 목표기술 대부분을 수행할 수 있지만, 정확성이나
유창성이 부족한 경우에 자신이 정확하게 수행하는 모습만
편집해서 담은 동영상을 통해 도움을 받도록 하는 방법입니
다. 반면 **선형 피드백**은 여러 하위목표 행동을 순서대로 수
행해야 하는 연쇄적인 유형의 목표기술에서 각 단계를 독립
적 또는 약간의 도움을 받아 수행할 수 있지만 완성된 전체
기술로 수행하지는 못할 때 주로 사용합니다. 하위 단계별
로 수행하는 장면을 따로 찍고 편집해서, 마치 전체 수행을
독립적으로 하는 것같이 동영상을 제작하고, 학습자가 학습
에 활용하도록 합니다.

- 동영상의 관찰 시점에 따라서, ㉠ 마치 1인칭의 게임 장면
과 마찬가지로 학습자가 바라보는 시점에서 화면이 보이는
1인칭 시점이 있습니다. 1인칭 시점에서는 보통 과제를 수
행하는 손동작만 제시됩니다. 절차가 복합한 목표기술의 수
행 시 특히 효과적입니다(예: 조립과제 등). 또 ㉡ 1인칭이
아닌 전체적인 화면을 담은 일반적인 형태의 비디오 모델링
을 3인칭 시점이라고 말합니다. 보통 일반적으로는 ㉢ 이 1
인칭과 3인칭을 적절하게 혼합해서 동영상이 제작됩니다.
마치 백종원의 요리 동영상에서도 설명할 때는 3인칭의 전

체 화면이, 구체적으로 요리하는 방법을 묘사할 때는 때에 따라서 1인칭 시점이 활용하는 것처럼 말입니다.

(2) 그림(사진)을 활용한 자기촉진

그림을 활용한 자기촉진은 말 그대로 그림이나 사진을 이용해서 과제 수행에 도움을 받도록 하는 방법을 말합니다. 예를 들어, 빨래하는 방법을 체계적 교수를 통해서 가르치고 실제 장면에서 스스로 활용하도록 지도하고자 합니다. 이때 학습자가 가끔 순서를 잊거나, 해야 할 일을 놓치는 일이 발생한다면, 부모님이나 선생님은 옷 구분, 세제 넣기, 세탁기 동작 버튼 누르기, 그리고 빨래 너는 과정까지의 하위 단계를 사진으로 찍어서 순서대로 제시할 수 있습니다. 학습자는 빨래하면서 필요할 때마다 사진 자료를 참고하면서 스스로 도움을 얻을 수 있습니다. 유치원이나 특수학교의 화장실에서 손 씻는 방법을 사진으로 찍어 단계별로 제시한다든지, 집에서 자녀가 옷을 스스로 입을 수 있도록 속옷, 윗옷부터 바지, 외투 등을 입는 단계를 사진으로 찍어 옷장에 순서대로 붙여두는 것도 하나의 그림(사진)을 활용한 자기촉진입니다.

최근 여러 연구에서는 그림이나 사진을 활용한 자기촉진이 발달장애 청소년의 가정생활(음식 조리, 식사 준비, 청소, 빨래 등), 직업, 수학 문장제 문제 해결과 같은 학습 관련 과제 등에 광범위하게 체계적 교수와 함께 활용될 수 있다고 보고하였습니다(변관석, 2020). 예를 들어, 특정 유형의 수학 문장제 문제를 푸는 각 과정을 사진으로 찍어 순서대로 제시하여, 학습자가 이를 참고로 문제를 풀 수 있습니다. 최근에는 전통적인 방식의 그림촉진에서 발전하여, 스마트기기에 그림(사진) 자료를 저장해서 학습자가 필요할 때마다 선택해서 활용하도록 교육할 수도 있습니다.

(3) 텍스트(성문)를 활용한 자기촉진

텍스트를 활용한 자기촉진은 성문 과제분석이라고도 말합니다. 쉽게 말해서 글로 적은 설명을 보고 과제 수행에 대한 도움을 얻도록 하는 방법입니다. 흔히 우리가 사용하는 사용설명서도 여기에 포함됩니다. 다만 발달장애를 가진 학습자를 대상으로 텍스트를 활용한 자기촉진을 활용할 때는, 학습자가 기능적 읽기가 가능하다고 하더라도, 단문 중심의 짧은 문장과 쉬운 단어를 중심으로 설명문을 작성할 필요가 있습니다.

또한, 텍스트를 활용한 자기촉진은 앞서 설명한 그림을 활용한 자기촉진과 함께 사용할 때 좀 더 효과적입니다. 보통 라면 봉지에 제시된 조리 방법 안내자료는 좋은 예가 될 수 있는데, 그림과 글이 적절하게 포함되어, 초보자가 라면 끓이는 데 도움을 줍니다. 나름대로 훌륭한 자기촉진 자료의 예입니다. 라면 끓이기를 발달장애 학습자에게 가르칠 때, 학습자가 글자를 안다면, 이러한 조리방법 자료를 그대로 활용할 수 있습니다. 만약 글자를 잘 모른다면, 물 550ml가 어느 정도인지, 4분이 얼마만큼인지 등을 시각적인 자료로 별도로 추가해서 제시할 수도 있습니다.

〈그림〉 실생활에서 그림과 글을 함께 활용한 자기촉진의 예

지금까지 우리가 알아보고 있는 체계적 교수라는 방법도 그렇고, 자기촉진이라는 방법도 그렇지만, 증거기반을 갖춘 특수교육 교수학습 전략이라고 하는 게 어마어마하게 전문적이고 어려운, 그런 건 아니라고 생각합니다. 마치 저 라면 봉지의 조리방법 설명서가 장애 학생에게도 효과적인 자기촉진 자료가 될 수 있듯이 말입니다. 다만 장애를 가진 학습자의 특성을 고려하여, 한 차원 더 세심하게, 조금 더 면밀하게 분석하고 접근하는 데에서 차별화된 부분이 있으리라 생각해 봅니다.

(4) 자기 청각적 촉진

자기 청각적 촉진은 녹음된 내용을 들으면서 목표기술 과제를 수행하는 데 도움을 얻는 방법입니다. 예를 들어, 발달장애 성인이 직장에서 직무를 수행하는 과정에서 종종 수행해야 하는 목표기술의 하위 단계를 까먹는 경우가 있을 때, 목표기술의 수행에 대해 하위 단계별로 공정 설명을 미리 녹음하여 이어폰을 통해 제시할 수 있다. 예를 들어, 먼저 "첫 번째로, 양 문을 냉장고 본체에 홈에 맞게 끼우세요."와 같은 말을 녹음해서 전달합니다. 그리고 해당 단계를 수행할 만큼의 시간이 지난 후에 "두 번째로, 전동 드라이버와 나사를 이용해서 모든 홈을 단단하게 조입니다."와 같은 말을 녹음해서 이어폰을 전달합니다. 이같이 공정 순서에 맞게 직무에 대한 간단한 설명을 녹음하여 이어폰으로 들으면서 직무를 수행하다가 필요할 때 스스로 도움을 얻도록 할 수 있습니다.

이외에도, 직업 현장에서 목표 직무 과제의 수행은 능숙하게 잘할 수 있으나 주의집중의 지속시간이 짧아 생산성에 문제가 되는 때는 5~10

분에 한 번씩 "집중하세요!"와 같은 자기 지시적인 녹음된 언급이 이어 폰을 통해 계속 들릴 수 있도록 합니다. 이때마다 스스로 자신의 주의집 중 여부를 점검하도록 할 수도 있습니다. 특히, 자기 청각적 촉진은 혼자 서 몇 시간 동안 직무를 수행할 필요가 있는 직업 현장에서 그 활용도가 높은 것으로 알려져 있습니다. 물론 꼭 이러한 상황에서만 활용할 수 있 는 건 아닙니다. 더불어, 자기 청각적 촉진은 자기촉진 중에서도 가장 자 립적인 유형으로 때로는 거의 영구적으로 활용되기도 합니다.

지금까지 살펴본 자기촉진 체계는 보통 다음과 같은 과정을 거쳐서 제작하고, 실제로 활용할 수 있습니다(Weng & Bouck, 2017). 혹시 직 접 자기촉진 자료를 제작하고자 하는 분들께서는 참고하기 바랍니다.

> 1단계: 교수학습의 목표가 되는 목표기술(과제)을 명확하게
> 선정합니다.
> 2단계: 목표기술에 관한 과제분석을 합니다.
> 3단계: (그림 기반) 그림의 유형(그림, 사진, 상징)을 선택합
> 니다.
> (청각 기반) 청각적 촉진의 스크립트를 결정합니다.
> (비디오 기반) 비디오 모델링과 비디오 프롬팅(촉진)
> 중 적절한 유형을 선택합니다.
> 4단계: (그림 기반) 그림과 함께 사용될 단어를 선정합니다.
> (청각 기반) 목소리나 톤을 선택합니다(누가 녹음할지 등).

(비디오 기반) 관점(몇 인칭), 모델(시범자)을 선정합니다.

5단계: 어떠한 기기 또는 방법으로 제시할지(예: 스마트폰, 공책, 컴퓨터 등) 결정합니다.

6단계: 촉진 체계를 개발합니다. 그리고 다른 사람을 대상으로 활용성을 시험하여, 필요한 사항을 수정 및 보완합니다.

7단계: 학습자가 자기촉진 체계와 함께 자기관리(자기 교수, 자기 점검 등) 전략을 사용할지 결정합니다.

8단계: 자기촉진 체계를 사용한 과제 수행 결과에 대해서 지속해서 평가합니다.

자기촉진 전략(self-management strategies)

자기관리 전략은 '인지 위에 있는 인지'라고 말하는 메타인지(상위인지)를 사용하는 방법으로, 말 그대로 자기 자신을 주도적으로 관리하도록 하는 방법입니다. 자기관리 전략에는 (1) 자기교수법, (2) 자기점검, (3) 자기평가 및 자기강화 등이 있습니다.

(1) 자기교수법(self-instruction)
자기교수법은 자기 자신을 자기가 가르치고 배우는 방법입니다. 쉽게 말해서, 자기 자신을 자기 마음속의 언어로 가르친다고 말할 수 있습니다(변관석, 2020). 예를 들어, 가정생활 기술로서 라면 끓이기를 발달장애를 가진 청소년에게 자기교수법으로 지도한다고 생각해 보겠습니다. 라면 끓이는 과정은 비연속적인 개별 기술이기보다는 연쇄적 기술이라고 볼 수 있어, 먼저 아래와 같이 과제분석을 합니다.

> 1단계: 500ml 생수병만큼 물을 채워, 냄비에 넣는다.
> 2단계: 냄비를 가스레인지에 올리고, 가스레인지(또는 인덕션) 불을 켠다.
> 3단계: 물이 팔팔 끓으면, 라면과 가루 수프를 모두 넣는다.
> 4단계: 라면 봉지에 적힌 시간만큼 익도록 기다린다.
> 5단계: 정해진 시간이 지나면, 가스레인지 불을 끈다.
> 6단계: 라면을 그릇에 담고 맛있게 먹는다.

이렇게 과제분석이 이루어진 뒤에는 다음과 같은 과정으로 자기교수를 실시합니다.

> ① 가르치는 사람(부모님 또는 선생님 등)은 먼저 소리 내어 단계를 말해가면서 라면을 끓이는 시범을 보입니다.
> ② 다음으로, 가르치는 사람이 중심이 되어 학습자와 함께 라면을 끓이되, 학습자가 소리 내어 각 단계를 따라 말해가면서 라면을 끓여볼 수 있도록 가르칩니다.

③ 학습자 스스로 소리 내어 단계를 말하면서 절차에 맞게 라면을 끓여보도록 합니다. 가르치는 사람은 필요할 때만 약간씩 도움을 줄 수 있습니다.

④ 점차 학습자는 작은 소리로 단계를 말하면서 절차에 맞게 라면을 끓여봅니다.

⑤ 최종적으로 소리 내지 않고, 마음속으로 단계를 말하면서 라면을 끓여봅니다.

자기교수법은 이러한 일상생활 과제 이외에도 수학 문장제 문제를 풀도록 지도할 때, 사회적 기술을 지도할 때 등 다양한 교수학습 상황에서 체계적 교수의 보완 또는 대안으로 활용될 수 있습니다. 다만 상위인지를 사용해야 하는 만큼 학습자의 인지적 능력이 어느 정도는 있어야 한다고 알려져 있습니다. 하지만 별도의 시각적 자료(예: 라면 끓이기 과제 순서에 대한 그림 자료 또는 동영상 자료 등)가 함께 활용되면, 중도(severe)의 인지적 장애를 가지고 있는 경우에도 목표기술에 따라 효과적으로 적용될 수도 있습니다.

사실 자기교수법은 일상생활에서 많은 사람이 자연스럽게 사용하고 있습니다. 예를 들이, 앞서 설명한 라면을 끓이는 과정도 그렇습니다. 아마 부모님이나 선생님도 어린 시절 처음 라면을 끓였을 때는 과정을 머릿속으로 말해가면서 천천히 수행했을 것입니다. 또 운전을 처음 배울 때도 운전석에 앉으면, 은연중에 "먼저 안전띠를 매고, 브레이크를 밟은 뒤에 시동 버튼을 누르고, 사이드미러로 양옆을 확인하면서 기어를 D로 바꾼 뒤에 브레이크를 때자."라고 말로 되뇌기도 합니다(변관석, 2020). 다만, 발달장애를 가진 학습자가 자기교수를 활용하기 위해서는 앞서 설명한 절차를 충실하게 또는 부분적으로 이용해서 체계적으로 교수학습하는 과정이 필요할 뿐입니다.

(2) 자기점검(self-monitoring)

자기점검은 학습자 스스로 하여금 목표기술 수행에 대한 변화를 스스로 기록하게 하는 방법입니다. 정확도, 빈도, 비율, 강도, 완료 시간 등 때에 따라서 다양한 점수 체계가 사용될 수 있습니다. 일반적으로 발달장애 학습자가 효과적으로 자기점검을 수행할 수 있도록 하기 위해서는 자기 체크리스트 도구 등을 제공하기도 합니다. 자기 체크리스트 도구라고 해도 크게 다른 것은 아니고, 앞서 체계적 교수의 과정중심평가를 위한 체크리스트와 비슷하게 제작하되, 학습자의 언어적, 인지적 수준에 맞게 단어나 내용을 쉽고 단순하게 바꿀 수 있습니다.

이외에도, 한 시간 동안 집중하여 직무를 수행하는 것을 목표기술로 하는 발달장애 성인의 경우 5~6분 간격으로 스마트폰에 진동이 울릴 때마다 직무 수행에 집중하고 있는지를 스스로 간단하게 체크하도록 하여 자기점검을 유도할 수도 있습니다. 또 몇 가지의 약속(목표)을 정해두고, 하루 일과를 마쳤을 때 약속을 지켰는지 스스로 점검표에 간단하게 표시하게 하여, 성찰의 기회를 갖도록 할 수도 있습니다. 아무튼, 이러한 방법들로 자기 자신의 목표기술 수행을 점검할 수 있도록 하는 것은 발달장애를 가진 학습자의 목표기술 일반화와 자기결정 능력 신장 등에 좋은 효과를 가져올 수 있습니다. 더불어, 앞서 상시적인 평가 과정에서 이야기했지만, 점점 결과를 그래프로 그리는 과정도 학습자가 직접 해볼 수 있도록 한다면(자기-그래핑), 수행능력의 향상을 내 눈으로 직접 확인하면서 내적인 동기유발을 증진하는 데 긍정적인 영향을 미칠 수 있습니다.

(3) 자기평가 및 강화(self-evaluation and reinforcement)

자기점검이 객관적으로 자신의 목표기술 또는 행동의 수행을 점검하고 기록하는 과정이라면 자기평가는 이렇게 누적된 자기점검 자료를 바탕으로 자신의 수행에 특정한 성취 기준에 부합하는지를 스스로 결정하는 과정입니다. 예를 들어, 이번 시간 동안 총 100개 이상의 조립과제를 오류 없이 완수하여, 교수학습 목표를 달성했음을 스스로 확인하고 평가하는 걸 말합니다. 마지막으로 자기강화는 이렇게 자기평가 과정을 통해서 성취 기준을 달성했음을 확인했다면, 자신에게 미리 약속된 보상을 주는 방법입니다(예: "나에 대한 보상으로 점심시간에는 내가 좋아하는 자장면을 시킬 수 있다!").

자기평가와 자기강화를 완전하게는 스스로 못한다고 할지라도 부모님이나 선생님의 적절한 도움을 받아서 이 과정을 수행해보는 것도 자기결정 능력 증진 및 학습된 목표기술에 대한 실제 삶에서의 일반화를 도모하는데 충분한 의미가 있습니다(예: 성취 기준을 달성했는지를 부모님이 자녀와 함께 이야기하면서 알아보기, 앞서 알아본 토큰 강화를 위한 계약서처럼 적절한 수준의 행동 계약을 부모님이나 선생님과 함께 해보고 정해진 보상을 받도록 교육하기 등).

지금까지 제2장에서는 체계적 교수의 진행 과정이 어떻게 이루어지는지에 대해서 자세하게 살펴보았습니다. 더불어, 체계적 교수의 한계점을 보완하는 차원에서 '교수'에서 '학습'으로 나아가기 위한 자기촉진 체계와 자기관리 전략 등에 대해서도 알아보았습니다. 지금까지 이 책을 덮지 않고 읽어주셔서 진심으로 감사드립니다.

제가 운영하는 블로그에는 지금까지 알아본 응용행동분석 원리에 기초한 체계적인 교수학습 절차부터 자기 주도적인 학습을 유도하기 위한 자기촉진 체계, 자기관리 전략까지의 조금 자세한 요약도를 〈응용행동분석 기반의 체계적 교수 개괄적인 흐름도〉라는 제목의 글에 함께 올려두었습니다. 자유롭게 다운로드가 가능하니, 필요하신 분께서는 아래 주소로 들어가셔서 확인하기 바랍니다.
▷ 글 링크: blog.naver.com/bjs718/221486171128

더불어, 체계적 교수의 효과성을 높이기 위해서는 그야말로 체계적으로 교수학습 절차를 진행할 수 있게끔, 계획을 세우는 과정이 필요합니다. 그리고 그 계획을 바탕으로 가정과 학교, 센터 등이 함께 연계해서 발달장애를 가진 학습자의 배움을 효과적으로 지원할 수 있어야 합니다. 이를 위해서 미국의 특수교육 기관에서 쓰이는 간단한 양식을 번역하되, 제 책에 맞게끔 번안한 체계적 교수 계획서를 블로그에 올려두었습니다. 〈ABA(응용행동분석) 원리 기반의 체계적 교수학습을 위한 계획서 샘플〉이라는 제목의 글에 양식을 올려두었으니, 필요하신 분은 아래 주소로 들어가셔서 내려받으시기 바랍니다.
▷ 글 링크: blog.naver.com/bjs718/221778160017

내용 (content)

- 성취기준(기본교육과정 또는 적응행동검사 결과 등)

  기초 생활 기술-위생 관련 기술 10. 스스로 샤워나 목욕을 할 수 있다.

- 대체 성취기준: 샤워나 목욕(탕 이용) 중 먼저 자주 수행해야 하는 샤워하기를 지도하기로 함.

- 교수학습 목표

  (조건) 집에 있는 샤워 부스에서 샴푸, 물비누, 수건 등의 물품을 이용하여

  (성취기준) 모든 하위 단계 중 90% 이상을 스스로 정확하게 수행하면서

  (행동용어) 샤워할 수 있다.

형식 (format)

- 기본교육자료: 샤워 부스, 물비누, 수건 등의 물품

- 추가교육자료: 아빠의 샤워하는 모습을 담은 사진, 동영상

- 교육환경 / 시간: 가정 / 매일 저녁

- 교수자: 아버지 / 남자 교사일반화 교수학습 시)

- 목표행동(기술)의 유형(택일하여 선택)

  □ 비연속적인 개별 기술(단기목표를 나눌 필요 없음)

  ※ 이 경우에는 과제분석 절차 필요하지 않음.

  □ 비연속적 개별 기술(단기목표로 나눌 필요 있음)

  V 연쇄적 기술(과제분석이 필요함)

스몰스텝 및 상시적 평가결과 기록을 위한 양식

- 목표를 스몰스텝(small-step)으로 나누기

순	하위목표(단기목표 또는 연쇄적 기술의 과제분석)
1	옷을 벗는다.
2	샤워 부스로 이동한다.
3	적정 온도(온수와 냉수의 중간 정도)로 물을 조정한다.
4	적정 온도를 확인하고, 샤워기로 물을 몸에 충분히 적신다.
5	물을 잠시 끄고, 비누 거품으로 얼굴과 온몸을 씻는다.
6	샴푸를 동전 크기정도 덜어내어 머리를 1분 이상 감는다.
7	다시 물을 틀어, 샴푸와 비누 거품을 깨끗하게 씻어낸다.
8	거품이 묻어있지 않은 것을 확인하고 물을 끈다.
9	수건으로 머리와 몸에 묻은 물기를 닦는다.
10	샤워 부스에서 나와서 속옷과 옷을 입는다.
11	
12	
13	
14	
15	

- 상시적 평가 결과 기록을 위한 양식(그래프는 별도)

회기	점수 (수행률)	회기	점수 (수행률)	회기	점수 (수행률)
기초선1	20%	중재11	80%	중재23	
기초선2	20%	중재12	90%	중재24	
중재1	30%	중재13	90%	중재25	
중재2	40%	중재14	100%	중재26	
중재3	40%	중재15		중재27	
중재4	50%	중재16		유지1	90%
중재5	50%	중재17		유지2	100%
중재6	60%	중재18		중재3	100%
중재7	60%	중재19		일반화1	100%
중재8	70%	중재20		일반화2	90%
중재9	70%	중재21		일반화3	100%
중재10	80%	중재22		일반화4	

교수학습 절차(instructional procedures)

- (연쇄적 기술인 경우) 교수학습 순서 선택(택일하여 선택)

□ 전진형 행동연쇄 / □ 후진형 행동연쇄 / V 전체과제제시형

- 촉진

- 사용하기로 한 촉진 유형(복수 선택 가능)

V 자극촉진: □ 위치 단서 V 색깔 단서(글자를 몰라 샴푸와 물비누를 구분하도록 색깔 등 이용) □ 자극을 눈에 띄게 하기

V 반응촉진: V 간접언어촉진 V 간접언어촉진 V 몸짓(자세)촉진 V 시범(모델링)촉진

V 부분적인 신체적 촉진 V 전반적인 신체적 촉진

〈그림〉 체계적 교수학습을 위한 계획서 예시(앞면)

- 촉진 용암(점차 줄이기) 절차 ※ 촉진을 활용한 체계적인 교수학습 절차
  - □ 자극촉진 용암 절차: □ 자극형성(stimulus shaping) ∨ 자극용암(stimulus fading)
  - □ 반응촉진 용암 절차
    - · 동시촉진 절차 사용(목표행동 달설 시까지 별도의 촉진 용암 없음)
    - · 시간지연: □ 고정시간지연 / □ 점진적 시간지연 중 선택
  - ∨ 최소촉진체계(최소촉진체계를 선택할 경우 반응촉진 유형에서 최소 2개 이상 선정함)
    - · 최대-최소촉진(최소촉진체계와 마찬가지로 최소 2개 이상 반응촉진 유형을 선택함)
    - · 신체적 촉진의 점진적 안내
    - · 기타 유형(예를 들어, 두 가지 이상의 절차를 혼합하는 경우 등):

    - · 별도로 계획된 촉진의 용암(점차 줄이기) 스케줄
    최소촉진체계를 사용하면서, 점차적으로 학습자의 하위 행동 수행 시작 대기 시간을 3초에서 8초까지 늘려감(독립적 행동 유도)

- 피드백(강화 또는 오류 시 수정 절차)
  - · 칭찬 및 강화물 유형: 각 하위 단계별 구체적인 칭찬 + 회기 종료 시 향상이 확인되면 토큰강화 토큰 2개 지급함
  - · 촉진과 강화물의 용암(점차 줄이기) 스케줄: 수행률이 80%에 다다르면, 점차 간헐적으로 강화 제공함
  - · 오류 수정 방법: 최소촉진체계 절차에 따라 오류 발생 시 더 높은 강도의 촉진(도움)을 제공 예) 언어적 도움 → 모델링

- 유지 및 일반화 절차
  - · 학습된 목표행동(기술)의 숙달 및 유지를 위한 계획(복수선택 가능)
  - ∨ 집중연습을 위한 계획: 80% 수행률에 다다를 때까지는 매일 저녁에 교수학습을 실시함
  - ∨ 분산연습을 위한 계획: 80% 수행률에 다다르면, 이틀에 한번, 3일에 한번과 같이 교수학습 시간을 점차 조정함
  - · 학습된 목표행동(기술)의 일반화를 위한 계획(복수선택 가능)
  - ∨ 실제 상황에서 연습하기:
  - ∨ 다양한 예시 사용하기: 80% 이상 수행률에 다다르면, 학교 샤워부스를 이용해서도 교수학습 및 연습을 실시함
  - □ 일반사례의 프로그래밍:
  - □ 기타:

- 자기 주도적 학습의 증진을 위한 방법(복수선택 가능)
  - · 자기관리전략(복수선택 가능)
  - □ 자기교수 / ∨ 자기점검 및 평가 / □ 자기강화
  - · 자기촉진체계(self-prompting):
  - ∨ 동영상을 활용한 자기촉진: 샤워하기 전에 아빠의 샤워하는 모습을 담은 동영상을 보면서, 과정을 익혀봄
  - ∨ 시각 자료를 활용한 자기촉진: 완전히 능숙해 질 때까지 샤워 부스에 방수 코팅된 샤워하기 과정 사진자료 부착
  - □ 글 또는 오디오를 활용한 자기촉진:
  - □ 기타:

〈그림〉 체계적 교수학습을 위한 계획서 예시(뒷면)

지금까지 알아본 체계적 교수는 학생들이 한 번에 배우기에는 큰 목표를 잘게 나누고, 최대한 스스로 수행할 수 있도록 충분히 기다리면서, 조금씩 도움을 줄여나가는 방법이라고 간단하게 핵심을 정리할 수 있습니다. 적어도 저는 그렇게 생각합니다. 그런데 이 핵심은 비장애 아이들의 양육과 교육에서도 중요한 원칙이라고 볼 수 있습니다. 영유아 검진에서 아이의 인지, 운동, 의사소통 등의 발달이 조금 더딜 때, 많은 소아과 의사 선생님은 아이가 스스로 할 수 있게끔 충분히 기다리고, 최소한으로 도와주라고 말하니까요. 사실 많은 특수교육 전략들은 아주 일상적인 방법일 수 있습니다. 다만 장애를 가진 학습자의 특성을 고려하여, 한 차원 더 세심하게, 조금 더 면밀하게 분석하고 접근하는 데에서 차별점이 있으리라 생각해 봅니다. 그리고 때로는 그 작은 차별점이 시나브로 의미 있는 성장을 이끌곤 합니다.

이제 다음 장에서는 이러한 응용행동분석 기반의 체계적 교수를 중심으로, 또 때로는 자기촉진이나 자기관리 전략과 같은 자기 주도적인 방법들을 활용해서 발달장애 청소년의 자립생활을 위해 어떠한 교육내용들과 교육목표를 설정하고, 목표기술들을 가르쳐나가야 하는지에 대해서 조금 더 자세하게 알아보도록 하겠습니다. 그럼 다음 장으로 넘어가겠습니다. 감사합니다.

발달장애 청소년
'자립생활' 지원하기

지금부터는 발달장애를 가진 청소년의 자립생활 교육에 초점을 둔 프로그램에 관해서 이야기해보려고 합니다. '자립생활'이라는 큰 교육적 지향점을 중심으로 저자 나름대로 관련 전문 자료를 종합적으로 검토하여, 재구성해 본 하나의 '교육과정'이자 교육목표 '모음집'이라고 생각해도 좋을 것 같습니다. 본격적인 시작에 앞서 몇 가지 꼭 알아두어야 할 안내 사항을 말씀드립니다.

첫째, 이 책에서 말하는 '발달장애'란 발달장애인법의 정의에 따라, 지적장애와 자폐스펙트럼장애 등을 포함하고 있습니다. 그중에서도 지적인 어려움이 있는 청소년의 자립생활을 위한 교육내용을 주로 다루고 있습니다.

둘째, 이 책에서 말하는 '청소년'이란 주로 중학생과 고등학생 연령대를 말합니다. 더불어, 본격적인 진로 및 직업교육이 이제 막 시작되는 단계(특수교육 기본 교육과정으로 실과 교과가 도입되는)에 있는 초등학교 5~6학년, 그리고 전공과에 재학하고 있거나, 그보다 약간 더 나이가 있는 비교적 젊은 발달장애 청년까지도 초점을 두고 있습니다. 따라서 영아기 및 유아기나 초등학교 저학년을 주된 대상으로 하는 교육 및 치료 관련 내용은 일정 정도 교육내용에서 제외되어 있습니다.

물론, 기초 생활 기술, 기능적 학업 기술 등에는 영·유아기와 초등학교 저학년 학습자에게도 적용할 수 있는 교육목표가 상당히 포함되어 있습니다. 하지만 해당 연령대를 대상으로 하는 교육 프로그램은 시중에 나와 있는 다른 서적을 주로 참고하기를 바랍니다.

셋째, 이 책에서 영역별로 교육내용(교육목표)들을 제시한 목적은 가정과 학교에서 지속적, 반복적, 체계적으로 발달장애를 가진 청소년의 자립생활을 위한 교육을 제공하는 데에 있습니다. 이를 위한 효과적인 교육방법으로는 제1장과 2장에 걸쳐 자세하게 설명한 응용행동분석 원리를 기초로 하는 체계적 교수학습 절차와 기타 자기 주도적 학습전략(자기촉진 체계, 자기관리 전략 등), 그리고 그 외에도 제3장에서 종종 안내하는 학습자의 특성이나 목표기술의 유형에 적합한 다른 교육방법이 있습니다.

넷째, 이 책은 발달장애를 가진 청소년의 '자립생활'에 초점을 두고 있습니다. 자립생활의 주된 초점은 정의에 따라서 달라질 수 있습니다. 하지만 이 책에서는 자립생활의 중심을 가능한 범위에서 최대한 독립적이고 기능적으로 '일상생활 기술'을 수행하는 것에 두고자 했습니다. 따라서 이 프로그램에서는 기초 생활, 가정생활, 지역사회 생활 등을 포함하는 일상생활 기술에 대한 교육내용과 목표를 다루는데 가장 중점을 두었습니다. 물론 일상생활 기술에 대한 직접적인 내용 이외에도, 자립생활에 필요한 다른 교육내용으로 기능적 학업 기술, 사회성 기술, 진로 및 직업기술 등도 나름대로 활용도 있게 포함하고자 노력했습니다.

다섯째, 이 프로그램의 교육내용(목표기술)은 가장 최근에 개발된 국립특수교육원 적응행동 검사(NISE-K-ABS)를 큰 뿌리로 두고 활용하였습니다. 적응행동에는 개념적(주로 인지, 의사소통, 학습과 관련됨), 사회적(주로 사회성 기술과 관련됨), 실제적 적응행동(주로 일상생활기술, 직업기술 등과 관련됨)이 있습니다. 이러한 적응행동 검사의 하위 영역과 문항은 발달장애를 가진 청소년의 자립생활 교육에 꼭 필요한 내용을 담고 있습니다. 이와 더불어 「2015 개정 특수교육 기본교육과정」과 「국립특수교육원 진로 및 직업교육 성과지표」 그리고 기타 다양한 관련 자료를 면밀하게 검토하고 종합하여, 영역별 교육목표를 구성하였습니다. 다시 한번, 이 책에서 참고하고 인용한 자료를 개발하고, 보급해주신 연구자분들께 감사를 표합니다.

여섯째, 이 책에서 영역별로 제시된 교육내용(목표기술) 목록은 기본적으로는 난이도를 반영하여 구성하였지만, 꼭 절대적인 난이도를 말하지는 않습니다. 학습자에 따라서, 또 상황에 따라서 충분히 목표기술의 교수학습 순서는 달라질 수 있습니다. 또한, 여기서 제시된 교육내용 이외에도 환경이나 상황, 학습자의 특성에 따라 다양한 목표기술이 추가 또는 수정 및 보완될 수 있다고 봅니다. 다만 어떠한 목표기술을 지금 나의 자녀 또는 학생에게 교육하는 것이 정말 의미 있고 타당한지 고민해보는 노력이 필요하다고 말씀드리고 싶습니다. 목표기술을 선정하는 구체적인 방법은 앞서 제2장의 1편 〈목표기술을 선정하고, 관찰이 가능하게 정의해요.〉에서 이미 다루었습니다.

부모님과 선생님은 이 안내 사항을 숙지해주시기 바랍니다. 그리고 영역별로 제시된 목표기술 목록(체크리스트)으로 학습자의 현재 수행수준을 평가하기 바랍니다.

> ○: 거의 실수 없이 혼자서 수행 가능함을 의미함.
> △: 종종 실수는 하지만 혼자서 일부분은 수행 가능함.
> ×: 혼자서는 전혀 수행하지 못함.
>   (지금부터 제시되는 'Step 3'의 모든 목록도 이와 같습니다.)

그 이후에, △에 해당하는 기술들부터 교육해 나갈 수 있습니다. 그리고 그 뒤에는 ×에 해당하는 기술 중에서 선행적인 지식이나 기술을 어느 정도 학습자가 갖추고 있다고 판단되는 목표기술부터 차근차근 계획을 세워 교수학습 절차를 진행할 수 있습니다.

이러한 목표기술을 교육하기 위해서 체계적 교수를 실행할 때, 앞서 누차 반복했지만, 목표기술을 학습자의 수준에 맞게 적절하게 스몰 스텝으로 나누는 원칙을 꼭 기억해야 합니다. 체계적 교수의 기본은 학습자가 배울 수 있는 수준으로 스몰 스텝으로 목표를 나누는 것에서 시작합니다. 바로 과제분석이지요. 학습자의 수준이나 과제의 난이도에 따라 이 책에서 제시된 예보다 얼마든지 세밀하게 하위 목표기술(목표행동)이나 단계를 나눌 수 있습니다.

기능적 학업
기술

기능적 학업 기술은 주로 인지와 학습적인 내용이 주가 되는 개념적 적응행동과 관련한 부분입니다. 이 책에서는 인지 및 학습과 연관된 내용 중에서 특히 발달장애 청소년과 청년이 삶을 영위하는 데 있어 꼭 필요한 기능적인 기술을 중심으로 교육내용을 구성하였습니다.

크게 보면, 1) 기능적 기본 지식(인지), 2) 기능적 의사소통 기술, 3) 기능적 읽기 기술, 4) 기능적 쓰기 기술, 5) 기능적 수학 기술로 나누어 보았습니다. 다만 어디까지나 이 책의 프로그램은 일상생활 기술 중심의 '자립생활'에 초점을 두고 있는 만큼, 기능적 학업 기술에 대한 아주 세부적인 내용을 자세하게 다루고 있지는 않습니다. 따라서 좀 더 자세한 내용은 제가 쓴 책「발달장애 학생을 위한 특수교육 중재 제2판」또는 발달장애 학생들의 의사소통, 국어, 수학 등을 다룬 다른 전문서적을 참고해 주시기 바랍니다.

또한, 여기서 다루고 있는 기능적 학업 기술의 영역별 교육내용 중에서 해당 학습자에게 필요한 항목들을 선별해서 지도할 수도 있습니다. 더불어, 학습자들이 살아가는 환경적인 특성을 고려하여, 다양한 형태로 변형하여 목표기술을 변형하는 것도 충분히 가능합니다.

한편, 수학 영역에서 문장제 문제를 푸는 문제해결기술과 같은 특수한 경우를 제외하면, 기능적 학업 기술 영역의 목표기술은 대부분 비연속적인 개별 기술들인 경우가 많은 편입니다. 그래서 여러 체계적 교수의 교수학습 전략 중에서도 자극촉진 전략과 더불어, 특히 고정 시간지연, 점진적 시간지연 등의 시간지연 절차와 동시촉진 절차를 활용하기에 편리할 것으로 생각합니다. 물론 최소촉진체계나 최대-최소촉진, 그 외에도 다른 교육방법도 상황에 따라 필요할 수 있겠지만 말입니다.

기능적 학업 기술에서 제시되는 목표기술 중 상당수는 그 이후에 제시되는 일상생활 기술이나 진로 및 직업 관련 기술과 연결되는 부분들이 많습니다. 이런 경우, 여러 영역을 적절하게 통합하여 교수학습을 제공하는 것도 고려해 볼 수 있습니다. 예를 들어, 지역사회 적응 기술 중물건 구매 기술을 가르치면서 화폐 구별 기술(기능적 기본 지식-14번)을 가르치거나, 화장실 사용 기술을 지도하면서 남자와 여자를 구분하는기술(기능적 기본 지식-10번)을 함께 지도할 수 있습니다.

기능적 기본 지식(인지)

기능적 기초 지식(인지)은 발달장애를 가진 청소년이 독립적이고 자립적인 삶을 살아가는 데 있어서 필요한 기본 지식과 인지와 관련된 목표기술을 다루고 있습니다. 앞서 밝힌 대로, 이 목록의 순서에는 어느 정도 과제의 난이도가 반영되어 있지만, 절대적인 난이도는 아닙니다. 학습자 특성이나 상황에 따라 얼마든지 달라질 수도 있습니다. 그럼 교육내용(목표기술)의 목록을 살펴보겠습니다.

명칭	교육내용(목표기술)의 목록 ●			
	목표기술	현재 수준		
		×	△	○
1	먹을 수 있는 것과 없는 것을 구별할 수 있다.			
2	좋아하는 음식과 싫어하는 음식을 구별할 수 있다.			
3	이름을 물어보면, 자신의 성과 이름을 표현할 수 있다.			
4	가족 중에 1~2명(예: 엄마, 아빠)의 성과 이름을 표현할 수 있다.			
5	3개 이상의 물건 중에서 가장 큰 것을 찾을 수 있다.			
6	3개 이상의 물건 중에서 가장 긴 것을 찾을 수 있다.			
7	어떤 것을 기준으로 '위', '아래'를 구분할 수 있다.			
8	어떤 것을 기준으로 '안', '밖'을 구분할 수 있다.			
9	3~5가지 이상의 색을 구별할 수 있다.			
10	남자와 여자를 구분하는 그림, 상징을 구별할 수 있다.			
11	자신의 왼손과 오른손을 구별할 수 있다.			
12	요일 이름을 순서에 맞게 모두 표현할 수 있다.			
13	달력을 보고 몇 월 며칠인지 표현할 수 있다.			
14	1,000원권, 5,000원권, 10,000원권, 50,000원권 지폐 중에서 금액이 가장 큰 것과 작은 것, 중간 것을 구별할 수 있다.			
15	가격표를 보고, 더 비싼 것과 싼 것을 구별할 수 있다.			
16	자신의 집 전화번호와 주소를 표현할 수 있다.			
17	자신의 주민등록번호 앞자리(생년월일)와 뒷자리를 표현할 수 있다.			
18	범죄 신고나 화재 및 응급상황 발생 시 필요한 긴급 전화번호를 표현할 수 있다.			
19	날씨 정보를 보고, 필요한 준비물(예: 우산, 모자)이 무엇인지 표현할 수 있다.			

● 여기에서 '표현'은 말하기, 쓰기, 그림 상징, 몸짓 상징 등의 보완대체 의사소통 수단 이용하기 등 학습자 특성에 따른 다양한 반응양식을 모두 포괄하는 용어입니다. 이후 모든 영역에서 '표현'이라는 말은 같은 뜻입니다.

20	사람, 사물, 동물 등을 셀 때, 단위를 구별할 수 있다.		
21	3가지 이상의 제복이나 복장을 보고 어떤 유형의 직업에 종사하는지 표현할 수 있다.		
22	우리 몸에 필요한 필수 영양소 3가지 이상을 표현할 수 있다.		
23	올바른 자위행위의 방법(예: 개인적인 장소, 청결 철저 등)에 대해서 표현할 수 있다.		
24	피임하는 방법을 1가지 이상 표현하고, 실제로 수행할 수 있다.		
25	세금의 개념과 세금을 내야 하는 이유를 한두 문장 이상으로 표현할 수 있다.		

부모님이나 선생님은 발달장애를 가진 학습자에게 어떠한 기능을 지도하는 것보다 개념이나 지식을 가르칠 때, 특히 힘들어합니다. 저 역시 마찬가지입니다. 개념이나 지식은 눈에 보이지 않기 때문입니다. 그렇다면 발달장애를 가진 학습자에게 개념이나 지식은 어떻게 교육할 수 있을까요? 저는 이렇게 생각합니다. 눈에 보이지 않는 개념을 눈에 보이도록 하나의 기술이나 기능으로 접근해서 반복해서 교수학습 절차를 진행하다 보면, 어느 순간에 학습자가 그 안에 포함된 지식이나 개념까지도 '이해'하게 되는 시점이 온다고 말입니다. 지식이나 개념은 기술이나 기능적인 목표처럼 누적해서 꾸준히 향상되기보다는, 계속 어려워하다가도 어느 순간 그야말로 '깨달음'을 얻으면서 습득이 이루어지는 때가 많습니다. 물론 그 '배움'이 발생하기 전까지, 반복적이고 체계적인 교수학습과 연습이 이루어질 필요가 있습니다.

예를 들어, 25번 목표기술에서 '세금'의 개념을 먼저 자세하게 설명해서 가르친다고 해도, 발달장애 학습자는 쉽게 이해하기 힘든 경우가 많습니다. 이때는 오히려 세금에 대한 간단한 설명과 시각적인 자료(예: 그림, 동영상) 정도만 학습자에게 제시한 뒤에, 세금에 해당하는 다양한 예시(예: 지방세, 부가가치세, 재산세 등)와 세금에 해당하지 않는 다양한 예시(예: 아파트 관리비, 수도세, 전기세 등)들을 구별하도록 체계적 교수나 다른 방법으로 충분히 반복해서 가르칩니다. 세금인 것과 세금이 아닌 것을 구별하는 과정에서, 학습자가 자연스럽게 세금 개념을 얻도록 할 수 있습니다.

다시 말해서, 개념이나 지식을 가르친다고 해서 학습자의 '개념적 이해'를 먼저 유도하기 위해 계속 개념을 오랜 시간 설명하기만 하기보다는, 처음에는 당장 학습자가 이해하지 못하더라도 시각적인 자료, 또는 실물 자료를 활용하면서 가급적 간단하게 설명하고, 이를 여러 번 반복하는 겁니다. 이와 더불어, 그 개념이나 지식을 반영하는 기술이나 기능의 예를 활용하거나, 올바른 예(example)가 되는 것과 올바른 예가 되지 않는 것(non-example)을 반복해서 구분하도록 충분하게 체계적인 교수학습 절차를 진행해 나갈 수 있습니다.

ABA 중재 분야에서 가장 기본이 되는 서적이라 볼 수 있는 「자폐증 치료를 위한 ABA치료 프로그램」(정경미 역, 학지사)에는 일반 상식(지식)과 추론 능력을 지도하는 프로그램에서 그 지도방법을 다음과 같이 제시하고 있습니다.

학생에게 일반적인 정보(지식)에 관해 질문한다. 충분히 기다려도 답을 하지 못하면, 그 정보를 알려준다. (중략) 수많은 정보를 제공한다고 해서 학생의 이해력이 높아지는 것은 아니다. 이해력은 학생이 스스로 개념과 관련된 새로운 예시를 만들어 낼 수 있기까지, 개념과 관련된 여러 예를 반복 학습하면서 발전한다.

제 블로그에도 〈가위바위보에서 배우는 개념학습의 방법론〉이라는 글이 있으니, 필요하신 분은 참고하시기 바랍니다.
▷ 글 링크: blog.naver.com/bjs718/221642377824

「교수학습 절차의 예시 1」

목표기술

3. 이름을 물어보면, 자신의 성과 이름을 표현할 수 있다.

목표기술의 조작적 정의

(조건) 이름을 물어보면, (성취 기준) 10번 중 9번 이상 정확하게 (행동용어)
자신의 성과 이름을 모두 말할 수 있다.

목표기술을 스몰 스텝으로 나누기

비연속적인 개별 기술로서, 과제분석은 하지 않으며, 별도로 단기목표를 설
정할 필요 없이, 한 번에 지도함.

과정중심평가를 위한 체크리스트 제작 및 현행수준 파악

날짜	1회	2회	3회	4회	5회	6회	7회	8회	9회	10회	%
8월 4일											
8월 5일											
...											

교수학습 전략: 고정 시간지연 절차

① 다양한 방법으로 학습자의 주의집중을 유도한다.

② 5~6회 이상 0초 시간지연을 진행한다.

   예: "이름이 뭐야?"라고 묻는 즉시 "김철수"와 같이 말로 시범을 보여 주
   고 따라 말하도록 함.

③ 10회 이상 고정 시간지연 절차를 실시하고, 학습자의 수행 결과를 체크리
   스트에 기록한다.

   예: 과제 제시 후, 5초 시간 간격을 두고 학습자의 독립적 수행을 기다린
   뒤, 무반응 또는 최종적으로 오반응 시에 다시 충분한 촉진을 제공함.

④ 이를 교수학습 회기마다 반복하여 지도함.

강화 전략

특정 행동에 초점을 둔 칭찬과 함께 약속한 강화물(비스킷 등)을 정반응 시에 제공함. 오반응을 교정할 시에는 칭찬만 제공함.

유지 및 일반화 전략

- 유지: 습득이 이루어지면 점차 간격을 두고 분산 연습(시험 포함)
- 일반화: 부모님, 선생님 등 다양한 사람이 이름을 묻도록 연습하기

「교수학습 절차의 예시 2」

목표기술

19. 날씨 정보를 보고, 필요한 준비물이 무엇인지 표현할 수 있다.

목표기술의 조작적 정의

(조건) 4가지 이상의 날씨 정보를 임의로 제시했을 때, (성취 기준) 10번 중 9번 이상 정확하게 (행동용어) 해당 날씨에 필요한 준비물이나 옷차림을 구별

하여 제시할 수 있다.

목표기술을 스몰 스텝으로 나누기

비연속적인 개별 기술로서 과제분석은 하지 않으나, 다음과 같이 스몰 스텝으로 하위 목표를 나눔(얼마든지 더 세세하게 준비물별로도 하위 목표를 나눌 수도 있음).

① 비, 눈이 오는 날에 필요한 준비물(우산, 장화 등) 구별하기

② 더운 날에 필요한 옷차림(반팔, 반바지 등) 구별하기

③ 서늘한 날에 필요한 옷차림(긴 옷, 바람막이 등) 구별하기

④ 추운 날에 필요한 옷차림(외투, 장갑, 내복 등) 구별하기

과정중심평가를 위한 체크리스트 제작 및 현행수준 파악
(생략)

교수학습 전략: 점진적 시간지연 절차

① 다양한 방법으로 학습자의 주의집중을 유도한다.

② 5~6회 이상 0초 시간지연을 진행한다.

　예: "비가 올 때 필요한 준비물을 골라보세요."라고 묻는 즉시 충분한 단서를 제공함.

③ 20회 이상 점진적 시간지연 절차를 실시하고, 학습자의 수행 결과를 체크리스트에 기록한다.

　예: 고정 시간지연과 비슷하나, 처음에는 1초 시간 간격을 두다가 점차로 7초까지 늘려감.

④ 이를 교수학습 회기마다 반복하여 지도하고, 완수하면 다음 하위 목표를

가르친다.

예: 더운 날에 필요한 옷차림 구별하기

강화 전략

특정 행동에 초점을 둔 칭찬과 함께 토큰 강화를 제공함.

유지 및 일반화 전략

- 유지: 습득이 이루어지면 점차 간격을 두고 분산연습(시험포함)
- 일반화: 가정에서 날씨 뉴스를 보면서 연습해보기

기능적 의사소통 기술

기능적 의사소통 기술은 발달장애를 가진 청소년이 독립적이고 자립적인 삶을 살아가는 데 있어서 필요한 기능적인 수용언어(언어이해) 및 표현언어(언어표현)와 관련된 목표기술들을 다루고 있습니다.

기능적 의사소통 기술을 가르칠 때 중요한 점은 여기서 제시된 목표기술 이외에도 학습자에게 필요하다고 판단되는 다양한 목표기술을 충분히 추가 또는 변형하여 활용할 수 있다는 겁니다. 특히, 기본적으로 일상생활이나 지역사회 생활 또는 직업 현장 등 다양한 장면에서 보게 되는 어휘는 따로 정리해서 지속해서 체계적 교수를 통해 학습할 수 있도록 해야 합니다. 마치 부모님과 선생님께서 학창시절 영어 공부를 할 때, 단어장을 만들어서 계속 영어단어를 외우듯이 말입니다. 물론 발달장애 학습자도 자연스럽게 배우게 되는 어휘들도 있지만, 인지적인 장애가 없는 사람에 비해서 직접적이고 체계적으로 개별 어휘를 가르쳐야 습득할 수 있는 게 더 많은 것도 어쩔 수 없는 사실입니다.

그럼 먼저, 수용언어 관련 교육내용(목표기술)의 목록부터 살펴보겠습니다.

교육내용(목표기술)의 목록

명칭	목표기술	현재 수준		
		×	△	○
1	물음을 듣고, 자신의 의사를 "예." 또는 "아니요."로 대답할 수 있다.			
2	"이거 뭐지?"라는 질문을 듣고, 물건 이름을 표현할 수 있다.			
3	2~3가지 이상의 지시를 차례대로 올바르게 수행할 수 있다. (예: 철수야, ① 책상에 가서, ② 볼펜과 공책을 챙겨서, ③ 영희에게 가져다줄 수 있겠니?)			
4	"어디에 있어?"라는 질문에 대한 답을 표현할 수 있다.			
5	"~하는 사람은 누구지?"라는 질문에 한 단어 이상으로 답을 표현할 수 있다.			
6	위치나 움직임을 나타내는 말을 듣고, 그대로 수행할 수 있다. (예: "여기서 저리로 가볼래?)			
7	여러 가지 감정 표현(예: '화났다.')을 제시했을 때, 해당하는 표정을 구별할 수 있다.			
8	미완성의 문장을 제시하면 자기 생각을 반영해서 완성하여 표현할 수 있다. (예: '나는 5,000원이 있으면'이라는 미완성 문장을 제시하고, 완성하게 함)			
9	상대방으로부터 이야기를 듣고, 다른 사람에게 그대로 전할 수 있다.			
10	방송으로 들은 날씨 정보를 듣고 이해하여, 다시 자신의 말로 정리해서 표현할 수 있다.			

| 11 | 추상적인 단어의 의미를 이해하고, 비슷한 단어끼리 묶을 수 있다. | | | |
| 12 | 비유적인 말(예: 속담 등)의 의미를 이해하여, 속뜻을 표현할 수 있다. | | | |

기능적인 의사소통을 교육할 때, 수용언어의 경우에는 가르치는 사람과 학습자가 1:1로 배치된 상황에서 응용행동분석 원리에 기초한 체계적 교수학습 절차를 집중적으로 적용하는 비연속 시행 훈련(Discrete Trial Training)을 자주 사용합니다. 비연속 시행 훈련은 영어 앞글자를 따서 DTT 혹은 개별시도교수라고 말하기도 합니다. 사실 비연속 시행 훈련은 수용언어만 가르치는 방법이기보다는, 응용행동분석에서 가장 기본이 되는 교수학습 전략입니다. 응용행동분석 치료 접근에서는 많은 영역의 목표행동을 가르치는데 이 방법을 적용하고 있습니다.

물론 이 방법도 세부적으로 들어가면, 까다로운 부분이 많이 있습니다. 하지만 앞서 제2장에서 체계적 교수에 관해서 공부했다면, 비연속 시행 훈련의 기본적인 절차는 그리 어렵지 않게 배울 수 있습니다. 적어도 현재 우리나라에서는 학교에서 개별 학습자에게 1:1로 집중적인 교수학습 기회를 자주 제공하기가 쉽지 않습니다. 그래서 가정에서도 이 방법을 활용하여, 목표기술을 꾸준히 가르쳐볼 수 있어야 합니다.

비연속 시행 훈련에서는 먼저, (1) 학습자가 집중할 수 있도록 돕습니다. 그리고 → (2) 과제(자극)를 제시합니다. 보통은 문제(과제) 자극만 제시하는 편이지만, 과제나 학습자의 특성에 따라서 학습자가 성공 경험을 얻으면서 긍정적으로 학습할 수 있도록 자극촉진이나 반응촉진을 과제와 함께 제공하여, 어느 정도 단서나 도움을 줄 수도 있습니다. 예를 들어, 특정 사물을 고르는 과제라면, 해당 과제를 다른 과제보다 더 크게 제시하는 자극촉진을 미리 줄 수 있습니다(자극을 눈에 띄게 하기). 또한, 과제 제시와 동시에 언어적으로 단서를 함께 주거나, 신체적인 도움을 줄 수도 있습니다. 물론, 이때 과제와 함께 제공된 촉진은 점차 제거(fading)해가야 합니다. → (3) 일정 시간 간격을 두고 학습자의 반응을 기다립니다. 학습자의 반응은 정확한 반응(정반응), 부정확한 반응(오반응), 어떠한 반응도 하지 않음(무반응)으로 구분하여 나타납니다. → (4) 학습자의 반응에 따라 적절한 피드백을 제공합니다. 정확한 반응을 보일 때는 구체적인 칭찬과 함께 미리 약속한 강화물을 제공합니다. 꼭 물질적인 것 이외에도, 잠시 놀이 활동 기회를 주는 등 다양한 유형의 강화물을 활용할 수 있습니다. 반대로 부정확한 반응이나 무반응을 보일 때는 체계적 교수의 촉진 절차를 이용하여 오류를 수정합니다. 이 과정에서 시간지연, 최소촉진체계, 최대-최소촉진 등 다양한 전략을 꾸준히 지속해서 활용할 수 있습니다. → 이렇게 한 번의 교수학습 시행이 종료되면, (5) 어느 정도 교수학습 시행(시기) 간 간격을 두었다가, 다시 다음 교수학습 시행을 시작하여, ①~④번까지 반복합니다. 시행 간의 간격은 수 초에서 수십 초까지 다양합니다. 만약 놀이 활동 기회 제공 등 활동적인 강화제를 제공하였다면, 학습자가 강화를 받았다고 느낄 수 있을 만큼 시간 간격을 두고, 활동 강화제를 만끽하도록 해줄 수 있습니다. 비연속 시행 훈련은 우리가 Step 2.에서 이야기한 체계적 교수와 크게 다른 방법은 아닙니다. 다만 좀 더 구조화되고 1:1의 집중적인 상황에서 교수학습이 이루어진다고 생각하면, 편하게 이해할 수 있습니다. 특히 가정에서 자녀가 좋아할 만한 강화물을 여러 개 선정한 뒤에, 이 방법으로 이 책에 제시된 목표기술(목표행동) 목록 이외에도 다양한 수용언어 행동을 꾸준히 가르칠 수 있었으면 좋겠습니다. 비연속 시행 훈련에 대한 좀 더 자세한 정보는「자폐증 치료를 위한 ABA치료 프로그램」(정경미 역, 학지사)이나, 「응용행동분석」(이성봉 외 공저, 학지사)을 참고해 주시기 바랍니다.

한편, 꼭 집중적인 비연속 시행 훈련을 하지 않더라도, 학교와 가정생활 그리고 지역사회 생활 등에서 주어지는 다양한 자연적인 상황에서 체계적인 교수학습 절차를 진행하면서 수용언어를 교육할 수 있습니다. 예를 들어, 마트에서 아이와 물건을 사러 갈 때마다, 자연스럽게 부모님의 지시를 듣고 이행하는 활동(예: 어떤 물건을 가져오라는 지시에 적절하게 반응함)을 꾸준히 해볼 수 있습니다. 이 활동 중에 시간지연, 최소촉진체계, 최대-최소촉진 등의 전략을 활용해서, 학습자의 반응을 충분히 기다려주고, 도움이나 지원의 강도를 점진적으로 줄여나갈 수 있습니다.

교육내용(목표기술)의 목록				

명칭	목표기술	현재 수준		
		×	△	○
1	"~주세요."와 같은 표현을 할 수 있다.			
2	"~더 주세요."와 같은 표현을 할 수 있다.			
3	"~싫어요."와 같이 거부 의사를 표현할 수 있다.			
4	질문을 이용해서 요구하는 표현을 할 수 있다. (예: 나에게 과자를 더 줄 수 있을까요?)			
5	상황에 따라 "고맙습니다.", "미안합니다."를 구분해서 사용할 수 있다.			

6	대상이나 상황에 따라 높임말로 표현할 수 있다.			
7	과거형(예: "~했어.", "~갔어." 등)으로 표현할 수 있다.			
8	미래형(예 "~할 거야." 등)으로 표현할 수 있다.			
9	"왜?"로 시작되는 질문에 대한 답을 표현할 수 있다.			
10	"언제", "누가" 등으로 시작되는 질문에 대한 답을 표현할 수 있다.			
11	"어떻게"로 시작되는 질문에 대한 답을 표현할 수 있다.			
12	자신의 가족 구성원을 소개할 수 있다.			
13	궁금한 것이 있을 때, 질문을 할 수 있다.			
14	접속어를 사용하여 겹문장으로 표현할 수 있다. (예: "~때문에 다리가 아프다." 등)			
15	축하나 위로의 말을 상황에 맞게 표현할 수 있다.			
16	간단한 게임이나 놀이 방법을 조리 있게 설명할 수 있다.			
17	"왜냐하면", "그렇지만"과 같은 접속부사를 사용하여 자신의 의사를 표현할 수 있다.			
18	자기 생각이나 경험을 종합하여, 비교적 논리적으로 이야기할 수 있다.			
19	말의 어조, 속도, 고저, 장단 등을 상황에 맞게 조절하여 표현할 수 있다.			

초기 표현언어는 학습자의 기본적인 요구언어를 증진하는데 주된 목적이 있습니다. 요구언어는 응용행동분석에 기초한 언어 중재에서 사용되는 mand(맨드)라는 단어를 우리말로 번역한 겁니다. 요구언어 또는 mand는 누군가에게 무언가를 요구하기 위해서 사용하는 언어를 말합니다. 예를 들어, '사과'라는 명칭을 단지 해당 과일의 이름을 명명하려고 사용했다면, 그건 요구언어(mand)가 아닙니다. 반면에 사과를 보고 먹고 싶어서 사과를 달라는 의미로 "사과."라고 했다면, 그게 요구언어입니다. 한편, 앞서 명칭을 명명하는 기능으로 언어가 사용된 경우에는 서술언어 또는 tact(택트)라고 말합니다.

응용행동분석에 기초한 언어 중재에서는 사람의 언어도 하나의 행동으로 봅니다. 이른바 '언어행동'이라고 말합니다. 그리고 이러한 언어행동을 ① echoic(에코익: 따라 말하기), ② mand(맨드: 요구언어), ③ tact(텍트: 서술언어), ④ intraverbal(인트라버벌: 언어자극-언어반응), ⑤ autoclitics(오토클리틱: 꾸밈어), ⑥ 읽기 반응(textual response), ⑦ 쓰기 반응 등의 구성요소로 나누고 있습니다.

이 책에서 이에 관해서 자세히 설명하기에는 다소 무리가 있을 것 같습니다. 언어행동의 구성요소에 관해서 좀 더 자세한 내용을 알고자 하시면, 제 블로그 글인 〈국외논문 리뷰: 에코익 촉진과 에코익+그림촉진이 언어자극-언어반응 행동 습득에 미치는 효과 비교〉를 참고하시기 바랍니다.
▷ 글 링크: blog.naver.com/bjs718/221825023002

아무튼, 우리가 제2장에서 배운 체계적 교수 이외에도, 학습자의 기본적인 요구언어를 증진하는데 주로 활용할 수 있는 좀 더 특별한 의사소통 교육 전략에는 그림교환 의사소통체계(Picture Exchange Communication System)나 환경중심 언어중재(Milieu Teaching)와 같은 전략도 있습니다. 이 방법들도 모두 응용행동분석의 원리와 체계적 교수의 여러 전략을 적극적으로 활용합니다.

먼저 (1) 그림교환 의사소통체계(PECS)는 말(구어)로 적절한 의사소통을 하기에 어려움이 있는 발달장애 학습자를 대상으로 그림카드를 실물과 교환함으로써, 요구언어를 사용하도록 지원하는 방법입니다. 이 방법도 말의 사용을 보완하고 대체하는 의사소통체계(Augmentative and

Alternative Communication)의 일종입니다.

그림교환 의사소통체계에서는 보통 학습자의 의사소통 동기를 유발하기 위해서, 먼저 학습자가 선호하는 강화물(예: 과자, 공, 여러 활동)을 여러 개 골라 둡니다. 그리고 ① 그림카드와 강화물을 교환하는 과정을 대체로 신체적 촉진을 이용해서 가르칩니다. 다음으로, ② 이번에는 자발적으로 그림카드와 강화물을 교환할 수 있도록 촉진을 줄이면서, 의사소통 상대자와 학습자 간의 거리도 좀 더 늘려봅니다. 두세 개 이상의 그림카드로 각각 두 번째 과정까지 진행하게 되면, ③ 여러 개의 그림카드 중에서 적절한 카드를 학습자 스스로 구별해서 강화물과 교환하도록 합니다. 처음에는 두 가지 그림카드 중에서 고르도록 하고, 점차 세 가지, 네 가지로 늘려갈 수 있습니다. 적어도 이때까지는 가르치는 사람이 적어도 2명이 필요합니다. 그림카드와 강화물을 학습자와 직접 교환하는 사람, 그리고 필요할 때마다 적절한 촉진(도움)을 제공하는 사람이 따로 필요한 겁니다. 이는 한 사람이 교환하는 역할도 하고, 촉진도 제공하게 되면, 학습자가 올바른 교환 개념을 형성하기 힘들 수 있기 때문입니다. 그림카드와 강화물을 교환하는 과정이 하나의 요구언어(mand: 맨드)이고 의사소통이라는 점을 꾸준한 반복을 통해 학습자가 인식할 수 있도록 해야 합니다.

이제부터는 좀 더 고급(?) 절차가 시작됩니다. 보통 네 번째 단계부터는 학습자가 구어를 조금이라도 표현할 수 있다면, 그림카드와 함께 구어의 사용에 대한 시범도 제공할 수 있습니다. ④ 문장으로 표현하기 및 문장 확장하기에서는 먼저 강화물에 대한 그림카드와 '주세요.' 또는 '원해요(~하고 싶어요).' 카드를 학습자가 결합하여, 문장 형태로 의사소통할 수 있게끔 합니다(예: "사과 주세요." 또는 "공놀이를 원해요(하고 싶어요)."). 문장으로 표현하기가 익숙해지면, 다양한 꾸밈어를 이용해서 의사소통을 확장하도록 지도합니다. 예를 들어, "하얀색 축구공 주세요."와 같은 문장을 하얀색 카드, 축구공 카드, 물건을 달라는 손 자세를 표현하고 있는 그림카드를 연이어 의사소통판에 붙여서 요구를 정교하게 표현하도록 지도합니다. 그리고 ⑤ 어떠한 질문(예: "뭐 먹을래요?")에 문장으로 답하도록 지도합니다. 마지막으로 ⑥ 직접적인 요구언어로서의 사용 이외에도, 사물에 대한 설명, 행동 묘사 등 다양한 수단으로 그림교환 의사소통체계를 활용하여 표현하는 언급하기 단계를 진행하게 됩니다.

이러한 그림교환 의사소통체계는 영어의 앞글자를 따서 흔히 펙스(PECS) 절차라고 말하기도 합니다. 그림교환 의사소통체계를 처음 접하는 분들은 이 방법이 학습자의 구어 사용을 저해하는 요인이 되지는 않을까 걱정하기도 합니다. 하지만 여러 연구를 통해서 이 방법이 오히려 구어 사용에 어려움을 겪는 발달장애 학습자의 의사소통 능력 발달은 물론, 구어의 습득에도 도움을 줄 수 있음이 입증되어왔습니다. 그림교환 의사소통체계에 대한 좀 더 자세한 설명은 제 책「발달장애 학생을 위한 특수교육 중재 제2판」을 참고하시기 바랍니다.

(2) **환경중심 언어중재(MT)**는 학습자가 요구언어를 사용해야 하는 자연적인 상황을 일부로 먼저 만듭니다. 여기에는 ①요구 사항을 해결

하기 위해서 도움이 필요한 상황, ② 원하는 강화물이 손에 닿지 않는 상황, ③ 원하는 강화물이 부족한 상황, ④ 학습자의 흥미를 유발하는 상황, ⑤ 어떠한 일이 일어날지 예측하지 못한 상황(부적절한 상황), ⑥ 여러 개 중에서 하나를 선택해야 하는 상황이 있습니다. 이러한 상황은 항상 서로 다른 상황이기보다는 여러 상황 요소가 중복해서 나타나는 경우도 많습니다.

그리고 위와 같이, 자연스럽지만 일부로 만들어진 상황에서 목표가 되는 요구언어를 체계적인 교수학습 절차를 진행하면서 가르칩니다. 당연히 의사소통 학습에 대한 동기가 늘어날 수밖에 없습니다. 여기서 요구언어는 꼭 구어(말)를 이용한 의사소통만을 이야기하지 않습니다. 학습자에 따라서는 조금 뒤에 자세하게 설명하겠지만, 보디랭귀지라고 말하는 몸짓, 그림이나 사진 상징 등 다양한 구어를 보완하고 대체하는 의사소통 수단을 목표 요구언어로 선정하여, 체계적인 교수학습 절차를 진행할 수 있습니다.

환경중심 언어중재의 절차를 자세하게 살펴보면, 먼저 ① 올바른 요구언어를 시범 보이고, 따라 하도록 하는 모델링(시범 촉진) 절차가 진행됩니다. 다음으로 어느 정도 시범이 제공되고 나면, ② 먼저 뭐라고 표현해야 할지를 물어본 뒤(예: "뭐라고 말해야 하지?")에 학습자가 적절하게 이야기하면, 해당 강화물을 제공하고, 그렇지 않으면 다시 시범 촉진을 통해서 피드백을 제공합니다. 이를 선 요구-후 모델링이라고 말합니다. 학습자가 언어표현에 익숙해 짐에 따라 전반적인 시범을 제공하다가 점차 부분적으로 시범을 제공할 수 있습니다. 그리고 ③ 시간지연 방법을 이용해서, 일정 시간 학습자의 정확한 요구언어 사용을 기다립니다. 그래도 부정확한 반응이나 무반응을 보일 때에는 다양한 반응촉진 방법으로 꼭 필요한 만큼 피드백을 제공하고, 도움을 받아서라도 정확한 요구언어를 표현하도록 합니다. 마지막으로, ④ 만들어진 상황이 아닌 그야말로 '정말 자연스러운' 우발적인 교수(incident teaching) 상황에서 교수학습 절차를 진행하고, 일반화 가능성도 한 번 확인해 봅니다.

> 환경중심 언어중재에 관한 좀 더 자세한 내용은 제 책『발달장애 학생을 위한 특수교육 중재 제2판』을 참고해 주기 바랍니다. 제가 운영하는 블로그에도 〈가정학습 기간에 발달장애 영유아, 아동과 함께해 볼 수 있는 놀이 활동과 언어교육 방법들 feat. 환경중심 언어중재〉라는 제목의 글에서 환경중심 언어중재의 실행 과정을 비교적 자세하게 설명하고 있습니다. 실제로 이 방법을 활용하시기 전에, 블로그 글을 한 번 꼭 읽어주기 바랍니다.
> ▷ 글 링크: blog.naver.com/bjs718/221862834169

이외에도 체계적 교수와 다른 교육방법들을 통해서 목표가 되는 표현 언어 기술들을 하나씩 지도해 나갈 수 있습니다. 또한, 어느 정도 표현언어가 늘어난 뒤에는 (3) 스크립트(대본)를 이용해서 일상생활에서의 언어사용을 지원할 수 있습니다. 예를 들어, 마트 이용 상황, 미용실 이용 상황 등 여러 일상생활 장면에서 이루어지는 대화의 대본을 미리 학습자와 함께 만들고, 실제 상황에서 이 대본을 참고해서 필요한 의사소통을 해볼 수 있도록 합니다. 이 대본을 스마트폰에 사진을 찍어서 필요할 때마다 활용해도 좋겠습니다. 꼭 스마트폰이 아니라도 휴대할 수 있게 카드 형식으로 만들어서 가지고 다니도록 할 수도 있습니다.

예전에 근무하던 특수학교에서는 복지 일자리 사업을 지자체로부터 지원받아 소정의 임금을 지급하면서, 가정통신문이나 학교로 오는 우편물을 전공과 학생들이 각 반이나 선생님에게 배송해주는 직업교육을 했습니다. 이때 처음 직무에 배치된 학생들은 고객과 대면했을 때, 표현해야 하는 의사소통의 대본을 작은 카드로 만들어서 목걸이형 이름표 뒷면에 걸도록 하였습니다. 처음에는 이 대본을 보면서 우편물을 고객에게 전달했으며, 점차 잊어버렸을 때만 스스로 확인하도록 하였습니다. 그리고 직무에 익숙해졌다고 판단되면, 대본을 없앴습니다.

어쨌든 우리가 알아야 할 중요한 점은 이러한 의사소통 증진 전략도 기본적으로 응용행동분석과 체계적 교수의 교수학습 방법론을 대부분 충실하게 반영하고 있다는 것입니다. 언어나 의사소통의 경우 의도적으로 교수학습 장면을 만들어서 교육하는 것도 꼭 필요합니다. 하지만 그만큼 아니 그 이상으로, 가정과 지역사회, 학교에서 다양하게 발생하는 자연적인 상황에서 교수학습이 이루어질 수 있는 시점을 잘 포착해서 때에 맞게 이루어지는 교육과 지원이 무엇보다 꼭 필요합니다.

한편, 언어표현을 지도할 때, 꼭 학습자가 말을 사용해야 하는 것은 아닙니다. 구어(말)를 전혀 사용하지 못하거나, 조금 사용하더라도 당장 일상생활에서 의사소통에 많은 어려움을 겪는 발달장애 학습자도 있습니다. 이때는 흔히 보디랭귀지라고 말하는 몸짓, 그림이나 사진, 글자, 음성을 대신 표현해주는 기기 등 다양한 방식으로 구어(말)를 보완하거나 대체하는 의사소통 방법(Augmentative and Alternative Communication)을 사용할 수 있도록 교육할 수 있습니다. 앞서 말한 그림교환 의사소통체계도 하나의 보완대체 의사소통(AAC)이라고 볼 수 있습니다. 많은 연구에서 보완대체 의사소통의 활용이 발달장애를 가진 학습자들의 의사소통 능력을 증진하고, 더 나아가 때때로 구어(음성언어) 발달에도 도움을 줄 수 있다고 보고하고 있습니다. 적어도 보완대체 의사소통을 이용하는 것이 발달장애 학습자의 구어 발달을 저해하는 것은 아니라는 연구 결과가 다수를 이룹니다. 따라서 부모님이나 선생님께서는 학습자의 구어(말) 사용 능력에 따라, 필요하다면 적극적으로 AAC를 활용할 필요가 있습니다.

더불어, AAC라고 해서 꼭 무슨 그림카드, 의사소통판, 애플리케이션을 이용해야 하는 건 아닙니다. 오히려 특히 초기에는 보디랭귀지라고 불리는 몸짓을 이용하는 것도 여러 가지 측면에서 추천할 수 있습니다. 일단 다른 상징과 달리 들고 다녀야 할 준비물이 없어, 언제든지 활용 가능하다는 점이 가장 큰 장점이 될 겁니다. 국립특수교육원에서는 이러한 몸짓들을 좀 더 체계화하여 '몸짓 상징'으로 개발하였습니다. 쉽게 말하면, 비교적 배우기 쉽고 경량화된 수어(수화)라고 생각해도 좋겠습니다. 이름은 〈손담〉입니다. 보디랭귀지라는 게 원래 사람마다 다양할 수 있듯, 꼭 여기 있는 몸짓 상징을 사용해야 하는 건 아닐 겁니다. 하지만 처음 몸짓 상징을 언어표현 수단으로 지도할 때 좋은 참고자료가 될 수 있을 것 같습니다.

국립특수교육원 유튜브 채널에서는 각 몸짓 상징의 표현 방법을 동영상으로도 시청할 수 있습니다. 유튜브에 '국립특수교육원 몸짓상징' 또는

'손담'이라고 검색하면 되니, 참고 바랍니다. 아, 그리고 참고로 국립특수교육원 유튜브 채널에는 이외에도 부모교육 동영상 연수 자료 등을 포함해서 꽤 괜찮은 특수교육 관련 영상 자료가 올려져 있으니, 부모님과 선생님들께서 구독을 해보셔도 좋으리라 생각합니다.

한편, 스마트기기 애플리케이션을 AAC로 활용하기도 합니다. 참고로 NC소프트 문화재단(나의 AAC 기초, 아동, 일반), 국립특수교육원(위톡 AAC), 경기도 재활공학서비스 연구지원센터&삼성전자&사회복지공동모금회(스마트AAC) 등에서는 이러한 학습자들이 활용할 수 있는 다양한 AAC 애플리케이션을 무료로 내려받아 사용할 수 있도록 보급하고 있습니다. 기능적인 면이나 디자인 면에서도 외국의 유료 앱에 전혀 뒤지지 않습니다. 꼭 AAC의 용도가 아니더라도 언어교육 자료로서의 활용도도 높으니 필요하신 분은 플레이스토어, 앱스토어 등에서 애플리케이션을 이름을 검색 후 내려받아 사용해보시기 바랍니다.

> 보완대체 의사소통과 관련해서 제 블로그에도 〈발달장애 학습자에게 보완대체 의사소통(AAC)을 효과적으로 교육하기 위한 6가지 증거기반 방법들〉이라는 제목의 글이 있습니다. 한 번 읽어보시면, AAC를 활용한 언어교육에 조금은 도움이 되리라 생각해 봅니다.
> ▷ 글 링크: blog.naver.com/bjs718/221797984500

그럼 수용언어와 표현언어별로 각각 하나씩 교수학습 절차의 예시를 제시하고 다음으로 넘어가겠습니다.

「교수학습 절차의 예시 1: 수용언어」

목표기술

7. 여러 가지 감정표현을 제시했을 때, 해당하는 표정을 구별할 수 있다.

목표기술의 조작적 정의

(조건) 5가지 감정표현을 임의로 말했을 때, (성취 기준) 10번 중 9번 이상 정확하게 (행동용어) 해당 감정표현에 해당하는 표정을 정확하게 고를 수 있다.

목표기술을 스몰 스텝으로 나누기

비연속적인 개별 기술로서 과제분석은 하지 않으나, 다음과 같이 스몰 스텝으로 하위 목표를 나눔.

① '기쁘다'라는 표현에 해당하는 표정 구별하기

② '슬프다'라는 표현에 해당하는 표정 구별하기

③ '화가 나다'라는 표현에 해당하는 표정 구별하기

④ '우울하다'라는 표현에 해당하는 표정 구별하기

⑤ '무섭다.'라는 표현에 해당하는 표정 구별하기

과정중심평가를 위한 체크리스트 제작 및 현행수준 파악: 생략

교수학습 전략: 점진적 시간지연 절차

① 다양한 방법으로 학습자의 주의집중을 유도한다.

② 5~6회 이상 0초 시간지연을 진행한다(예: "기쁠 때는 어떤 표정을 지을까요?"라고 묻고, 곧바로 기쁜 표정에 해당하는 표정 카드를 고를 수 있도록

충분한 도움을 줌).

③ 10~20회 이상 점진적 시간지연(예: 고정 시간지연과 비슷하나, 처음에는
   1초 시간 간격을 두다가 점차로 8초까지 늘려감) 절차를 실시하고, 학습자
   의 수행 결과를 기록한다.

④ 이를 교수학습 회기마다 반복하여 지도하고, 완수하면 다음 하위 목표에
   대한 교수학습을 진행함.

강화 전략

특정 행동에 초점을 둔 칭찬과 함께 토큰 강화를 제공함.

유지 및 일반화 전략

- 유지: 습득이 이루어지면 점차 간격을 두고 분산연습(시험포함)
- 일반화: 실제로 해당하는 표정을 짓도록 연습하기

「교수학습 절차의 예시 2: 표현언어」

목표기술

15. 축하나 위로의 말을 상황에 맞게 표현할 수 있다.

목표기술의 조작적 정의

(조건) 축하나 위로의 상황을 임의로 제시했을 때, (성취 기준) 10번 중 9번 이상 정확하게 (행동용어) 해당 상황에 적절한 표현을 한 문장 이상으로 할 수 있다.

목표기술을 스몰 스텝으로 나누기

비연속적인 개별 기술로서 과제분석은 하지 않으나, 다음과 같이 스몰 스텝으로 하위 목표를 나눔(일상생활에서 발생하는 다양한 상황을 예로 제시하여, 더 하위 목표를 더 세분화할 수도 있음)

① 축하 또는 위로가 필요한 상황을 구별하기
② 축하가 필요한 상황에서 필요한 표현하기
③ 위로가 필요한 상황에서 필요한 표현하기

과정중심평가를 위한 체크리스트 제작 및 현행수준 파악: 생략

교수학습 전략: 점진적 시간지연 절차

① 다양한 방법으로 학습자의 주의집중을 유도한다.

② 5~6회 이상 0초 시간지연을 진행한다[예: (상황을 사진, 한 컷 만화 등으로 제시하면서) "친구가 상을 받았을 때는 뭐라고 말할 수 있을까요?"라고 물은 뒤, 곧바로 "상을 받아서 축하해."라고 시범을 보이고 따라 하게 함].

③ 20회 이상 점진적 시간지연(예: 고정 시간지연과 비슷하나, 처음에는 3초 시간 간격을 두다가 점차로 8초까지 늘려감) 절차를 실시하고, 학습자의 수행 결과를 기록한다.

④ 이를 교수학습 회기마다 반복하여 지도하고, 완수하면 다음 하위 목표에 대한 교수학습을 진행한다.

강화 전략

특정 행동에 초점을 둔 칭찬과 함께 토큰 강화를 제공함.

유지 및 일반화 전략

- 유지: 습득이 이루어지면 점차 간격을 두고 분산연습(시험포함)
- 일반화: 실제로 축하와 위로가 필요한 상황을 만들어 역할놀이 하기.

기능적 의사소통 기술

　기능적 읽기 기술 역시, 발달장애 청소년이 일상생활을 독립적으로 영위하는데 아주 중요한 기술입니다. 다만 발달장애 학습자에게 읽기 기술을 가르칠 때는 먼저 글을 해독할 수 있도록 부호 중심으로 체계적으로 가르칠지(쉽게 말해서 소위 '한글을 떼는데' 초점을 둘지), 아니면 먼저 통문자 중심으로 기능적인 어휘들을 먼저 가르쳐나갈지를 선택해야 합니다. 여기에서 읽기의 두 가지 유형인 '해독'과 '독해'에 대해서 간단하게 안내하면, 해독은 말 그대로 글자를 발음 규칙에 맞추어 읽는 것까지를 말하며, 독해는 해독된 글자를 종합해서 그 글의 의미를 이해하는 과정을 말합니다.

　과거에는 발달장애 학습자에게 읽기 기술을 가르칠 때 주로 통문자(일견 단어) 중심으로 총체적 언어교육이 먼저 충분히 이루어지고 난 뒤에, 필요하다면 음운인식이나 파닉스와 같은 부호(해독) 중심 읽기를 추가해서 교육하고는 했습니다. 하지만 지금은 발달장애를 가진 학습자라고 할지라도 가능하다면 음소(예: 'ㄱ', 'ㄴ', 'ㅏ' 등)와 음운(예: 가, 나, 다, 라 등)을 인식하고 이를 조합하여 글자, 단어를 체계적으로 읽을 수 있도록 가르치는 부호 중심 접근을 가장 먼저 고려하고 있습니다. 특히, 자연발생적으로 생성 및 발전해 온 다른 언어의 문자와 달리 한글은 조선의 천재, 세종대왕께서 직접 창달하셨기 때문에, 과학적이고 직관적이며, 명확한 발음 규칙이 존재합니다. 그래서 영어와 비교해서, 글자를 해독(글의 의미를 파악하는 독해는 포함하지 않고, 단순히 글자를 소리에 맞게 읽는 것까지를 의미함)하도록 가르치는 과정이 훨씬 쉬운 편에 속합니다. 그래서 발달장애 학습자라고 하더라도 부호(해독) 중심의 접근을 먼저 선택해 볼 필요가 충분히 있습니다.

물론 어디까지가 한글이 해독이 비교적 쉽다는 것이지, 실제 글의 의미를 이해하는 독해까지 쉽다는 건 사실 아닙니다. 오히려 한문이 포함된 어휘, 비슷한 뜻을 가진 동의어가 상당히 많아서 글의 의미를 명확하게 이해하는 과정은 때로는 더 어려울 수도 있습니다. (사실 그래서 우리나라가 문맹률 자체는 외국에 비해서 낮은 편이지만, 각종 금융거래 약관을 읽고 이해하는 것 같은 실생활에 필요한 문해력에 어려움을 느끼는 실질 문맹인의 비율은 결코, 외국에 비해서 낮은 편이 아닙니다. '한글'이 배우기 쉽다는 거지, '한국어'가 배우기 쉽다는 게 아니라는 겁니다.)

어쨌든 읽기 교수의 핵심 요소라고 할 수 있는 ① 음소와 음운에 대한 지식, ② 파닉스에 대한 교수(발음법 지도를 말하며, 예를 들어 합성적 파닉스로 'ㄱ'+'ㅏ'가 '가'로 발음됨을 지도함), ③ 유창성(정확하게, 적절한 속도로 해독하기), ④ 어휘 지식, ⑤ 구문 이해(해독능력과 어휘 지식 등을 바탕으로 실제로 문장이나 문단, 글을 읽고 그 내용을 이해함)를 모두 포괄하여 지속적이고 체계적인 교육이 필요합니다. 이 과정에서 체계적인 교수학습 절차가 효과적으로 활용될 수 있습니다.

교육내용(목표기술)의 목록

명칭	목표기술	현재 수준		
		×	△	○
1	자신의 성과 이름을 읽을 수 있다.			
2	가족 구성원의 성과 이름을 읽을 수 있다.			
3	자신이 평소에 좋아하는 사물(예: 과자)이나 동물, 교통수단 등의 단어를 통으로 (일견 단어) 읽을 수 있다.			
4	가~하까지, 그리고 아~이까지 읽고, 해당 음운으로 시작되는 단어 1가지 이상을 읽을 수 있다. (예: '가'라는 음절과 '가'로 시작하는 '가방'을 읽음)			
5	국어의 기본 자모음을 구별하여, 소리 내어 읽을 수 있다. (예: 'ㅏ'를 /아/로 소리 내어 읽음)			
6	국어의 기본 자모음을 합성하여 받침이 없는 글자를 읽을 수 있다. (예: 'ㄴ'+'ㅓ'를 합성하여 /너/로 읽음)			
7	국어의 기본 자모음을 합성하여 간단한 받침이 있는 글자를 읽을 수 있다. (예: 'ㄷ'+'ㅏ'+'ㄴ'을 합성하여 /단/으로 읽음)			
8	소리 나는 대로 읽기 힘든 어려운 받침이 있는 글자(예: '닭')를 읽을 수 있다.			
9	뜻은 잘 몰라도 대부분의 한글을 읽을 수 있다.			
10	뜻은 정확하게 몰라도, 한 문단 이상의 글을 거의 틀리지 않고, 적절한 속도로 읽을 수 있다.			
11	학교생활, 일상생활, 지역사회 생활. 직업 생활 등을 해나가는데 필요한 기능적 어휘(예: 지역사회 생활-환승. 개찰구 등)를 각각 50개 이상 읽고, 뜻을 간단하게 표현할 수 있다.			

12	글을 읽다가 모르는 어휘가 있을 때는 사전이나 인터넷 검색 등을 통해서 뜻을 확인하고, 단어장이나 단어카드에 정리할 수 있다.			
13	다양한 유형의 메뉴판을 읽고, 원하는 음식을 주문할 수 있다.			
14	다양한 유형의 간단한 안내문을 읽고, 내용을 파악할 수 있다.			
15	간단한 광고문을 읽고, 내용을 파악할 수 있다.			
16	요리법이 적힌 글을 읽고, 음식 만드는 방법과 순서를 파악할 수 있다.			
17	간단한 전자제품이나 약품의 설명서를 읽고, 사용법을 파악할 수 있다.			
18	관심이 있는 분야의 책을 읽고, 글의 내용을 파악하고, 요약할 수 있다.			

하지만 모든 발달장애 학습자가 비교적 능숙하게 글을 해독할 수 있지는 않습니다. 글을 읽는다는 것은 음소나 음운을 합성하고, 분석하며, 유추하는 과정이 포함되기 때문에 인지적인 수준에 따라서 해독 중심의 교육이 큰 성과를 보이지 못하는 경우도 분명히 있습니다. 안타깝지만 어쩔 수 없는 사실입니다. 이런 경우에는, 총체적 언어교육 관점을 먼저 충실하게 반영하여 통문자 중심으로, 전체적인 언어 및 의사소통 교육 중심으로, 국어교육을 시작해야 합니다. 그리고 종종 글자의 해독 활동을 조금씩 포함해보는 방향으로 교수학습이 이루어질 필요가 있습니다.

앞서 말하기(표현언어), 듣기(수용언어), 그리고 지금부터 알아볼 읽기와 쓰기를 포함하는 국어교육의 아주 세부적인 방법론을 이 책에서 자세하게 다루기는 벅찬 것이 사실입니다. 이 책은 어디까지나 발달장애 청소년을 주 대상으로 자립생활 교육을 위한 전반적인 프로그램(교육내용 및 목표)을 제시하는 데 주된 목적이 있기 때문입니다. 따라서 이러한 내용에 관해서 공부하고자 하는 분들은 저자의 책 또는 다른 국어교육 방법론을 다루고 있는 여러 서적을 참고해 주시기 바랍니다.

(1) 1~4번 목표기술: 총체적인 언어교육(통문자) 지도

교육내용(목표기술) 위계에서 1~4번까지는 체계적인 해독 중심의 한글 교육이 이루어지기 전에 학습자가 주로 보게 되는 단어들을 통문자의 형태로 소리 내어 읽을 수 있도록 지도하는 데 초점을 두고 있습니다. 집에 있는 여러 가지 사물(예: 냉장고)이나 장소(예: 화장실), 장난감(예: 블록) 등의 명칭을 이름표로 만들어서 곳곳에 붙여두고 학습자가 자주 접할 수 있도록 합니다. 4번 목표기술의 경우에는 시중에 판매하는 단어벽을 활용하셔도 좋습니다. 자녀와 마트에 가서도 여러 가지 단어(예: 각종 과자 이름 등)를 통문자로 접하고 익힐 수 있도록 도울 수 있습니다.

이때 자연스럽게 고정 시간지연, 점진적 시간지연, 동시촉진 등의 체계적인 교수학습 절차를 주로 함께 활용할 수 있습니다. 꾸준히 반복해서 단어를 물어봅니다. 그리고 몇 초간 기다립니다. 정확한 반응을 보이면 진심으로 칭찬합니다. 정확한 반응을 보이지 못하면, 답을 말할 수 있게끔 적당한 만큼 도움을 주고 다시 올바르게 읽도록 합니다. 처음에는 단어 전체를 다시 읽어주는 전반적인 시범 촉진을 주지만, 나중에는 어려워하는 한두 단어만 읽어주는 부분적인 시범 촉진을 제공할 수 있습니다. 이런 자연적인 교수학습 상황 이외에도, 이러한 과정에서 모인 단어 목록을 가지고 앞서 설명한 비연속 시행 훈련(DTT) 절차에 따라 구조화된 학습시간도 꾸준히 가질 필요도 있습니다.

이러한 과정으로, 1~4번까지를 원활하게 수행할 수 있게 된다면, 다음 단계로, 지금부터는 체계적인 한글 교육을 시도해 볼 수 있습니다. 만약 한글을 계속 못 읽는다고 해도 통문자 중심의 읽기 교수는 학습자의 일상생활에서의 기능적 읽기 능력 향상을 위해 나중에 목표기술 11번 정도로 이동하여, 계속 진행해야 합니다.

(2) 5~10번 목표기술: 부호(해독) 중심의 읽기 지도

목표기술 5~9번까지는 체계적으로 한글의 음운, 음절, 체제를 익히도록 하는 과정입니다. 먼저 5번 목표기술에서 기본 자모음을 체계적 교수를 통해 지도할 때 주의할 점은 '기역', '니은'이라는 명칭을 아는 것은 글을 해독하는 데 있어서 초반에는 큰 도움이 되지 않을 수 있다는 점입니다. 예를 들어, 'ㄱ'을 /기역/으로 계속 지도하기보다는, 처음에는 간단하게 언급만 해주고, /그/라고 소리 나는 대로 알도록 하는 것이 받침이 포함되지 않는 초기 발음법 지도에 좀 더 효과적일 수 있습니다. 그러면 자음의 경우에, 받침을 배우기 전 초기에는 /그느드르므브스으즈츠크트프흐/와 같이 발음하도록 지도하게 됩니다. 더불어, 자음보다는 모음을 배우는 게 학습자에게 좀 더 수월하므로, 먼저 ① 한글 기본 모음 읽기를 습득하고, ② 비교적 발음하기 쉽도록 조음 위치가 같은 자음별로 묶어서 먼저 가르치며, ③ 좀 더 읽기가 어려운 자음을 최종적으로 가르치는 방향으로 계획을 세울 수 있습니다. 다음으로 목표기술 6 9번에서는 목표기술 5번을 교수학습 하면서 습득한 한글 자모음 발음을 바탕으로 음소를 합성해서 글자를 발음해 볼 수 있도록 지도하게 됩니다(음운인식 및 파닉스 교수).

정가희, 이대식(2019)의「파닉스 중심의 한글 읽기 프로그램이 지적장애 학생의 한글 읽기에 미치는 효과에 관한 사례연구」에서는 이와 같은

방법으로 한글 자·모음을 가르치고, 기본적인 한글 읽기를 지도하는 방법과 프로그램을 제시하고 있습니다. 이 논문에서 제시된 한글 교육 프로그램의 주요한 특징은 다음과 같습니다.

첫째, 먼저 모음부터 가르칩니다. 이때 발음이 비슷한 모음(예: 아, 어/ 오, 우)끼리 묶어서 가르칩니다.

둘째, /그/, /느/, /츠/와 같이 자음의 초성 소릿값을 먼저 가르친 뒤, 모음을 합성하여, 읽도록 지도합니다. 예를 들어, '차'라는 음절을 /츠/+/아/를 점차 빠르게 읽어서, /차/로 읽을 수 있게끔 가르칩니다.

셋째, 교과서에서는 가, 나, 다, 라의 순서로 가르치지만, 이 연구에서는 ㄱ, ㄴ, ㅁ, ㅅ, ㅇ의 기본자를 중심으로 조음 위치가 같은 자음별로 묶어서 프로그램을 구성하였습니다.

넷째, 받침이 없는 음절을 가르친 뒤에는, 받침이 있는 음절을 가르칩니다. 이때 자음이 받침으로 쓰일 때의 발음을 제시하고 점차 합성해서 읽도록 지도하였습니다. 예를 들어, 'ㄱ'의 경우에는 명칭은 '기역'이지만, 사실 받침으로 쓰일 때는 /윽/이라고 발음되는데, 학습자에게 이를 안내합니다. 그리고 '각'이라는 음절을 읽을 때, /그+아+윽/ → /가+윽/ → /각/으로 점차 빠르게 읽도록 하여, 합성하도록 하였습니다.

해당 논문에 관한 조금 더 자세한 내용과 프로그램 구성 목록 전체에 대해서는 제 블로그 글은 〈지적장애 등의 발달장애 학습자를 위한 한글 교육 프로그램 : 파닉스(발음법) 중심의 접근법〉이라는 글을 꼭 참조해 주시기 바랍니다.
▷ 글 링크: blog.naver.com/bjs718/222141436727

더불어, 앞선 논문에서의 한글 교육 프로그램 구성을 꼭 그대로 따르지 않더라도, 한글 기본 음절표(인터넷 포털사이트에서 검색하면 쉽게 내려받을 수 있음)를 이용해서 음소의 합성을 체계적으로 지도할 수도 있습니다. 물론 가르치는 순서는 앞선 프로그램과는 달라질 수 있습니다. 아무튼, 한글 기본 음절표를 이용해서 한글을 가르칠 때, 보통은 난이도를 고려해서 다음과 같은 단계로 글자의 발음을 가르칠 수 있습니다(변관석, 2020).

1단계: 초성 + 종모음 (예: 가, 갸 ,거, 겨, 기.......)
2단계: 초성 + 횡모음 (예: 고, 교, 구, 규, 그.......)
3단계: 초성 + 종모음 + 횡모음 (예: 과, 궈, 놔, 눠.......)
4단계: 초성 + 종모음 + 받침 (예: 강, 걍, 겅, 경, 깅, 겅.......)
5단계: 초성 + 횡모음 + 받침 (예: 공, 궁, 긍, 농, 눙, 능.......)
6단계: 초성 + 종모음 + 횡모음 + 받침 (예: 광, 권, 관.......)
7단계: 소리 나는 대로 발음하지 않는 받침 글자 (예: 닭, 칡)

다행히도 우리나라의 한글은 세종대왕님의 치열한 연구 덕분에, 소리 나는 대로 읽을 수 없어 그냥 '암기'해야 하는 경우가 영어와 비교해서는, 정말 말도 안 되게 적습니다. 때문에 적어도 글자를 배우는 과정은 훨씬 수월합니다.

목표기술 10번은 글을 정확하고 적절한 속도로 해독할 수 있는 유창성에 관한 내용입니다. 글을 유창하게 해독할 수 있게 되면, 나중에 글의 의미를 파악하는 독해 과정에 우리의 뇌가 좀 더 집중할 수 있도록 도울 수 있습니다. 해독 과정에 힘을 덜 쓰게 되기 때문입니다. 유창성을 기르기 위해서는 다음과 같은 원칙에 따라서 학습자가 관심을 가지는 글을 여러 번 반복해서 읽도록 지도합니다(변관석, 2020).

> 첫째, 천천히 또박또박 읽으면 적어도 60~80% 이상은 혼자가 해독할 수 있는 읽기 쉬운 글을 선택합니다.
> 둘째, 여러 책을 돌아가면서 읽기보다는 하나의 책을 유창하게 읽을 수 있을 때까지 반복해서 읽도록 합니다.
> 셋째, 부모님이나 선생님이 학습자와 함께 글을 읽는 것(예: 부모님 선창, 학습자는 후창 등)이 초반에는 효과적입니다. 점차 학습자가 독립적으로 읽을 수 있도록 하되, 중간중간 필요할 때마다 체계적 교수의 교수학습 전략(예: 시간지연, 최소촉진체계 전략 등)을 활용해서 피드백을 제공할 수 있습니다.

(3) 11~12번 목표기술: 어휘 지도

목표기술 11번~12번은 해독한 글의 의미를 파악하는 구문 이해를 돕기 위해서 어휘를 가르치는 과정이라고 볼 수 있습니다. 어휘 지도는 발달장애 학습자가 성인이 될 때까지, 아니 그 이상으로도 체계적인 교수학습 절차 등을 이용하여 계속 반복해서 이루어질 필요가 있습니다. 만일 학습자가 인지능력이 다소 부족하여, 앞서 5~10번 목표기술인 글을 해독하는 기술을 갖추고 있지 못하다고 할지라도, 통문자의 형태로라도 계속 일상생활이나 학교생활에서 접하게 되는 기능적인 어휘를 교육하고, 반복 학습할 수 있도록 기회를 제공해야 합니다.

어휘를 가르칠 때, 처음에는 구체적인 사물의 명칭에서 출발해서 점차 동사, 형용사 등도 지도해 나갈 수 있습니다. 나중에는 구체적인 사물을 묶을 수 있는 명칭(예: 가위, 풀, 연필, 볼펜 등의 명칭을 묶을 수 있는 학용품)을 지도할 수 있습니다. 그 이후에는 글을 읽으면서 나오는 보다 추상적이고 어려운 어휘(예: 사랑, 애국심, 신뢰 등)도 도표 조직자(일종의 마인드맵을 포함함)나 그림 자료, 동영상 자료 등을 활용하여 가르칠 수 있습니다.

이와 더불어, 목표기술 12번에서처럼, 학습자 스스로 모르는 어휘의 뜻을 찾아 단어장이나 단어카드로 정리하고, 스스로 꾸준히 반복해서 익힐 수 있도록 하는 건 훌륭한 자기 주도 학습이 될 수 있습니다. 자기 주도 학습을 지도하여 학습자가 실행할 수 있게 되면, 더욱 효과적이고 독립적인 어휘 교육이 가능할 수 있습니다. 발달장애 학습자에게 자기 주도 학습을 지도하는 게 쉬운 일은 아닙니다. 하지만 조금이라도 더 스스로 배움을 얻을 수 있도록 조금씩 제공되는 도움이나 지원을 줄여나간다면, 학습자에 따라서는 부분적으로라도 가능한 경우가 충분히 있으리라 생각합니다. 만약 자기 주도 학습이 어렵다고 하더라도, 부모님과 선생님께서 충분한 도움을 주어서라도 필수적인 어휘에 관한 단어카드를 꾸준히 만들고, 반복해서 학습하도록 합니다. 마치 영어를 공부할 때도 그래야 하듯 말합니다. 단어카드의 예시는 다음과 같습니다(변관석, 2020).

앞면		뒷면
어휘	그림(사진)	어휘의 관계 지도(큰 범주에서 점차 세분화하는 마인드맵), 기억에 남는 도움이 되는 단서 등을 제시함.
어휘의 뜻 (의미)		

〈그림〉 어휘카드의 구성 예(변관석, 2020)

(4) 13~18번 목표기술: 구문 이해 지도

목표기술 13~18번은 지금까지 배운 읽기 기술을 바탕으로 실제로 글을 읽고 내용을 이해할 수 있도록 지도하는 교육내용입니다. 처음에는 한 문장 정도로 시작해서 점차 문장의 수와 어휘의 난이도를 늘려가는 것이 좋습니다. 또한, 기능성을 고려하여, 발달장애 청소년이 현재 또는 미래의 삶을 살아가는 데 꼭 필요한 내용을 중심으로 읽기 지도를 제공하는 것이 필요합니다.

구문 이해를 위한 지도는 ① 부모님이나 선생님이 소리 내어 글을 읽어주고, 이해를 돕는 질문이나 도움 제공하기 → ② 읽기에 대한 시범 보이기(1단계와 유사하나 학습자가 가르치는 사람의 구체적인 시범을 받아 특정 구문을 읽어볼 수 있도록 함) → ③ 학습자와 함께 읽기(학습자와 함께 글을 읽으면서, 중간중간 이해 여부를 확인하는 질문을 하거나, 학습자 스스로 질문을 만들어 볼 수 있도록 지원함) → ④ 학습자가 읽기를 하되, 중간중간 필요할 때마다 적절한 촉진(도움)이나 피드백을 계속 주는 안내된 읽기 → ⑤ 학습자 스스로 글을 다 읽고 난 뒤에 필요한 경우 약간의 피드백이나 수정을 돕는 독립적 읽기의 순서로 진행합니다.

이 진행 단계에서 가르치는 사람은 학습자의 이해를 돕기 위해서 다음과 같은 방법으로 도움을 줄 수 있습니다.

> 첫째, 글을 읽기 전에 글과 관련된 배경 지식을 갖추도록 지원합니다. 예를 들어. 글과 관련된 동영상을 이미 시청하고, 마인드맵이나 벤다이어그램, 이야기 구조도와 같은 도표조직자를 이용해서 중요한 개념을 글을 읽기 전에 미리 파악할 수 있도록 할 수 있습니다.
>
> 둘째, 계속 새로운 글을 가지고 가르치기보다는, 같은 글을 여러 번 반복해서 이해할 수 있을 때까지 읽도록 하는 것이 더 효과적입니다.
>
> 셋째, 도표조직자(예: 이야기 구조도, 이야기 지도, 비교도, 벤다이어그램, 마인드맵 등)를 글을 읽기 전, 중, 후에 필요할 때마다 활용하여 이해를 돕습니다.

넷째, 글을 읽기 전 목차를 보면서 글의 내용을 어느 정도 사전에 예측하도록 지원합니다.

다섯째, 읽기의 이해도를 점검하기 위해서 자주 질문하고, 정기적으로 형성평가(시험)를 시행합니다. 평가 결과, 이해가 부족한 부분에 대해서는 긍정적인 방법으로 피드백을 제공합니다.

이외에도 다양한 전략을 활용하여 학습자의 이해도를 높일 수 있습니다. 읽기 지도의 단계나 이해를 돕는 방법에 관한 좀 더 자세한 내용은 제가 쓴 책「발달장애 학생을 위한 특수교육 중재 제2판」이나, 국어교육과 관련된 다른 책을 읽어보시면 도움이 될 것으로 생각합니다.

기능적 쓰기 기술

읽기 능력과 쓰기 능력은 따로 때어놓을 수 없습니다. 기능적 쓰기 기술은 읽기 능력의 향상을 기반으로 하여, 함께 지도할 필요가 있습니다. 기능적 쓰기 기술 교육에서 중요한 사항은 소근육 운동 등에 문제가 있어 학습자가 손 글씨를 쓰기 힘들다면, 컴퓨터, 스마트폰 등 다양한 대안적인 쓰기 방법을 사용하는 걸 장려해야 한다는 점입니다.

교육내용(목표기술)의 목록				

명칭	목표기술	현재 수준		
		×	△	○
1	글자를 보고 따라 쓸 수 있다.			
2	자신의 이름, 전화번호 등의 인적사항을 쓸 수 있다.			
3	칠판에 쓰인 글자를 보고 공책에 옮겨 쓸 수 있다.			
4	틀리는 철자가 많지만, 받아쓰기를 어느 정도는 수행할 수 있다.			
5	틀리는 철자가 거의 없이 대부분의 한글을 받아 쓸 수 있다.			
6	"~주세요."와 같은 형식의 글을 3~4어절 이상으로 쓸 수 있다. (예: "식탁 위 노란 바나나 주세요.")			
7	그림이나 사진에 제시된 상황을 육하원칙에 맞추어 한 문장 이상으로 쓸 수 있다. (예: 철수가 낮에 회사에서 열심히 일하고 있다.)			
8	카드나 편지에 간단하게 안부를 묻는 글을 쓸 수 있다.			
9	간단하게 자신의 일상을 일기로 쓸 수 있다.			
10	자신이나 가족을 소개하는 글을 쓸 수 있다.			
11	전화 혹은 말로 전달한 지시내용을 요약해서 메모할 수 있다.			
12	자신의 신상정보에 관한 간단한 양식을 작성할 수 있다(예: 각종 신청서, 이력서, 접수증 등).			
13	어떠한 주제에 대해서 5줄 이상으로 설명문이나 논설문을 쓸 수 있다.			
14	어떠한 주제에 대해서 2~3문단 이상으로 나누어서 설명문이나 논설문을 쓸 수 있다.			

(1) 1~5번 목표기술: 쓰기의 기본 태도와 철자법 지도

1~5번 목표기술은 쓰기의 기본 태도나 자세를 기르고, 본격적으로 철자법을 교육하는 과정이라고 볼 수 있습니다. 읽기와 쓰기는 따로 때어 놓을 수 없는 만큼, 1~5번은 앞서 기능적 읽기 기술을 가르치는 과정과 함께 진행될 필요가 있습니다. 체계적 교수를 통해서 지속적이고 반복적이면서 단계별로 철자에 대한 교수학습을 진행합니다. 하지만 알아두어

야 할 것은 철자를 반드시 완벽하게 학습해야만 다음 단계인 문장 쓰기나 작문 과정으로 진행하는 결코 아니라는 사실입니다. 철자법 지도를 진행하면서 문장 쓰기나 작문에 대한 교육을 얼마든지 함께 진행할 수 있습니다. 또한, 철자에 맞추어 글을 쓰는 것이 학습자의 학습 수준에 비추어 볼 때 어렵다고 해도, 간단한 메모를 하거나, 글을 따라 쓰거나, 자신의 신상정보를 서류에 작성하도록 하는 교육은 필요합니다.

(2) 6~7번 목표기술: 간단한 문장 쓰기

6번 목표기술의 경우에는 앞서 설명한 그림교환 의사소통체계의 4단계~6단계 절차를 바탕으로 하여, 지도할 수 있습니다. 원하는 것(강화물)을 얻고자 하는 상황을 만들어서 2~3어절(예: "사과 주세요." 또는 "컴퓨터 하고 싶어요." 등)로 시작해서 점차 사물이나 상황을 묘사하는 꾸밈어를 추가하도록 하여 좀 더 풍부한 묘사가 포함될 수 있게 문장을 확장해 나갈 수 있습니다(예: " 저기 있는 빨간색 사과 주세요."). 그런데 초반에는 학습자가 바로 단어를 조합하여 문장을 만드는 데 어려움을 느낄 수 있습니다. 그럴 때는 먼저 여러 단어 선택지 중에서 올바른 단어를 차례대로 골라서 문장을 만드는 것부터 시작해도 좋습니다. 뒤이어 계속 설명할 다른 문장 쓰기 지도 과정에서도 마찬가지입니다.

이와 관련하여, Pennington과 동료들(2020)은 중도(severe) 지적장애 학습자에게 문장 쓰기를 처음 가르칠 때, 문장 프레임과 단어 은행 전략과 함께 고정 시간지연 절차를 활용하였습니다. 여기서 문장 프레임이라는 건, 문장의 구성을 미리 정해주고, 그 순서에 맞게 단어를 조합해서 문장을 만들 수 있게끔 했다는 걸 말합니다. 그리고 단어 은행은 문장에 쓰일 여러 단어 목록을 제시하고, 이 중에서 적절한 단어를 선택할 수 있도록 했다는 말입니다. 단어 은행에서 고른 단어를 문장 프레임에 넣어서 문장을 만드는 연습을 해보도록 한 것이지요. 연구에서 사용한 소프트웨어 예시 화면은 다음과 같습니다. 당연히 연구에서 사용된 소프트웨어는 영어용이라서, 한글로 바꾸었습니다.

나는 수박에 관한 책을 읽었다.		
나는 수박이 좋다.		
나는	읽었다.	에
샌드위치	읽는다.	을
수박	좋다.	를
바다	싫다.	이
책	관한	가

〈그림〉 문장 프레임, 단어 은행 소프트웨어 화면 예시

〈그림〉에서 보는 데로, 무언가 아주 특별한 소프트웨어는 아닙니다. 단지 단어 은행에서 적절한 단어를 선택하면, 문장 프레임에 자동으로 작성되는 애플리케이션입니다. 영어에는 '조사'가 없어서 이 책에 있는 한글 예시에는 '에, 을, 를, 이, 가'와 같이 조사를 선택하는 칸이 포함되어 있습

니다. 아쉽게도 2021년 3월까지는 이 애플리케이션과 유사한 한글 애플리케이션을 찾지는 못했습니다. 하지만 꼭 애플리케이션이나 소프트웨어로 활용하지 않더라도, 이러한 방식으로 이루어지는 문장 쓰기 학습자료는 약간은 번거롭겠지만 얼마든지 붙임딱지나 자석 스티커를 이용한 학습판 등을 이용해서 만들어 볼 수 있으리라 생각합니다. 엑셀이나 파워포인트로도 자동으로 글자를 문장 프레임에 입력되도록 하기는 힘들더라도, 소프트웨어와 비슷하게 학습자료를 만들 수 있으리라 생각합니다.

이 연구에서는, 동시촉진과 고정 시간지연 절차를 이용해서 아직 문장 쓰기에 관한 경험이 부족한 지적장애 학습자에게 문장 쓰기를 지도하였습니다. 먼저 처음 2회기 동안은 동시촉진 절차를 진행했습니다. 예를 들어, "처음 들어갈 단어는 뭘까요?"라고 물은 뒤, 바로 '나는(I)'이라는 단어를 고르도록 시범을 보인 뒤(시범 촉진), 학습자가 따라 하도록 했습니다. 같은 방식으로 문장의 마지막 단어까지 문제 제시 후 바로 시범(모델링) 촉진을 주고, 이를 반복했습니다. 학습자가 오류 없이 성공 경험을 바탕으로 학습할 수 있도록 한 겁니다.

두 번의 동시촉진 회기가 종료된 이후에는 고정 시간지연 절차를 진행하였습니다. 문제 제시와 시범 촉진 제공 사이에 5초간의 간격을 두고 기다렸으며, 올바른 단어를 선택한 경우에는 구체적인 칭찬과 약간의 강화물을 제공하였습니다. 반대로 시간지연 이후에도 올바른 단어를 선택하지 못하거나 반응을 보이지 못한 경우에는 시범(모델링) 촉진을 제공하여, 수정할 수 있도록 피드백하였습니다. 연구 결과, 연구에 참여한 지적장애 학습자 모두는 문장 프레임과 단어 은행을 이용하여, 연구의 목표가 된 형식의 문장을 독립적으로 만들 수 있었습니다. 이 연구에서 활용한 방법은 특히 초기 문장 쓰기 교육에서 활용도가 충분히 있을 것으로 판단됩니다.

연구에 대한 좀 더 자세한 내용은 제 블로그 글 〈국외논문 리뷰: 지적장애 학생에게 의견에 대한 문장 작성을 가르치기 위한 테크놀로지 기반의 교수 패키지 사용하기〉를 참고하기 바랍니다.
▷ 글 링크: blog.naver.com/bjs718/222152639265

다음으로, 7번 목표기술을 지도할 때는, 먼저 어떠한 상황을 묘사하는 그림이나 사진과 함께 육하원칙 도표조직자를 제시합니다. 그리고 육하원칙에 맞추어 빈칸을 채우도록 지도한 뒤, 이를 종합하여 해당 그림의 상황을 설명하는 하나의 문장으로 만들도록 교육할 수 있습니다. 중간중간마다 적절하게 체계적인 교수학습 절차를 활용해야 합니다. 그리고 학습자가 처음 문장을 쓰고 나면, 잘못된 부분에 대해서 가르치는 사람이 긍정적으로 교정적인 피드백을 해줍니다. 그 뒤에 학습자가 피드백을 통해서 수정된 문장을 최종적으로 올바르게 작성하면, 하나의 교수학습 과정이 끝나게 됩니다. 7번 목표기술을 지도하기 위한 도표조직자 자료의 예시는 다음과 같습니다.

상황에 대한 그림, 사진, 또는 동영상(QR코드) 제시	누가	내가
	왜	배가 고파서
	언제	아침에
	어디서	집에서

	무엇을	밥을
	어떻게	먹는다.
처음 쓴 문장	내가 아침에 집에서 밥을 배가 고파서 먹는다.	
수정이 필요한 내용	① 내가 → 나는 ② '배가 고파서' 나는 다음으로 이동 ③ 먹는다. → (과거형) 먹었다.	
도움을 받아 수정한 문장	나는 배가 고파서 아침에 집에서 밥을 먹었다.	

이 과정에서 문장을 구성하는데 필요한 조사(예: '은', '는', '이', '가', '에서' 등)를 함께 가르칠 수 있습니다. 우리가 조사를 사용할 때, 주격조사, 목적격 조사 등의 개념을 알고 구분해서 사용하기보다는 많은 사용경험을 통해서 무의식적으로 알맞은 조사를 선택하여 문장을 만들 듯, 발달장애를 가진 학습자에게 조사의 사용을 교육할 때도, 다양한 예시로 문장 쓰기를 체계적으로 반복 학습하도록 하여 자연스럽게 적절한 조사를 선택하도록 교육하면 되겠습니다. 다만, 받침이 있는 단어의 경우에는 조사를 '이', '은', '을'로 사용하고(예: '콩나물국이 맛있다.' 또는 '미역국은 생미역을 넣어야 더 맛있다.'), 받침이 없는 단어의 경우에는 조사를 '가', '는', '를'로 사용하는 경우(예: '내가 너에게 갈게.' 또는 '철수는 영희를 좋아해.')가 많다는 규칙은 가장 많이 쓰이면서도 간편한 사항이므로, 실제 문장 예시를 충분히 연습하는 방법을 통해서, 먼저 확실히 익히도록 하면 좋겠습니다.

(3) 8~14번 목표기술: 기능적인 작문 활동 지도하기

문장을 쓸 수 있게 되면, 이 문장을 더해서 하나의 글을 쓸 수 있도록 지도하게 됩니다. 글쓰기를 지도할 때도 체계적 교수의 교수학습 전략(예: 시간지연, 최소촉진체계 등)을 충분히 활용할 수 있습니다.

다만, 작문 활동은 쓰기 과정 접근법을 활용하여, ① 쓰기 전 준비 활동(동영상이나 기타 방법으로 사전 지식 충분히 형성하기, 글에 쓰일 주요 어휘 학습하기, 마인드맵 형식으로 개요도 작성하기 등) → ② 초고 작성하기 → ③ 내용 수정 · 보완 및 오탈자 및 문법 등 오류 사항 편집하기 → ④ 결과물 게시하고 피드백하기의 과정으로 단계별로 진행하는 것이 효과적이라고 알려져 있습니다. 작문 활동에 관한 내용은 제 책 「발달장애 학생을 위한 특수교육 중재 제2판」에서 좀 더 자세하게 설명하고 있습니다. 중요한 건, 쓰기 교육은 과정별로 접근하는 게 좋다는 점입니다. 그리고 글을 실제로 쓰는 과정 그 이상으로 글을 쓰기 전에 사전 지식을 형성하고, 주요 어휘를 학습하는 과정, 그리고 마인드맵이나 이야기 구조도 등의 도표조직자로 먼저 만들어서 글의 뼈대를 세우는 작업인 쓰기 전 준비 활동이 충분히 이루어져야 한다는 점도 중요합니다.

〈그림〉 논설문 작성 시 도표조직자 양식 예(변관석, 2020)

사진 (시간 순서별로)	육하원칙	내용
1번 사진	누가	나와 우리 학교 학생들이
	언제	2018년 5월 3일에
	어디서	우리 학교 2층 다목적 강당에서
	무엇을	희망명랑운동회를
	어떻게	즐겁게 했습니다.
2번 사진	누가	초등학교 학생들이
	언제	제일 먼저
	어디서	운동장에서
	무엇을	큰 공 굴리기를
	어떻게	열심히 하였습니다.
3번 사진	누가	중학교 학생들이
	언제	두 번째로
	어디서	강당에서
	무엇을	플로어볼 게임을
	어떻게	3판 2승제로 하였습니다.
4번 사진	누가	우리 고등학교 친구들이
	언제	세 번째로
	어디서	강당에서
	무엇을	10개의 판을 쓰러뜨리는 볼링 게임을
	어떻게	청백으로 나누어서 하였습니다.
생각을 적어봅시다.		운동회를 보니… (후략)

○○○○년 ○월 ○일 날씨 : 맑음

제목 : 희망명랑운동회

나와 우리 학교 학생들이 2018년 5월 3일 9시부터 12시까지 우리 학교 2층 다목적 강당에서 희망명랑운동회를 즐겁게 했습니다… (후략)

〈그림〉 도표조직자를 활용한 일기 쓰기 구조도 학습지 예(변관석, 2020) ●

● 일기를 쓰고자 한 날에 있었던 주요한 사건의 사진들을 시간 순서대로 제시하고, 사진별로 육하원칙을 이용한 문장 쓰기 방법에 따라서 내용을 써보도록 지도합니다.

발달장애 학습자라고 해서 수학을 단순히 덧셈, 뺄셈, 곱셈, 나눗셈 계산 문제를 풀 수 있는 정도에서 끝내서는 안 됩니다. 우리가 살아가는 일상생활이 여러 가지 수학적 지식과 기술들을 활용해야 하는 장소이니만큼, 발달장애 학생들에게 수학은 기능성의 차원에서 꼭 알아야 할 내용을 중심으로, 실생활에서의 수학적 문제들을 해결할 수 있도록 교육해야 합니다.

교육내용(목표기술)의 목록

명칭	목표기술	현재 수준		
		×	△	○
1	1~9까지의 숫자를 '일', '이', '삼', '사'의 방법으로 읽을 수 있다.			
2	20개 이내의 물건 개수를 정확하게 셀 수 있다.			
3	숫자를 보고 수를 세는 말로 표현할 수 있다. (예: 숫자 '5'를 보고, '다섯', '22'를 보고 '스물둘')			
4	기수와 서수 모두 100까지 셀 수 있다.			
5	전자시계를 이용해서 시와 분을 읽을 수 있다.			
6	합이 10 이하인 덧셈을 계산할 수 있다.			
7	일상생활이나 문장제 문제에서 합이 10 이하인 덧셈을 이용한 문제를 해결할 수 있다.			
8	합이 10 이상인 한 자릿수의 덧셈을 계산할 수 있다.			
9	일상생활이나 문장제 문제에서 합이 10 이상인 한 자릿수의 덧셈을 이용한 문제를 해결할 수 있다.			
10	받아 올림이 없는 두 자릿수 이상의 덧셈을 계산할 수 있다.			
11	일상생활이나 문장제 문제에서 받아 올림이 없는 두 자릿수 이상의 덧셈을 이용한 문제를 해결할 수 있다.			
12	받아 올림이 있는 두 자릿수 이상의 덧셈을 계산할 수 있다.			

13	일상생활이나 문장제 문제에서 받아 올림이 있는 두 자릿수 이상의 덧셈을 이용한 문제를 해결할 수 있다.			
14	큰 수가 10 이하인 뺄셈을 계산할 수 있다.			
15	일상생활이나 문장제 문제에서 큰 수가 10 이하인 뺄셈을 이용한 문제를 해결할 수 있다.			
16	큰 수가 10 이상인 뺄셈을 계산할 수 있다.			
17	일상생활이나 문장제 문제에서 큰 수가 10 이상인 뺄셈을 이용한 문제를 해결할 수 있다.			
18	받아 내림이 없는 두 자릿수 이상의 뺄셈을 계산할 수 있다.			
19	일상생활이나 문장제 문제에서 받아 내림이 없는 두 자릿수 이상의 뺄셈을 이용한 문제를 해결할 수 있다.			
20	받아 내림이 있는 두 자릿수 이상의 뺄셈을 계산할 수 있다.			
21	일상생활이나 문장제 문제에서 받아 내림이 있는 두 자릿수 이상의 뺄셈을 이용한 문제를 해결할 수 있다.			
22	일상생활이나 문장제 문제에서 덧셈과 뺄셈이 이용한 문제를 해결할 수 있다.			
23	구구단을 2단에서 9단까지 외울 수 있다.			
24	일상생활이나 문장제 문제에서 한 자릿수의 곱셈을 이용한 문제를 해결할 수 있다.			
25	두 자릿수 이상의 곱셈을 계산할 수 있다.			
26	일상생활이나 문장제 문제에서 두 자릿수의 곱셈을 이용한 문제를 해결할 수 있다.			
27	일상생활이나 문장제 문제에서 덧셈과 곱셈이 포함된 문제를 해결할 수 있다. (예: 수박 12,000원짜리 2개, 사과 1,500원짜리 3개를 골랐다면 모두 얼마를 내야 할까요?)			
28	일상생활이나 문장제 문제에서 덧셈, 뺄셈, 곱셈이 포함된 문제를 해결할 수 있다. (예: 수박 11,000원짜리 2덩이, 사과 1,500원짜리 3개를 사고, 30,000원을 냈다면 얼마를 거슬러 받아야 할까요?)			
29	아날로그 시계(바늘 시계)를 보고 시각을 정확하게 읽을 수 있다.			
30	24시간 단위로 표현된 시각을 12시간 단위로도 변환할 수 있다.			
31	십만 단위 이상의 수를 무리 없이 읽을 수 있다.			
32	소수점의 개념을 알고, 분수를 소수점이 있는 숫자로 변환할 수 있다. (예: 4/5=0.8)			

33	퍼센트나 비율을 소수점이 있는 숫자나 분수로 변환할 수 있다. (예: 20%를 0.2 또는 2/100이나 1/5로 변환함)		
34	분수 또는 소수점이 있는 수로 이루어진 덧셈을 수행할 수 있다.		
35	분수 또는 소수점이 있는 수로 이루어진 뺄셈을 수행할 수 있다.		
36	분수 또는 소수점이 있는 수로 이루어진 곱셈을 수행할 수 있다.		
37	분수 또는 소수점이 있는 수로 이루어진 나눗셈을 수행할 수 있다.		
38	일상생활이나 문장제 문제에서 분수 또는 소수점이 있는 수를 활용한 덧셈과 뺄셈 문제를 해결할 수 있다.		
39	일상생활이나 문장제 문제에서 분수 또는 소수점이 있는 수를 활용한 곱셈이나 나눗셈 문제를 해결할 수 있다.		
40	일상생활이나 문장제 문제에서 분수 또는 소수점이 있는 수를 활용한 덧셈과 뺄셈 중 하나 이상, 곱셈과 나눗셈 중 하나 이상이 포함된 문제를 해결할 수 있다. (예: 매달 월급으로 200만 원을 받는데, 이번 달에는 40%의 상여금을 추가로 받습니다. 이번 달에 받는 월급은 총 얼마가 될까요?)		
41	킬로미터(㎞)를 미터(m)로, 미터(m)를 킬로미터(㎞)로 변환할 수 있다.		
42	곱셈식을 이용하여 사각형 형태의 공간에 대한 면적을 계산하고, 올바른 단위 (㎡ 또는 ㎢)를 사용하여 표현할 수 있다. (예: 가로가 5m, 세로가 4m인 공간의 면적은 얼마인가요?)		
43	1평이 몇 제곱미터(㎡)를 의미하는지 알고, 평 단위를 제곱미터 단위로, 제곱미터 단위를 평 단위로 변환할 수 있다.		
44	킬로그램(kg)을 그램(g)으로, 그램(g)을 킬로그램(kg)으로 변환할 수 있다.		
45	주어진 자료의 수치를 종합적으로 해석하여, 표로 정리할 수 있다. (예: 한 달 동안의 급식표를 보고, 주로 나온 음식이나 음식 재료를 구분하여 표로 정리함)		
46	표로 만들어진 수치 자료를 올바르게 정리하고, 적절한 유형의 그래프(도표)를 선택해서 그릴 수 있다.		

발달장애 학습자에게 기능적 수학을 가르칠 때, 고려해야 할 첫 번째 사항은 구체물 → 반구체물(참조물) → 추상물로 이어지는 기초적인 수 개념에서 학습자가 어떤 위치에 있는지 정확하게 파악하는 일입니다.

예를 들어, 5+3을 가르친다고 했을 때, 학습자가 구체물(예: 사탕, 작대기, 볼펜 등 실제 물건)을 이용해서 계산에 도움을 받아야 하는지, 아니면 반구체물(예: 숫자에 해당하는 동그라미 수만큼 그려 넣음), 또는 추상물(예: 숫자 자체를 이용)을 이용하는지를 정확하게 파악하여, 교수학습 절차를 시작할 수 있어야 합니다. 일반적으로 수학교육이 계속 이루어질수록 점차 구체물에서 반구체물로, 반 구체물 단계에서 추상적인 수를 그 자체로 이해할 수 있는 단계로 발전하게 됩니다.

발달장애 학습자에게 수학을 가르치는 데 있어, 또 다른 중요한 점은 산수(연산)가 수학의 모든 것이라고, 생각해서는 결코 안 된다는 점입니다. 단순히 덧셈, 뺄셈, 곱셈, 나눗셈 문제를 기계적으로 풀도록 지도하는 것만이 아니라, 이 계산 능력을 이용해서 일상생활이나 문장제 문제를 통해서 다양한 수학적 문제를 해결할 수 있도록 병행해서 교육해야 합니다.

흔히 학교나 가정에서 발달장애 학습자에게 수학을 지도할 때, 단순히 덧셈식의 문제를 가르치고, 덧셈을 풀게 된 다음에는 뺄셈식의 문제를 푸는 방식으로 단순 계산에만 치중하는 경향이 있는 것 같습니다. 그런데 그래서는 실제로 일상생활에서 기능적으로 그 계산 능력을 활용하도록 지도하기가 힘듭니다. 이 프로그램에서 제시한 목록에서처럼 특정 계산에 관해 지도하면서, 그 계산을 이용한 일상생활에서의 문제를 해결할 수 있도록 교육하는 과정을 반드시 함께 포함해야 합니다.

수학 문장제 해결을 지도할 때는 그래픽 조직자(도식)와 체계적 교수를 접목해서 활용하는 수정된 도식 기반 교수라는 방법을 효과적으로 활용할 수 있습니다(변관석, 2018). 일반적인 도식 기반 교수에서, 학생은 먼저 문장제 문제를 충분히 읽고 문제의 유형을 찾게 됩니다. 그 이후에는 문제의 정보를 표상 도식에 쓰도록 교육합니다. 그리고 이 도식을 바탕으로 문제를 해결하도록 지원할 수 있습니다. 이러한 도식 기반 교수를 중도(severe) 장애 학생들에게 적합하도록 절차를 수정한 방법이 수정된 도식 기반 교수입니다.

수정된 도식 기반 교수에서는, 먼저 문제를 학생이 읽고 이해하기 힘들어한다면, 부모님이나 선생님이 ① 읽어주면서(read-aloud), 내용을 이해할 수 있도록 도움을 제공합니다. 또한, 도식을 학생들이 그리는 것이 아니라 몇 가지 유형의 도식들을 미리 학생들에게 제시해주고, 이러한 ② 도식 중에서 필요한 것을 선택할 수 있도록 지도합니다. 이때 처음에는 문제를 푸는데 필요한 도식 한 가지만 제시하다가 점차 선택지를 늘려가면서 학생의 독립적인 도식 찾기를 증진할 수 있을 것입니다. 이후에는 문장제 문제를 푸는 과정을 ③ 과제분석하여, 단계별로 문제를 해결해 나갈 수 있도록 응용행동분석 원리에 기초한 체계적인 교수학습 절차를 진행합니다. 마지막으로 학습한 문장제 문제와 유사한 상황을 실제 생활 장면에서 만듭니다. 그리고 ④ 실제 상황에서도 수학적인 사고를 통해서 적절하게 문제를 해결할 수 있도록 지도합니다.

예를 들어, 사과 7000원짜리 2개와 수박 10000원짜리 2개의 가격 총합을 구하는 문장제 문제를 발달장애 학습자가 수정된 도식 기반 교수를 통해서 학습한다고 가정해 봅시다. 학습자의 학습 수준에 따라 다소 차이가 있을 수는 있겠지만 아래와 같은 도식을 만들고 학생이 문제를 풀 수 있도록 지원할 수 있을 것입니다.

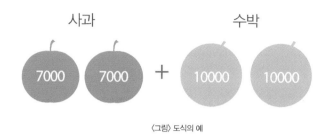

〈그림〉 도식의 예

　학습자는 수준에 따라 곱셈을 이용할 수 있다면 곱셈을 함께 이용할 수 있습니다. 아직 곱셈을 잘할 줄 모른다면, 위의 도식에서처럼 덧셈만을 이용할 수도 있습니다. 중요한 것은 이러한 문장제 문제를 푸는 것에서만 그치는 것이 아니라, 실제 일상생활에서도 마트나 시장에서 이러한 상황을 만들고, 생활 속에서 문제를 풀어보도록 자주 기회를 제공해야 한다는 점입니다. 가족과 함께 마트에서 장을 보는 시간을 이용해서 자녀의 문장제 문제 학습도 지도할 수 있다면 시간적으로도 효율적이라는 생각이 듭니다. 이러한 수정된 도식 기반 교수의 절차를 그림으로 간단하게 제시하면, 다음과 같습니다.

<그림> 수정된 도식 기반 교수의 절차(변관석, 2020에서 재인용)

　문장제 문제 해결 기술을 지도할 때 특히 지도하기 어려운 교육내용으로는 해당 문장제 문제에 대해서 적절한 계산 방법이 무엇인지 적절하게 선택하는 과정을 들 수 있습니다(예: 덧셈과 뺄셈 중 선택하기). 이 경우에는 문장제 문제에서의 키워드 단어를 파악하거나 이해를 돕는 시각적인 도식(도표조직자)을 이용하는 방법을 활용할 수 있지만, 사실 그 것만으로는 쉽게 지도하기 힘들 수 있습니다.

　저자의 경험상, 이러한 계산 방법 선택을 지도하는 일은 학습자의 학습 수준에 따라서 단기간에 '아하!'하고 알 수 있도록 하기는 어려웠습니다. 이 경우에는 해당 식의 문장제 문제나 일상생활에서의 문제해결 상황을 다양하고 풍부하게 반복하여 제공함으로써, 학습자 스스로 해당 문제 유형에 대한 계산 방법을 익히도록 하는 것이 가장 현실적인 방법이 될 수 있다고 봅니다. 오답 노트를 만들어보는 것도 방법이 될 수 있습니다. 아마도 부모님과 선생님도 학창시절에 처음 어려운 수학 문제를 풀다 보면, 어떠한 공식으로 문제를 풀어야 할지 모를 때가 있었을 겁니다. 그럴 때는 보통 비슷한 문제 유형에 관한 계속된 반복과 함께 선생님 또는 자기 스스로 오류를 수정하고 피드백하는 과정을 통해서, 학습했으리라 생각합니다. 그러다 보면, 어느 순간 비슷한 유형의 문제는 특정 공식으로 문제를 풀어야겠다는 통찰(!)이 오는 때가 있었던 경험을 해보셨을 거라고, 생각해 봅니다.

> 수정된 도식 기반 교수에 대한 좀 더 자세한 설명과 활용 예시는 제 블로그 글 〈미국 IRIS 센터에서 인증한 수학 교과에서의 증거기반 교육방법3: 도식 기반 교수〉 그리고 〈수학 문장제 문제 해결을 가르치기 위한, 아주 간단한 도식 기반 교수의 활용 예〉를 참고하기 바랍니다.
> ▷ 글 링크1: blog.naver.com/bjs718/221924375705
> ▷ 글 링크2: blog.naver.com/bjs718/221926412920

학습자가 단순 연산에 실수하는 경우가 잦다면 좀 더 빨리 계산기의 사용을 고려해 볼 수 있습니다. 어디까지나 발달장애 청소년을 위한 수학교육의 목표는 수학적 개념과 기술을 일상생활에서 기능적으로 활용할 수 있도록 교육하는 데 있습니다. 따라서 연산능력이 부족할 때 계산기를 사용한다고 해서 문제가 될 일은 별로 없다고 볼 수 있습니다. 반복 연산 학습을 통해 계산의 정확성을 향상하는 것보다는(물론 이것이 중요하지 않다는 말은 아니지만), 일상생활에서의 수학적 문제 상황에서 적절한 계산식을 생각해내는 과정을 배워나가는 일이 더 중요합니다.

한편, 목표기술 45번, 46번으로 표와 그래프 관련 기술을 지도할 때는 일상생활에서 꾸준히 관련 활동을 해보도록 합니다. 예를 들어, 매일의 날씨를 확인하고 표와 그래프로 정리하도록 한다든지, 급식 식단을 확인하고 어떠한 음식이 한 달 동안 얼마나 나왔는지 정리하여 표와 그래프로 만들도록 지도할 수 있습니다. 물론 이 과정에서도 체계적인 교수학습 절차를 적재적소에 활용할 필요가 있습니다.

「교수학습 절차의 예시 1:」

목표기술

26. 일상생활이나 문장제 문제에서 두 자릿수 이상의 곱셈을 이용한 문제를 해결할 수 있다.

목표기술의 조작적 정의

(조건) 세 자릿수×한 자릿수의 곱셈을 해야 하는 문장제 문제가 주어질 때, (성취 기준) 10개의 문제 중 9문제 이상 정확하게 (행동용어) 식을 만들고, 정답을 쓸 수 있다.

목표기술을 스몰 스텝으로 나누기

수학 문장제 문제 해결은 연쇄적 기술로 볼 수 있어, 다음과 같이 과제분석함
(이보다 세분화하여 잘게 나눌 수도 있음).

① 문제(예: 2,500원짜리 볼펜 3개를 사면 모두 얼마를 내야 하나요?)를 스스
　로(또는 도움을 받아) 읽고, 어떠한 연산(예: 곱셈)이 필요한지 간단하게 설
　명할 수 있다.

② 곱해야 하는 숫자들에 동그라미로 표시를 할 수 있다.

③ (　) × (　) = (　)과 같은 도식에 곱해야 하는 숫자를 쓸 수 있다.

④ 스스로(또는 계산기를 활용하여) 올바르게 계산을 할 수 있다.

⑤ 정답이 맞는지 다시 검산한 뒤, 정답을 쓸 수 있다.

과정중심평가를 위한 체크리스트 제작 및 현행수준 파악: 생략

현재 수행 수준을 파악하는 방법(연쇄적 기술의 경우)

단일기회법과 다수기회법 중 다수기회법을 이용하여, 현행수준을 파악함.

목표기술의 지도 순서(연쇄적 기술의 경우)

전진형을 이용하여, 과제분석 단계의 순서대로 가르침. 하위목표 행동을 정
확하게 수행하면, 다음 하위목표 행동으로 나아감.

교수학습 전략: 점진적 시간지연 절차

① 다양한 방법으로 학습자의 주의집중을 유도한다.

② 5~6회 이상 반복하여 0초 시간지연을 진행한다. [예: 문제를 읽어보도록
　한 뒤에(또는 함께 읽은 뒤에) 이 문제를 풀기 위해서는 어떤 계산이 필요
　한지 간단하게 설명해보도록 요구함. 그리고 곧바로 이 문제를 풀기 위해
　서 곱셈이 필요한 이유를 시각적인 단서와 함께 '2,500원을 세 번 똑같이

더해야 해서, 곱셈으로 풀면 쉽게 계산할 수 있어요.' 등으로 알기 쉽게 설명하고, 따라 말하도록 함.]

③ 10~20회 반복하여 점진적 시간지연 절차를 실시하고, 학습자의 수행 결과를 기록한다. 예를 들어, 첫 번째 하위 단계의 경우에는 문제를 읽도록 한 뒤에, 문제를 풀기 위해서 어떤 계산 방법이 필요한지 물어보고, 3초 → 8초까지 점차 시간 간격을 늘려가면서 학습자의 정반응을 기다려 준다. 학습자가 적절한 정반응(예: "2,500원을 세 번 더해야 해서, 곱하면 돼요." 등)을 보이면, 칭찬과 강화물을 제공한다. 무반응이나 부정확한 반응을 보이면, 다시 설명하고(언어적+시각적 촉진), 정확한 답을 따라 말하도록 한다. 그리고 다시 반복한다.

④ 전진형을 이용하였기 때문에, 하위목표 행동을 성취할 때까지 절차를 진행한다. 하위 목표가 성취되면, 앞으로 1단계 하위 목표를 학습자 스스로 수행하도록 하고, 다음 하위목표 행동에 대한 교수학습 절차를 진행한다.

⑤ 전체 목표기술을 학습할 때까지, 절차를 진행한다.

강화 전략

특정 행동에 초점을 둔 칭찬과 함께 토큰 강화를 제공함.

유지 및 일반화 전략

- 유지: 습득이 이루어지면 점차 간격을 두고 분산연습(시험포함)
- 일반화: 같은 유형의 다른 문장제 문제를 제시하고, 실제 일상생활(예: 마트)에서도 이와 같은 문제를 해결해 볼 수 있도록 함.

지금까지 기능적 학업 기술과 관련된 다섯 가지 영역의 목표기술 목록과 교수학습 방법을 간단하게 살펴보았습니다. 앞서 반복해서 말씀드렸지만, 이 책의 프로그램은 발달장애 청소년의 '자립생활교육' 전반에 초점을 두고 있어서, 기능적 학업 기술에 대한 좀 더 자세한 내용을 담지는 못했습니다. 사실 국어와 수학 등은 영역별로도 교육방법이나 교육 내용을 담은 책이 몇 권씩 나올 수도 있기 때문입니다. 물론 기능적 학업 기술도 자립생활 교육의 한 영역이지만, 기능적 학업 기술에 대한 자세하고 깊은 내용을 다루게 되면 책의 분량이 너무 많아지는 것도 고려하지 않을 수 없었습니다. 좀 더 자세한 기능적 학업 기술의 교육방법에 관한 내용은 제가 쓴 책「발달장애 학생을 위한 특수교육 중재 제2판」이나 제 블로그 또는 다른 여러 서적 등을 통해서 추가해서 공부해 보셨으면 좋겠습니다.

2
───

기초 생활
기술

　기초 생활 기술은 말 그대로 한 개인이 자립생활을 영위하는 데 있어서 가장 기초가 되는 생활 기술을 의미합니다. 여기서는 1) 화장실 이용 관련 기술, 2) 운동 및 음식섭취 관련 기술, 3) 옷 입기 관련 기술, 4) 위생 관련 기술, 5) 기타 기초 생활 기술 등을 다루고 있습니다. 4) 위생 관련 기술, 5) 기타 기초 생활 기술 중에서 몇몇 상위 목표기술을 제외한 나머지 기술들은 주로 중도(severe) 이상의 지적인 장애를 가지고 있는 발달장애 청소년의 경우에 주된 교육내용이 될 수 있습니다. 하지만 기초적인 생활 기술들을 모아 놓은 만큼 학습자가 각각의 기술을 수행할 수 있는지 충분히 점검하고 평가하고 아직 부족한 점이 있다면 체계적인 교수학습 절차를 통해 지속해서, 반복적으로 가르칠 수 있어야 합니다.

화장실 이용 관련 기술

　화장실을 스스로 이용할 수 있도록 하는 기술은 한 개인이 자립생활을 영위하는 데 있어서 아주 기본적인 능력이 될 수 있습니다. 다만 화장실 사용 기술을 지도할 때, 주의해야 할 점이 있습니다. 학습자가 의료적으로 문제(예: 방광 기능의 문제 등)나, 다른 문제로 인해 90분 정도의 소변 및 대변 간격이 확보되지 못한다면, 화장실 이용 관련 기술에 대한 교수학습이 힘들 수 있습니다. 다른 의료적 문제가 없고, 90분가량의 소변 간격이 확보된 경우라면, 나이가 어느 정도 있는 청소년기라도 할지라도 화장실 이용 관련 기술을 체계적으로 교육해 볼 수 있습니다.

교육내용(목표기술)의 목록

명칭	목표기술	현재 수준		
		×	△	○
1	변기 밖으로 소변을 많이 흘리지 않고 용변을 볼 수 있다.			
2	일정한 시간 간격에 맞추어 변기에 앉으면 적어도 2~3분 이상 앉아 있을 수 있다.			
3	일정한 시간 간격에 맞추어 변기에 앉히면, 대소변이 마려울 때 용변을 볼 수 있다.			
4	소변이나 대변이 마려우면 부모님이나 선생님에게 적절한 방법으로 표현할 수 있다.			
5	소변이나 대변이 마려우면 스스로 화장실을 찾아갈 수 있다.			
6	소변이나 대변이 마려우면 스스로 화장실에 찾아가 용변을 보고 뒤처리를 할 수 있다. (예: 물 내리기, 휴지로 항문 닦기 등)			
7	화장실을 이용한 뒤에서는 스스로 세면대에서 손을 깨끗하게 씻을 수 있다.			

(1) 1번 목표기술

1번 목표기술로 변기 밖으로 흘리지 않고 용변을 볼 수 있도록 교육하기 위해서는 체계적 교수의 교수학습 전략 중에서 점진적 안내 기법이 효과적으로 이용될 수 있습니다. 전반적인 신체적인 촉진을 통해서 완전한 도움을 주다가 점차 천천히 신체적인 지원의 강도나 양을 줄여 나갈 수 있습니다. 점진적 안내는 신체적인 접촉이 필요하므로, 학습자와 친밀감(라포)이 충분히 형성되어 있으면서도 동성인 사람이 교육할 필요가 있습니다. 학습자가 남성이라면, 가정에서는 아버지가 이 역할을 맡아주시기를 바랍니다.

(2) 2~3번 목표기술

2~3번 목표기술을 지도하기 위해서는 먼저 화장실을 학습자가 좋아하는 장소로 만들어 주는 것부터 시작할 필요가 있습니다. 화장실에 학습자가 좋아하는 노래를 틀어준다든지, 또는 좋아하는 캐릭터를 붙여둔다든지 하는 방법으로 화장실이라는 장소 자체에 긍정적인 감정을 가질 수 있도록 해야 합니다. 그 뒤에는 며칠에 걸쳐 학습자의 대소변 시간대를 표로 기록하여, 언제 대소변을 주로 보는지를 파악합니다. 아마도 어느 정도는 일정한 패턴을 확인할 수 있을 것입니다. 이렇게 확인된 패턴에 의한 시간 간격보다 약 5~10분 정도는 일찍 학습자를 화장실로 데려가 변기에서 대소변을 볼 수 있도록 지도합니다. 처음에 어느 정도 용변 절차에 학습자가 익숙해지기 전까지는 남자 학습자라고 할지라도 대소변 모두 앉아서 볼 수 있도록 지도하는 것을 추천합니다. 아무튼, 처음에는 이 시간 간격을 촘촘하게 설정하였다가 천천히 이 간격을 늘려갈 수도 있습니다. 예를 들어, 처음에는 20분마다 한 번씩 화장실에 데려가다가 학습자의 용변 실수가 줄어듦에 따라 점차 간격을 늘릴 수 있습니다. 용변 교육이 이루어지는 시기에는 되도록 최대한 음식이나 음료를 정해

진 시간에 섭취할 수 있도록 하여, 대소변 시간 간격에 변화를 주지 않도록 노력해야 합니다. 그리고 교수학습 기회를 늘리기 위해서 학습자가 불쾌해하지 않은 정도에서 수분 섭취량을 늘려서 좀 더 잦은 간격으로 화장실에 가도록 계획할 수도 있습니다.

학습자를 화장실에 데려갔을 때, 대소변을 보게 되면 아주 큰 칭찬과 함께 때로는 강화물을 함께 제공할 수 있습니다. 그리고 대소변을 보지는 않았지만, 옷에 실수하지 않은 경우에도 칭찬하면서 다음에 왔을 때는 변기에 대소변을 보자고 긍정적으로 이야기해줍니다. 만약 바지에 소변을 실수했더라도, 화내지 말고, 되도록 빠르게 새 옷으로 갈아입혀 학습자 스스로 쾌적한 느낌을 비교할 수 있도록 해주어야 합니다. 또한, 이 실수를 범한 시간도 기록하고 하나의 패턴으로 만들어서, 해당 시간 간격에도 용변 교육을 진행할 수 있습니다.

(3) 4~5번 목표기술

4~5번 목표기술을 지도하기 위해서는 보통 목표기술 2 3번을 지도하면서 어느 정도 학습자가 정해진 패턴에 따라 실수하는 일이 거의 없이 대소변을 화장실에서 볼 수 있어야 합니다. 이때부터 대소변을 보러 갈 때마다, 기능적 의사소통을 통해 다양한 방법으로 변의를 표현할 수 있도록 교육할 수 있습니다. 이때 ① 모델링(시범) 촉진 제공, ② 선 요구(예: "뭐라고 말해야 하지?") 후 적절하게 반응하지 못할 때 모델링(시범) 촉진 제공, ③ 시간지연 전략 등의 순서로 자연적인 장면에서의 체계적 교수학습 절차를 활용할 수 있습니다. 이러한 과정을 앞서 설명한 환경

중심 언어중재라고 볼 수 있습니다.

다만 꼭 알아두어야 할 중요한 점은 변의를 표현하는 방법이 학습자의 생활연령에 어느 정도는 적합해야 한다는 것입니다. 예를 들어, 말로 의사소통하지 못한다고 해서 어린아이가 하는 행동처럼 중요 부위를 손으로 짚어서 변의를 표현하는 방법은 좀 더 생활연령에 적합한 방법으로 수정할 필요가 있습니다(예: 손을 들어 표현하기, 그림카드로 지적하기 등). 반대로 생활연령에 적합한 의사소통 방법을 사용한다고 해서, 학습자의 인지적, 언어적 수준에 맞지 않는 너무 어려운 의사소통을 목표로 하는 것도, 역시 지양해야 합니다.

지금까지 살펴본 용변 교육(훈련)과정은 다소 장기간에 걸쳐 진행하는 일반적인 방법입니다. 이외에 단기간에 용변 교육을 마무리하는 걸 목표로 하는 '고속용변훈련' 절차도 있습니다. 고속용변훈련은 학습자가 수분을 평소보다 많이 섭취하도록 하여 용변 지도 기회를 늘려, 단기간에 용변훈련을 하기 위한 절차입니다. 원래 고속용변훈련 절차에는 용변을 실수할 때, 실수한 옷을 스스로 빨도록 하는 등과 같은 과잉교정(over correction) 전략도 포함되어 있습니다. 그런데 교육기관에서 이와 같은 방법을 사용하면 인권상에 문제를 초래할 수도 있습니다. 가정에서 이러한 방법을 사용하는 것도 오히려 학습자의 용변 교육에 대한 거부 반응과 문제행동을 유발할 수 있다는 단점이 있습니다. 그래서 최진혁(2015)은 고속용변훈련 절차에서 과잉교정 전략을 삭제하는 등의 과정을 거쳐, 변형된 고속용변훈련 절차를 수립하고, 발달장애 학습자를 대상으로 효과성을 확인하였습니다. 해당 절차에 관해서 간단하게 살펴보면 다음과 같습니다.

0단계: 평소보다 충분히 많은 양의 수분 섭취를 하도록 한다.

1단계: ① 15분마다 바지 상태를 확인하고 소변을 실수하지 않았을 때 구체적으로 칭찬한다. 필요할 경우 다소 약한 강화물을 함께 제공할 수 있다.

② 15분 간격으로 화장실로 데리고 가서 대변기에 2~3분가량 앉혀두고 소변보도록 지도한다.

③ 변기에 앉혀두었을 때, 소변을 본다면 진심을 담아(?) 구체적으로 칭찬하고, 학습자가 정말 좋아하는 강화물을 제공한다.

④ 모델링(따라 말하기) 절차를 이용하여 화장실 가는 것을 요청하도록 지도한다.

⑤ 학습자가 변의를 스스로 표현할 시 부가적인 용변 기회를 제공한다.

⑥ 학습자가 3일 연속 소변 실수가 없을 때까지 이 과정을 지속한다.

2단계: 모두 1단계와 같으나, 30분 간격으로 늘린다.

3단계: 60분 간격으로 늘린다.

4단계: 90~120분 간격으로 늘린다.

5단계: ① 학습자가 스스로 요청할 때만 화장실에 가도록 한다.

② 연속 15일 동안 용변 실수가 없을 때까지 이 과정을 계속한다.

(4) 6~7번 목표기술

6~7번 목표기술은 화장실 이용 과정을 순서대로 과제분석 하여, 전진형, 후진형 또는 전체과제제시형의 교수학습 순서 중 하나를 선택한 뒤, 하위 단계별로 체계적 교수를 제공함으로써 교육할 수 있습니다. 아무래도 실제로 화장실에 가서 용변을 볼 때 교육이 이루어지는 만큼, 마지막 하위목표 행동까지 수행이 되어야 하기에 전체과제제시형을 좀 더 자연스럽게 적용할 수 있습니다. 하지만 학습자의 수행능력이 비교적 부족한 경우에는 후진형 유형도 적용할 수 있습니다. 체계적인 촉진 전략 중에서는 최소촉진체계, 최대-최소촉진체계, 시간지연 등의 교수학습 전략이 모두 효과적으로 활용될 수 있습니다. 발달장애를 가진 학습자의 배변훈련이라고 해서 비장애 아이들과 크게 다른 점이 있지는 않지만, 하나하나를 좀 더 체계적이고 반복적이며 지속해서 교육한다고 생각하면 좋겠습니다.

「교수학습 절차의 예시」

목표기술
6. 소변이나 대변이 마려우면 스스로 화장실에 찾아가 용변을 보고 뒤처리를 할 수 있다.

목표기술의 조작적 정의
(조건) 소변이나 대변에 대한 욕구를 느꼈을 때, 집 화장실 양변기에서 (성취기준) 과제 분석된 5개의 하위 단계를 모두 독립적으로 완수하면서 (행동용어) 용변을 보고 뒤처리를 깨끗하게 할 수 있다.

목표기술을 스몰 스텝으로 나누기
해당 기술은 연쇄적(chained) 기술로서 과제분석이 필요함(학습자의 수준에 따라 보다 세분화하여 하위 단계를 분석할 수 있음).
① 화장실로 이동한다.
② 바지와 속옷을 벗고 양변기에 앉아 대소변을 본다.
③ 용변을 다 보았다고 판단되면, 휴지를 3~4칸 뜯어 적당한 크기로 접는다.
④ 휴지를 이용해서 항문에 변이 묻어나오지 않을 때까지 부드럽게 닦는다.
⑤ 쓴 휴지를 변기에 버리고, 물을 내린다.

과정중심평가를 위한 체크리스트 제작 및 현행수준 파악: 생략
현재 수행 수준을 파악하는 방법(연쇄적 기술의 경우)
  단일기회법과 다수기회법 중 다수기회법을 이용하여, 현행수준을 파악함.

목표기술의 지도 순서(연쇄적 기술의 경우)

전체과제 제시형을 이용하여, 한 회기 안에 모든 하위 단계를 순서대로 교수학습 함.

교수학습 전략: 최소촉진체계

① 다양한 방법으로 학습자의 주의집중을 유도한다.

② 하위 단계별로 먼저 독립적으로 수행하도록 5초간 기다린다.

③ 정확한 반응을 보이면 칭찬 및 강화물을 제공하고, 다음 하위목표 행동에 대한 교수학습 절차를 진행한다.

③ 5초간 기다려도 반응을 보이지 않거나, 최종적으로 오류를 보일 때는 정지시키고, 학습자가 정반응을 보일 때까지 점차로 강도 높은 촉진(예: 언어적 촉진 → 시범 촉진 → 부분적인 신체적 촉진 → 전반적인 신체적 촉진)을 5초의 대기 시간을 두고 제공한다.

④ 전체과제 제시형을 선택하였기 때문에, 촉진을 받아서 해당 단계를 수행하였더라도, 다음 하위 단계로 교수학습을 진행하며, 최종적으로 마지막 단계까지 나아간다.

⑤ 최종적인 성취 기준 달성 시까지 다음 회기(교육 시간)에도 같은 방법으로 첫 하위목표 행동부터 마지막 하위목표 행동까지 교수학습 절차를 진행한다.

강화 전략

–특정 행동에 초점을 둔 칭찬과 함께 약간의 먹는 강화물을 제공

–배변 활동 자체에서 오는 자연적 강화를 활용함.

유지 및 일반화 전략

–유지: 습득이 이루어지면 점차 간격을 두고 분산연습을 실행함.

–일반화: 학교나 다른 지역사회 장소에서도 용변을 볼 수 있도록 지도함.

기본적인 운동능력을 기르고 및 음식섭취 기술을 익히는 것도, 특히 중도(severe)의 인지적인 어려움을 가진 발달장애 학습자에게는 아주 중요한 교육내용이 될 수 있습니다. 특히, 기초적인 운동 기술은 특별한 교육 시간을 꼭 마련하지 않더라도 학교생활이나 가정생활의 다양한 장면에서 목표기술을 포함하여 교수학습 절차를 진행할 수 있습니다.

예를 들어, 학교에서 교과 시간 수업을 하면서 소근육 운동기술 발달을 위해서 가위질해야 하는 교육 활동을 포함함으로써, 중도·중복장애를 가지고 있는 학생에게 가위질 기술 수행을 삽입하여 교육할 수 있습니다. 음식섭취 관련 기술도 하루 세 번의 식사 시간과 간식 시간 등 교수학습 시간을 충분하게 반복적으로 확보할 수 있습니다. 따라서 부모님이나 선생님이 인내심을 가지고 꾸준하게 체계적 교수 등을 통해서 교육해 나갈 필요가 있습니다.

교육내용(목표기술)의 목록

명칭	목표기술	현재 수준		
		×	△	○
1	다른 사람의 도움을 받지 않고 혼자서 일어설 수 있다.			
2	다소 힘들어하더라도, 잘 넘어지지 않고 혼자서 걸을 수 있다.			
3	빨대를 이용하여 음료수를 마실 수 있다.			
4	포크로 음식물을 찍어 먹을 수 있다.			
5	조금 흘리더라도 컵으로 음료를 마실 수 있다.			
6	컵에 물을 흘리지 않게 부어서 마실 수 있다.			

7	두 손가락으로 물건을 집을 수 있다.				
8	손잡이를 돌리거나 밀어서 문을 열 수 있다.				
9	난간을 잡더라도 1층 이상 계단을 오르내릴 수 있다.				
10	음료수병의 뚜껑을 손으로 돌려 열고 잠글 수 있다.				
11	숟가락으로 밥이나 국을 거의 흘리지 않고 먹을 수 있다.				
12	뜨거운 음식은 스스로 입으로 불어서 식혀 먹을 수 있다.				
13	양념이 고르게 배도록 자장면이나 비빔밥을 먹을 때 골고루 비빌 수 있다.				
14	젓가락(또는 보조 젓가락)으로 다소 큰 음식(예: 김치)을 집어 먹을 수 있다.				
15	젓가락(또는 보조 젓가락)으로 다소 작은 음식(예: 콩자반 등)을 집어 먹을 수 있다.				
16	동그라미, 세모, 네모를 선에 맞추어서 가위로 오릴 수 있다.				
17	동그라미, 세모, 네모를 선에 맞추어서 가위로 오릴 수 있다.				
18	다각형이나 다양한 곡선이 포함된 도면을 가위로 오릴 수 있다.				

중도·중복장애를 가진 발달장애 학습자에게 기본적인 운동 및 식사 기술을 가르치기 위해서는 먼저 난이도를 고려하여 적절한 목표기술을 선정한 뒤에 이를 아주 세밀하게 과제 분석해야 합니다. 앞서 제2장에서 설명하였듯이, 과제분석을 할 때는 그냥 머릿속으로 생각해서 하기보다는 부모님이나 선생님이 먼저 직접 과제를 수행해보면서 하위 단계를 나누는 것이 좋습니다. 숟가락으로 밥을 떠먹는 어떻게 보면 단순한 행동도 조금씩 숟가락을 입에 닿도록 아주 잘게 10여 단계 이상으로 하위 목표 행동을 나눌 수 있습니다. 이렇게 과제분석을 한 뒤에, 학교생활이나 가정생활에서 적절한 교수학습 시간을 확보합니다. 그리고 체계적 교수학습 절차를 꾸준히 진행하도록 합니다.

운동 및 음식섭취 기술들은 모든 체계적 교수의 교수학습 전략들이 효과적으로 활용될 수 있지만, 특히 중도·중복장애 학습자를 대상으로 한다면, 신체적 촉진을 최대에서 최소로 점차 줄여나가는 점진적 안내 전략을 사용해 볼 것을 추천합니다.

「교수학습 절차의 예시」

목표기술

10. 음료수병의 뚜껑을 손으로 돌려 열고 잠글 수 있다.

목표기술의 조작적 정의

(조건) 음료수병과 뚜껑을 제시하였을 때, (성취 기준) 10번 중 9번 이상 (행동 용어) 손으로 뚜껑을 돌려서 잠갔다가 다시 열 수 있다.

목표기술을 스몰 스텝으로 나누기

해당 기술은 연쇄적(chained) 기술로서 과제분석이 필요함. 학습자의 수준에 따라 더욱 세밀하게 나눌 수도 있음.

① 뚜껑 옆면을 엄지와 검지로 잡는다.

② 뚜껑을 병의 주둥이 홈에 올바르게 끼운다.

③ 뚜껑을 돌려서 끝까지 잠근다.

④ 뚜껑 옆면을 다시 엄지와 검지로 잡는다.

⑤ 뚜껑을 반대로 돌려서 다시 연다.

과정중심평가를 위한 체크리스트 제작 및 현행수준 파악: 생략

현재 수행 수준을 파악하는 방법(연쇄적 기술의 경우)

단일기회법과 다수기회법 중 다수기회법을 이용하여, 현행수준을 파악함.

목표기술의 지도 순서(연쇄적 기술의 경우)

전체과제 제시형을 이용하여, 한 회기 안에 모든 하위목표 행동에 대한 교수
학습 절차를 진행함.

교수학습 전략: 점진적 안내

① 다양한 방법으로 학습자의 주의집중을 유도한다.

② 최대한의 신체적인 촉진을 제공하여 1~5단계까지의 하위 단계를 수행하
도록 5회 이상 지원한다.

③ 조금씩 신체적 촉진의 강도를 줄여나간다. 만약 강도를 줄였을 때, 수행이
원활하게 이루어지지 못한다면 다시 원래대로 돌아온다.

④ 이러한 과정을 반복하되, 점차 신체적 촉진의 양이나 강도를 줄인다.

⑤ 얼마나 독립적으로 목표기술을 수행할 수 있는지 교수학습 시기와 별도
로 회기별로 측정 및 평가한다.

⑥ 최종적으로 신체적 촉진 없이도 목표기술을 수행할 수 있을 때까지 촉진
강도를 줄여, 독립적 수행을 유도한다.

강화 전략

－특정 행동에 초점을 둔 칭찬과 함께 뚜껑을 열 때, 병 안에 든 음료수를 소
량 제공한다(일종의 자연적 강화).

유지 및 일반화 전략

－유지: 습득이 이루어지면 점차 간격을 두고 분산연습을 시행함.

－일반화: 익숙해지면, 다양한 음료수병의 뚜껑을 열 수 있도록 연습함.

옷 입기와 관련된 목표기술(교육내용)의 목록은 다음과 같습니다. 이 영역은 특히 위계성이 강한 영역이기 때문에 특별히 몇 가지 목표기술만 어려움을 겪는 경우가 아니라면, 가능한 순서대로 접근하는 것을 추천합니다. 더불어 학습자의 소근육 운동 기능에 비추어 보았을 때, 목표기술을 수행하는 것이 불가능하다고 판단된다면(예: 단추를 채워서 옷 입기), 다른 대안적인 방법을 적용하면서 상황이나 활동에 맞는 옷을 입을 수 있도록 교육하는 데 중점을 두어야 할 필요도 있습니다(예: 고무줄 청바지, 고무줄 정장 바지 등). 불가능을 가능하게 하는 일보다는 불가능한 일 대신에 다른 대안적인 수단을 찾도록 하는 일이 더 합리적입니다. 다만 덮어놓고 불가능할 것이라고 임의로 판단하는 행동 역시 옳지 않습니다.

교육내용(목표기술)의 목록

명칭	목표기술	현재 수준		
		×	△	○
1	혼자서 양말과 신발을 벗을 수 있다.			
2	혼자서 상·하의 속옷을 벗을 수 있다.			
3	성인이 양말을 짝지어 주면, 혼자서 양말을 신을 수 있다.			
4	고무줄로 된 바지를 스스로 입을 수 있다.			
5	지퍼의 중간 부분을 올리고 내릴 수 있다.			
6	단추를 풀 수 있다.			
7	속옷과 겉옷을 구분해서 속옷을 먼저 입을 수 있다.			
8	신발의 좌우를 구분하여 끈 없는 신을 수 있다.			

9	교육용으로 크게 만들어진 단추를 끼울 수 있다.			
10	일상생활에서 쓰이는 단추를 끼울 수 있다.			
11	상의의 앞과 뒤를 구분해서 입을 수 있다.			
12	훅이 달린 바지를 입고 벗을 수 있다.			
13	지퍼 달린 상의와 하의를 입고 벗을 수 있다.			
14	단추 달린 상의와 하의를 입고 벗을 수 있다.			
15	양말의 색, 모양, 크기에 따라 구분해서 짝지어 신을 수 있다.			
16	벨트가 달린 바지를 입고 벗을 수 있다.			
17	신발의 끈을 묶을 수 있다.			
18	신발의 끈을 처음부터 구멍에 적절하게 꿰고, 묶어서 신을 수 있다.			

옷 입기 관련 기술 역시 가능한 위계적 순서에 따라서, 목표기술을 선정한 뒤에 과제분석을 세밀하게 하여, 점진적 안내, 최소촉진체계, 동시촉진 등의 방법으로 지속적, 반복적, 체계적으로 교육을 제공해야 합니다. 어차피 모든 사람은 매일 의복을 입게 되기 때문에 교육 기회는 충분하다고 볼 수 있습니다. 교수학습이 이루어질 때, 자극촉진을 함께 활용하는 방법도 효과적입니다.

예를 들어, 8번 목표기술에서 신발의 좌우를 구분하도록 지도할 때는, 발을 모았을 때 양쪽 발이 맞닿는 면에 신발 안쪽에 스티커로 특정 모양이나 캐릭터를 반씩 잘라 붙여둡니다. 이렇게 하면 신발을 똑바로 신었을 때 올바른 모양이 나오도록 하여, 도움을 줄 수 있습니다. 반대로 신었다면, 당연히 올바른 모양이 나오지 않을 겁니다. 또한, 단추가 달린 상의 입기를 지도할 때는 제일 마지막 단추부터 순서대로 위로 올라가면서 채우도록 할 수 있습니다.

위생습관을 기르는 일은 발달장애 청소년의 건강 유지를 위해서도 중요하지만, 학교와 지역사회 또는 직장에서 비장애인들과 함께 살아가는 데도 아주 중요합니다. 위생 관련 기술에는 씻기, 양치질하기, 손발톱 관리하기 등이 주로 포함될 수 있습니다. 꼭 아래의 목록 순서를 따르지 않더라도 지금 학습자에게 필요한 내용, 또는 학습자가 교육을 통해서 수행 가능할 것으로 판단되는 것부터 골라서 교육해 나갈 수 있습니다.

	교육내용(목표기술)의 목록			

명칭	목표기술	현재 수준		
		×	△	○
1	비누를 이용하여 손을 씻을 수 있다.			
2	비누 등을 이용하여 혼자서 세수하고 수건으로 얼굴을 닦을 수 있다.			
3	손과 얼굴을 씻은 뒤에는 핸드크림, 로션 등을 적당량 발라 피부를 보호할 수 있다.			
4	샴푸, 린스 등을 혼자서 사용하여 머리를 감고, 수건으로 말릴 수 있다.			
5	면도기를 이용하여 수염 등의 털을 제모할 수 있다.			
6	헤어드라이어의 전원을 켜고 머리를 말릴 수 있다.			
7	얼굴과 목 등 햇빛이 닿는 곳에 적당량의 선크림을 바를 수 있다.			
8	(특히 여자 학습자의 경우) 기초화장을 할 수 있다.			
9	식사한 뒤에 이를 닦아야 하는 것을 인지하고, 치약과 칫솔 등을 챙겨 화장실로 갈 수 있다.			
10	적당한 양의 치약을 스스로 짤 수 있다.			
11	적당한 양의 치약을 짜서 윗니와 아랫니를 구석구석 3분가량 닦을 수 있다.			
12	윗니와 아랫니를 닦은 뒤에는 혀를 닦을 수 있다.			
13	양치를 마친 뒤, 물로 입을 여러 번 가글하여 헹굴 수 있다.			

14	옷이 더러워졌는지를 스스로 파악하여, 필요할 경우 갈아입을 수 있다.			
15	속옷을 스스로 매일 갈아입을 수 있다.			
16	스스로 샤워나 목욕을 하고, 로션을 바를 수 있다.			
17	손톱과 발톱을 스스로 깎을 수 있다.			
18	(여자 학습자의 경우) 자신의 생리 주기를 파악하여, 생리 예정 기간에 위생용품(생리대)을 휴대할 수 있다.			
19	(여자 학습자의 경우) 생리대를 스스로 교체할 수 있다.			
20	(여자 학습자의 경우) 생리 중 생리대를 교체해야 하는 때를 스스로 파악하여, 교체할 수 있다.			
21	손톱과 발톱이 길어졌는지 스스로 판단해서, 정기적으로 깎을 수 있다.			
22	청결 유지나 감염 예방을 위해서 개인위생관리를 스스로 점검하여 수행할 수 있다. (예: 1일 한 번 머리 감기 또는 샤워하기, 옷이 더러우면 스스로 갈아입기, 하루에 8번 이상 손 씻기, 정기적으로 면도하기 등)			

(1) 씻기 과제 및 손발톱 깎기 기술

씻기 과제나 손발톱 깎기 과제는 모두 연쇄적 기술로서 학습자의 수준에 맞게 한 번에 가르칠 수 있을 만큼 세분화해서 과제분석을 합니다. 그리고 체계적 교수의 교수학습 전략 중 하나 이상을 선택해서 지도하게 됩니다. 개인적으로는 도움의 강도를 최소에서 최대로 점차로 늘려가는 최소촉진전략의 활용이 좀 더 효과적일 수 있다고 봅니다. 그리고 어느 정도 학습자가 독립적으로 수행을 할 수 있을 것을 판단되면, 화장실에 손을 씻거나 샤워하는 과정을 단계별로 사진을 찍어 간단한 설명과 함께 붙여두는 방법과 같은 그림촉진이나 동영상으로 수행 과정을 시청한 뒤에 실제로 수행하는 비디오 모델링과 같은 자기촉진 체계를 활용하여 독립성을 한층 높일 수 있습니다.

(2) 양치질 기술

양치질은 중도·중복장애 학습자에게 지도하기 참으로 힘든 과제가 될 수도 있습니다. 제 경험상, 학습자의 인지적인 장애 정도가 심할 때는 각 과정을 모두 독립적으로 수행하도록 교육하기가 매우 힘듭니다. 특히, 윗니와 아랫니, 혀를 꼼꼼하게 닦도록 하는 행동은 상당히 어려운 행동이라, 계속해서 도움을 주어야 하는 때도 있습니다. 또 학습자에 따라서는 양칫물을 뱉지 않고 계속 먹어버리는 경우도 많았습니다.

따라서 다양한 양치 교육 자료(예: 치아 모형 등)를 이용하여 윗니와 아랫니를 닦는 과정을 꾸준히 시범 보여주고, 점진적 안내와 같은 기법으로 신체적 촉진을 최대에서 점차 줄여가면서 장기간에 걸쳐 교육이 이루어져야 할 수 있습니다. 더불어, 양칫물을 먹어버리는 일이 발생할 수 있으므로, 영유아가 사용하는 불소 함량이 낮은 치약을 이용하는 것도 안전상 도움이 될 수 있습니다.

(3) 자기 주도적인 실천(20~22번 목표기술 등)

위생 관련 기술에서 최종적으로 중요한 과정은 이렇게 배운 내용을 지속해서 스스로 실천할 수 있도록 교육하는 데 있습니다. 만약 머리를 스스로 감을 수 있더라도, 자주 머리를 감지 않는다면, 머리 감기를 배운 의미가 별로 없을 테니 말입니다. 따라서 앞서 제2장에서 배운 자기관리 전략 중 자기점검이나 자기평가 혹은 자기강화와 같은 방법을 활용해야 합니다. 가정이나 교실에 위생습관과 관련된 자기 체크리스트를 제작하여 붙여두고 스스로 자신의 위생 상태를 점검해 나가도록 지도할 필요가 있습니다. 물론 처음에는 부모님이나 선생님이 함께 도와가면서 해주다가 점차 학습자에게로 더 많은 책임을 주는 방향으로 점진적으로 자기관리 전략을 활용해야 합니다.

이때 학습자 스스로 청결해지는 일에 자연적으로 강화되기 전까지는 충분한 칭찬과 보상은 어느 정도 뒤따라야 합니다. 저 같은 경우에도 부끄럽지만 어렸을 때는 씻는 것을 별로 좋아하지 않아서 초등학교 때는 이틀씩 머리를 안 감고 어머니가 보기 전에 학교에 쌩하고 가버리는 때도 있었습니다. 하지만 지금은 샤워는 아침저녁으로 꼭 해야 하고(오히려 너무 자주 하는 건 좋지 않다고 하는데도), 목욕탕은 일주일에 한 번은 꼭 다녀와야 하는 등, 씻는 일을 아주 좋아하게 되었습니다. 이렇게 씻는 일을 자연스럽게 좋아하게 될 때까지는 자기 주도적인 위생습관 실천을 위해서도 어느 정도 보상이 필요할 수 있습니다.

앞서 설명한 하위 영역에는 해당하지는 않지만, 발달장애 학습자에게 체계적, 반복적, 지속해서 교육할 필요가 있는 기타 기초 생활 기술에는 다음과 같은 내용이 있습니다.

명칭	교육내용(목표기술)의 목록

명칭	목표기술	현재 수준		
		×	△	○
1	집안에서 간단하게 잔심부름을 할 수 있다. (예: "리모컨 좀 가져다줄래?"에 적절하게 반응함)			
2	횡단보도에서만 길을 건널 수 있다.			
3	신호등이 있는 경우에는 초록색으로 바뀌었을 때만 좌우를 살피고 길을 건널 수 있다.			
4	혼자서도 승강기 버튼을 눌러 자신의 집을 찾아갈 수 있다.			
5	전기 콘센트에 코드를 꽂아 전기 기구를 작동시킬 수 있다.			
6	컴퓨터나 스마트폰을 절차에 맞게 켜고 끌 수 있다.			
7	스마트폰을 이용하여 익숙한 사람에게 전화할 수 있다(단축 버튼 등을 이용하는 것도 가능함).			
8	리모컨을 이용하여 TV를 켜고, 채널이나 음량을 조절할 수 있다.			
9	열쇠를 사용하거나 비밀번호를 눌러 자신의 집 문을 열고 들어올 수 있다.			
10	집 근처에서는 혼자 나갔다가 들어올 수 있다.			
11	각종 금지 표시를 보고 무엇을 하지 말아야 하는지를 표현할 수 있다.			
12	가벼운 상처는 연고와 밴드 등을 사용하여 스스로 치료할 수 있다.			
13	준비물 표(글 또는 사진으로 제시)를 보고 필요한 준비물을 스스로 챙길 수 있다.			
14	준비물 표가 없더라도 목적에 맞추어 필요한 준비물을 어느 정도 스스로 챙길 수 있다.			
15	여행 목적에 따른 스스로 준비물 목록을 작성하여, 스스로 챙길 수 있다.			
16	설명서를 보고 일상생활에 필요한 간단한 물건을 조립할 수 있다.			

17	드라이버를 이용하여 나사를 조이고 풀 수 있다.			
18	물건을 구매할 때는 유통기한을 확인하고, 유통기한이 충분히 남은 것을 선택할 수 있다.			
19	자를 이용해서 길이를 재거나, 필요한 길이만큼 선을 긋는다.			
20	음식이나 물건을 전화(휴대폰)로 주문할 수 있다. (물건의 종류, 주소 등을 전화로 안내함. 이때 대본을 미리 만들어서 사용해도 좋고, 돈을 보호자가 지급해도 무방함)			
21	음식이나 물건을 전화(휴대폰)로 주문하고, 적절한 금액을 낼 수 있다.			

기타 기초 생활 기술 역시, 체계적 교수, 자기관리 전략, 자기촉진체계, 스크립트 중재 등을 활용하여 학습자에게 지금 필요한 기술, 학습이 가능할 것으로 판단되는 기술을 중심으로 교육할 수 있습니다. 또한, 특히 여행 목적에 따른 준비물을 챙긴다든지, 물건을 주문한다든지 같은 문제 상황을 해결하는 형태의 교육내용은 체계적 교수와 함께 문제해결학습을 활용해서 교과 통합 형태로 교수학습 할 수도 있습니다. 문제해결학습이 말이 어려워서 그렇지 사실 우리가 어떠한 문제 상황에 직면했을 때, 흔히 머릿속으로 해결책을 찾는 과정을 거의 그대로 순서대로 거치게 된다고 보면 됩니다.

먼저 ① 문제 상황을 글, 시각적 자료 등으로 제시합니다. 예를 들어, 수학여행 짐을 챙겨야 하는 문제 상황을 사진이나 동영상 자료로 제시할 수 있습니다. 다음으로, ② 문제 상황을 해결하기 위한 교수학습 목표를 세웁니다. 예를 들어, '수학여행 갈 때 필요한 짐을 챙길 수 있다.' 등으로 목표를 세웁니다. 그리고 문제 해결을 위한 방법을 포함하여 계획을 부모님이나 선생님의 도움을 받아 세웁니다. 예를 들어, 인터넷 검색, 가정통신문 확인 등의 방법을 생각해볼 수 있습니다. ③ 계획을 실제로 실행에 옮겨 봅니다. 예를 들어, 계획한 방법으로 준비물을 알아보고, 짐을 싸볼 수 있습니다. 마지막으로 ④ 목표나 계획을 적절했는지, 계획대로 이루어졌는지를 적절한 도움을 받되 가급적 스스로 평가하고(예: 부모님이 잘 챙긴 준비물 목록과 내가 챙긴 준비물을 비교하여, 부족한 점을 알아보기), 목표나 계획을 수정 및 보완해보는 과정으로 진행할 수 있습니다.

「교수학습 절차의 예시」

목표기술
12. 가벼운 상처는 연고와 밴드를 이용하여 스스로 치료할 수 있다.

목표기술의 조작적 정의
(조건) 자신의 신체 어딘가에 약간의 상처가 난 것을 확인하였을 때, (성취 기준) 전체 하위 단계 모두를 정확하게 수행하면서 (행동용어) 적당량의 연고를 바르고, 밴드를 붙일 수 있다.

목표기술을 스몰 스텝으로 나누기
(더 세분화하여 나눌 수 있으나, 예시로 크게 과제분석 함)
해당 기술은 연쇄적(chained) 기술로서 과제분석이 필요함.

① 상처가 난 곳을 확인한다.

② 연고 뚜껑을 열고, 적당량의 연고를 면봉에 덜어낸다.

③ 면봉에 던 연고를 상처 부위에 골고루 바른다.

④ 밴드 껍질을 깐다.

⑤ 상처가 난 부위를 밴드가 덮도록 붙인다.

⑤ 뚜껑을 반대로 돌려서 다시 연다.

과정중심평가를 위한 체크리스트 제작 및 현행수준 파악: 생략

현재 수행 수준을 파악하는 방법(연쇄적 기술의 경우)

단일기회법과 다수기회법 중 다수기회법을 이용하여, 현행수준을 파악함.

목표기술의 지도 순서(연쇄적 기술의 경우)

후진형 행동연쇄를 이용하여, 마지막 단계부터 역순으로 지도함.

교수학습 전략: 최소촉진체계

① 다양한 방법으로 학습자의 주의집중을 유도한다.

② 후진형 행동연쇄를 적용하였기 때문에, 1~4단계는 가르치는 사람이 대신 수행해주고, 학습자는 관찰하도록 한다.

③ 마지막 5단계 과제를 지도하기 위해서 처음에는 8초간 학습자의 독립적 수행을 기다린다.

④ 대기 시간 내에 정확한 반응을 수행하면, 칭찬과 강화물을 제공한다. 적절하게 행동을 수행하지 못할 때는 8초 안에 수행을 시작해서 정반응을 보일 때까지 단계적으로 반응촉진의 강도를 높여서 도움을 제공한다(예 언어적 촉진 → 자세촉진 → 시범 촉진 → 신체적 촉진). 또한, 학습자의 수행을 계속 기록한다.

⑤ 5단계를 독립적으로 완수할 경우 1~3단계까지는 가르치는 사람이 대신
수행해주고, 4단계부터 같은 방법으로 교수학습을 제공한다. 이 과정에서
학습자의 수행을 계속 기록하여 과정중심평가 자료로 삼는다.

⑥ 이러한 방법으로 1단계까지 역순으로 지도하여, 최종적으로 독립적인 수
행이 이루어질 수 있도록 한다.

강화 전략

—특정 행동에 대한 칭찬과 함께 정반응 시에 약속한 강화물을 제공한다.

유지 및 일반화 전략

– 유지: 습득이 이루어지면 점차 간격을 두고 분산연습을 시행함.

– 일반화: 신체의 다양한 부위에 상처 치료 연습 기회를 제공함. 다양한 형태
와 크기의 밴드를 이용함.

3

가정생활 관련 기술

    가정생활은 발달장애 청소년이 성인으로 성장하여 살아가는 데 있어서 가장 중요한 기본이자 발판이 됩니다. 가정에서 최대한 독립적으로 생활할 수 있다면, 지역사회나 직장에서의 자립생활 가능성도 커집니다. 그만큼 청소년기 초반부터 하나둘씩 가정생활 관련 기술을 지도해 나가는 것이 중요하다고 하겠습니다. 가정생활 관련 기술에는 식사 준비 기술, 정리정돈과 각종 전자제품 사용 기술을 포함하는 주거생활 유지 · 관리 기술 그리고 청소기술, 세탁 기술, 의복 관리 기술 등이 포함될 수 있습니다. 가정생활 관련 기술에 관한 목표기술 내용은 다음과 같습니다. 목표기술의 난이도에 따라 제시하려고 노력하였으나, 학습자의 특성이나 장소 특성, 상황 등에 따라 난이도는 얼마든지 변경될 수 있습니다. 또한, 이 목록에서 다루지 못한 가정생활 관련 기술도 각 가정의 유형과 요구에 따라 얼마든지 있을 수 있습니다. 부모님과 선생님은 현재 학습자가 살고, 또 앞으로 미래에 살아갈 가정생활의 유형에 따라 필요한 목표기술에는 어떠한 것이 있는지, 계속 고민할 필요가 있습니다.

영역	순	목표기술	현재 수준		
			×	△	○
일반적인주거생활기술	1	리모컨을 이용하여 텔레비전 채널과 음량 등을 조절할 수 있다.			
	2	열쇠를 사용하거나 비밀번호를 눌러 자기 집 문을 열고 들어갈 수 있다.			
	3	냉장고, 진공청소기 등 몇 가지 가전제품의 사용 방법을 익혀, 무리 없이 사용할 수 있다.			
	4	IPTV의 다양한 기능을 익혀, 여가생활 시간에 활용할 수 있다. (예: 다시 보기, 유튜브 연결 등)			
	5	집의 각 공간에 필요한 가구 및 가전제품을 분류할 수 있다. (예: 침실에 필요한 가구 알기 등)			
	6	필요한 가구와 가전제품을 선택(구매)할 수 있다.			
	7	계절에 따라 침구류와 커튼 등을 교체할 수 있다.			
	8	주택 보수가 필요할 때, 보수 업체나 관리사무소, 복지서비스 담당자에게 연락을 취할 수 있다.			
	9	공과금(관리비, 도시가스 등)의 종류를 알고, 납부 방법을 정확하게 표현할 수 있다.			
	10	매달 정기적으로 관리비, 도시가스비 등의 공과금을 계좌이체 등의 방법으로 낼 수 있다.			
청소기술	1	각종 청소도구의 종류를 구별할 수 있다.			
	2	장소와 상황에 맞는 청소도구를 선택할 수 있다.			
	3	빗자루, 진공청소기, 손걸레, 대걸레, 스팀청소기 등 가정에 비치된 각종 청소도구의 사용법을 숙지하여, 올바르게 사용할 수 있다.			
	4	욕실 청소 용품을 사용하여 욕실을 청소할 수 있다.			
	5	변기 청소 용품을 사용하여 변기를 청소할 수 있다.			
	6	청소를 끝낸 뒤, 청소기 필터를 교체하고, 걸레를 손세탁하는 등의 뒷정리를 수행할 수 있다.			
	7	일반적인 수준의 분리수거 기준에 맞게 쓰레기를 분리배출 할 수 있다. (예: 플라스틱, 비닐, 스티로폼, 캔, 유리, 일반 쓰레기 등으로 분류 · 배출)			
	8	음식물 쓰레기를 배출방법에 따라 정기적으로 버릴 수 있다.			
	1	냉동실과 냉장실에 보관할 음식을 구분해서 넣을 수 있다. (예: 아이스크림이나 냉동식품은 냉동실에 넣음)			
	2	컵라면을 조리방법대로 조리해서 먹을 수 있다.			

	3	주방용품 및 조리기구를 구별할 수 있다.			
	4	전자레인지를 이용하여 즉석식품이나 간단한 음식을 데우거나 조리할 수 있다.			
	5	믹서기를 사용할 수 있다.			
	6	지퍼백을 사용하여, 식재료를 소분할 수 있다.			
	7	적당량의 세제를 사용해서 설거지할 수 있다.			
	8	식기세척기를 이용하여 설거지할 수 있다.			
	9	설거지한 그릇과 조리기구를 정리할 수 있다.			
	10	식재료의 유통기한을 확인하고, 보관방법에 맞게 보관할 수 있다.			
	11	냉장고에서 음식을 꺼내서 스스로 식사를 차려 먹을 수 있다(별도의 요리는 하지 않아도 됨).			
	12	국물이 있는 라면을 조리해서 먹을 수 있다.			
	13	국물이 없는 라면(예: 짜파게티 등)을 조리해서 먹을 수 있다.			
	14	적당량의 쌀을 씻어서 전기밥솥에 넣고 밥을 지을 수 있다.			
음식준비기술	15	즉석조리식품을 가스레인지 불로 데워서 밥과 다른 반찬과 함께 먹을 수 있다.			
	16	불(혹은 온도) 조절을 하여, 계란프라이나 햄, 고기를 구워서 집에 있는 밥, 반찬과 함께 먹을 수 있다.			
	17	시판되고 있는 밀 키트를 사용하여, 간단한 조리과정을 거쳐 음식을 만들 수 있다.			
	18	각종 조미료의 종류와 맛을 구별할 수 있다.			
	19	채소와 과일을 올바르게 씻을 수 있다.			
	20	감자 칼(필러) 등 위험하지 않은 조리도구로 채소를 깎을 수 있다.			
	21	식재료를 다양한 방법(깍둑썰기, 채썰기 등)으로 안전하게 썰 수 있다.			
	22	동영상이나 그림 자료 등을 참고해서 김치찌개, 부대찌개, 미역국 등의 간단한 국 몇 가지를 조리할 수 있다.			
	23	동영상이나 그림 자료 등을 참고해서 간단한 반찬(예: 어묵볶음, 감자채 볶음 등) 몇 가지를 만들 수 있다.			
	24	동영상이나 그림 자료 등을 참고해서 간단한 제과제빵(예: 마들렌, 쿠키 류 등) 작업을 수행할 수 있다.			
	25	동영상이나 그림 자료 등을 참고해서 간단한 일품요리(예: 각종 볶음, 국수 등)를 만들 수 있다.			

	26	여러 사람과의 식사 자리에서 식사 예절을 지켜 식사할 수 있다.
세탁및보관기술	1	의복의 세탁기호를 읽을 수 있다.
	2	세탁세제와 섬유유연제를 구별하고, 용도와 순서, 용량에 맞게 사용할 수 있다.
	3	몇 가지 간단한 세탁물은 손세탁할 수 있다.
	4	세탁기의 작동 순서를 익혀, 세탁할 수 있다.
	5	운동화를 손세탁할 수 있다.
	6	필요한 경우 세탁소에 의복 세탁을 맡길 수 있다.
	7	건조대에 빨래를 올바르게 널 수 있다.
	8	건조기를 이용하여 빨래를 건조할 수 있다.
	9	다리미를 이용하여 빨래를 다림질할 수 있다.
	10	다양한 종류의 의복과 수건, 양말을 갤 수 있다.
	11	계절마다 철 지난 의복을 세탁하여 옷장에 보관하고, 계절에 맞는 옷을 꺼내 입을 수 있다.
의복관리기술	1	상의, 하의, 점퍼, 코트 등을 구별할 수 있다.
	2	상의 사이즈 표를 읽고, 자신에게 맞는 사이즈를 고를 수 있다.
	3	하의 사이즈를 읽고, 자신에게 맞는 사이즈를 고를 수 있다.
	4	복장에 맞는 신발을 선택하여 신을 수 있다. (예: 정장에는 구두를 신음)
	5	의류용 탈취제와 제습제의 사용 방법을 익혀, 실제로 사용할 수 있다.
	6	평상복과 외출복을 분류하고 착용할 수 있다.
	7	계절 및 날씨에 맞는 복장을 골라 착용할 수 있다.
	8	상황에 맞는 복장을 선택하고 착용할 수 있다. (예: 운동할 때 입는 복장을 구별하여 착용함)
	9	중요한 일(예: 면접)이 있을 때는 넥타이나 머플러 착용을 포함하여, 정장을 입을 수 있다.
	10	계절이나 상황, 선호도를 고려하되, 자신의 신체사이즈와 예산에 맞는 옷을 구입할 수 있다.
고급주거생활기술	1	주택(예: 아파트, 연립주택, 빌라 등)의 유형을 구별할 수 있다.
	2	주거 유형(예: 월세, 전세, 공공임대, 그룹홈 등)을 구별할 수 있다.
	3	자신이 살고자 하는 주거 유형을 선택하고, 그 이유를 적절하게 표현할 수 있다.
	4	이사를 해야 할 때, 이삿짐을 적절하게 꾸릴 수 있다.

5	이사를 해야 할 때, 부모님이나 복지서비스 제공자의 지원을 받아 이사업체를 선정하여, 이사 서비스 계약을 할 수 있다.		
6	부모님이나 복지서비스 제공자의 지원을 받아 중개인 등을 통해 주거 장소를 임대하는 절차를 수행할 수 있다.		
7	장애인 주택 우선(특별) 공급 절차에 대해서 숙지하고, 부모님이나 복지서비스 제공자의 지원을 받아 청약 신청을 할 수 있다.		

교육내용(목표기술)의 목록

가정생활 관련 기술은 꼭 이 목록의 순서를 따르지 않더라도 학습자가 배움을 통해 수행할 수 있을 것으로 판단되는 수준에서 지금 필요하다고 판단되는 기술들을 중심으로 먼저 하위목표 행동을 과제분석하여, 체계적으로 지도할 수 있습니다. 특히 가정생활은 학교에서 지속해서 교육하기 힘든 만큼, 가정에서 부모님께서 지도하는 역할이 중요하다고 하겠습니다.

아마 처음에는 자녀가 하는 행동이 못 미덥고, 속이 답답해서 그냥 내가 하고 말지 생각할 수 있습니다. 하지만 교육은, 특히 특수교육은 기다림이라고 생각합니다. 따라서 학습자가 천천히 여러 가지 가정생활 관련 기술을 점차 독립적으로 수행할 수 있게끔 교육적인 관점에서 자녀와 많은 일을 함께 해보면서 체계적인 교수학습 절차를 진행해주었으면 합니다. 물론 때로는 너무 힘들 수 있으리라 생각합니다. 하지만 이렇게 해서 시간이 지나 어떠한 향상을 눈으로 확인하게 되었을 때, 그 기쁨 역시, 매우 클 수 있습니다.

또한, 학습자의 독립성을 높이는 차원에서 자기촉진 전략이나 자기관리 전략을 적절하게 활용해보는 일도 꼭 고려해야 합니다. 예를 들어, 음식준비기술 1번 목표기술로 냉동실과 냉장실에 들어갈 음식을 구분하도록 지도할 때는 냉동실과 냉장실에 들어갈 품목을 사진으로 찍어 냉장고에 붙여둘 수 있습니다.

뒤이어 나올 지역사회 적응 기술이나 다른 일상생활 기술도 마찬가지겠지만, 가정생활 관련 기술을 가르치면서 학습자의 기능적인 학업 기술을 함께 교육할 기회도 분명 있을 겁니다. 예를 들어, 음식을 조리하면서 무게 단위를 자연스럽게 가르치거나, 요리법이나 가전제품 사용법을 지도하면서 모르는 어휘를 자연스럽게 지도하는 일 등이 다양하게 나타날 수 있습니다. 이러한 학습 기회를 놓치지 마시고, 자연적인 상황에서 시간지연, 최소촉진체계 등의 체계적인 교수학습 절차를 순간적으로 적용해서 교육을 꾸준히 해본다면, 좀 더 시간을 절약하면서 학습자의 자립생활 역량을 길러 나갈 수 있습니다. 부모님과 선생님 모두 잘 알고 계시겠지만, 우리 아이들에게 시간은 천금과도 같습니다.

한편, 일반적인 주거생활 기술 중 몇 가지 목표기술과 고급 주거생활 기술의 목표기술은 사실 지역사회 적응 기술에서 다룰 영역의 목표기술과도 연계된 부분들이 많습니다. 따라서 이러한 기술 영역을 통합적으로 연계하여 교육한다는 생각을 가질 필요가 있습니다. 또한, 상당히 어려운 목표도 존재하는 만큼, 발달장애 학습자가 반드시 독립적으로 수행해야 하는 기술이기보다는 부모님이나 복지서비스 제공자의 적절한 지원을 받되, 주거 및 가정생활과 관련된 의사결정과 복지서비스 실행 과정에 적극적으로 참여할 수 있도록 하는데 교육적 중점을 둘 수 있습니다.

그럼 가정생활 관련 기술에 대한 교수학습 절차 하나를 예시로 제시하면서, 내용을 마치도록 하겠습니다.

「교수학습 절차의 예시」

목표기술
식준비기술-4. 전자레인지를 이용해서 즉석식품이나 간단한 음식을 데우거나 조리할 수 있다

목표기술의 조작적 정의
(조건) 즉석 밥을 제시했을 때, (성취 기준) 전체 하위 단계 모두를 정확하게 지켜 (행동용어) 전자레인지로 데울 수 있다.

목표기술을 스몰 스텝으로 나누기
(더 세분화하여 나눌 수 있으나, 예시로 크게 과제분석 함)
해당 기술은 연쇄적(chained) 기술로서 과제분석이 필요함.
① 즉석 밥의 앞면을 보고, 전자레인지 이용 시간을 확인한다.
② 즉석 밥의 뚜껑을 살짝 연다.
③ 전자레인지에 즉석 밥을 넣고 앞서 확인한 시간만큼 설정한다.

④ 전자레인지 시작 버튼을 누른다.

⑤ 설정된 시간이 끝났다는 표시가 나오면, 장갑을 끼고 즉석 밥을 꺼낸다.

과정중심평가를 위한 체크리스트 제작 및 현행수준 파악: 생략

현재 수행 수준을 파악하는 방법(연쇄적 기술의 경우)

단일기회법과 다수기회법 중 다수기회법을 이용하여, 현행수준을 파악함.

목표기술의 지도 순서(연쇄적 기술의 경우)

후진형 행동연쇄를 이용하여, 마지막 단계부터 역순으로 지도함.

교수학습 전략: 최소촉진체계

① 다양한 방법으로 학습자의 주의집중을 유도한다.

② 후진형 행동연쇄를 적용하였기 때문에, 1~4단계는 가르치는 사람이 대신 수행해주고, 학습자는 관찰하도록 한다.

③ 마지막 5단계 과제를 지도하기 위해서 처음에는 8초간 학습자의 독립적 수행을 기다린다. 정확한 하위목표 행동 수행을 보일 때는 구체적인 칭찬과 함께 강화물을 제공한다. 만약, 적절하게 행동을 수행하지 못할 때는 8초 안에 하위목표 행동을 정확하게 수행할 때까지 단계적으로 촉진의 강도를 높여서 도움을 제공한다. 또한, 학습자의 수행을 계속 기록한다.

④ 5단계를 독립적으로 완수할 경우 1~3단계까지는 가르치는 사람이 대신 수행해주고, 4단계부터 같은 방법으로 교수학습을 제공한다. 이 과정에서 학습자의 수행을 계속 기록하여 과정중심평가 자료로 삼는다.

⑤ 이러한 방법으로 1단계까지 역순으로 지도하여, 최종적으로 독립적인 수행이 이루어질 수 있도록 한다.

강화 전략

- 특정 행동에 대한 칭찬과 함께 정반응 시에 약속한 강화물을 제공한다.
- 전자레인지에 데워지는 음식이 하나의 자연적인 강화물이 되도록 유도한다.

유지 및 일반화 전략

- 유지: 습득이 이루어지면 점차 간격을 두고 분산연습을 시행함.
- 일반화: 즉석 밥 이외에도 다양한 즉석조리식품에 대한 연습 기회를 제공
  한다.

자기촉진체계 및 자기관리 전략

- 자기촉진: 익숙해질 때까지 전자레인지에 이용방법을 그림 자료로 붙여둠.
학습자가 주로 조리하는 음식들의 데우는 시간을 적어서 붙여둠. 등

4
지역사회 적응 기술

　지역사회 적응 기술은 앞서 기초 생활 기술과 가정생활 관련 기술을 바탕으로 하면서, 기능적인 학업 기술들을 충실하게 활용하는 좀 더 높은 수준과 범위를 보이는 목표기술 영역이라고 볼 수 있습니다. 이러한 지역사회 적응 기술에는 물건 구매 기술, 금전 관리 기술, 지역사회 이동 기술, 지역사회 시설 활용 기술 등이 포함됩니다.

　특수교육의 궁극적인 목표 중 하나는 학생들이 성인이 되어서 지역사회에서 나름대로 적절하게 살아갈 수 있도록 하는 데 있습니다. 따라서 지역사회 적응 기술은 그만큼 중요하다고 하겠습니다. 가정에서도 지역사회 적응 기술을 틈틈이 지도해 나가야 하겠지만, 학교에서도 교육과정 재구성 등의 방법론을 통해서 다양한 교과를 통합하여 지역사회 적응 기술을 체계적, 지속적, 반복적으로 교육할 필요가 있습니다. 어디까지나 특수교육의 궁극적인 목표 중 하나이기 때문입니다. 지역사회 적응 기술에 대한 목표기술 목록은 다음과 같습니다.

교육내용(목표기술)의 목록

영역	순	목표기술	현재 수준		
			×	△	○
물건구매기술	1	가깝거나 익숙한 상점에서는 혼자서 물건을 사고, 물건값을 낼 수 있다. (물건 가격을 정확하게 알지 못할 때는 큰돈 단위로 물건값을 내고, 거스름돈을 받거나, 체크카드 등을 이용해도 무방함)			
	2	자동판매기에서 원하는 물건을 선택하여 구매할 수 있다.			
	3	음식점 등에서 키오스크(무인 판매)를 활용하여 주문하고, 구매할 수 있다.			
	4	크기가 큰 마트에서 구매계획표에 따라 물건을 구매하고, 현금이나 상품권, 또는 체크카드로 물건값을 낼 수 있다. (꼭 돈 계산을 하지 못해도 무방함)			
	5	비슷한 상품이라면, 가격이 저렴한 물건을 선택하여 구매할 수 있다.			
	6	스마트폰 앱이나 컴퓨터를 이용하여 온라인으로 필요한 물건을 구매할 수 있다.			
	7	식당에 가거나 미용실에 가서 음식값이나 이발, 머리 손질 등 이·미용 서비스 비용을 현금이나 체크카드 등으로 낼 수 있다.			
	8	스마트폰을 이용하여, 거주 지역의 지역 화폐 앱에 필요한 금액을 충전하고, 필요할 때 사용할 수 있다.			
	9	가격과 상품의 질을 종합적으로 비교하여 물건을 구매할 수 있다.			
	10	마트나 식당, 온라인에서 할인율을 고려하여, 물건의 실제 가격을 계산할 수 있다.			
금전관리기술	1	수입과 지출을 구별할 수 있다.			
	2	필요한 목적을 위해서 용돈을 계획적으로 모을 수 있다.			
	3	용돈 기입장이나 가계부를 간단하게 작성할 수 있다.			
	4	부모님이나 복지서비스 제공자의 도움을 받아 은행에 가서 자신의 명의로 된 통장을 개설할 수 있다.			
	5	일반 예금과 적금을 구별하여, 공통점과 차이점을 설명할 수 있다.			
	6	입금, 출금, 계좌이체 등의 개념을 자신의 말로 표현할 수 있다.			
	7	은행 창구나 ATM기를 이용해서 입금, 출금, 계좌이체 등을 할 수 있다.			
	8	공인인증서, OTP 카드 등을 발급할 수 있다.			
	9	스마트폰 앱이나 컴퓨터를 이용하여 온라인으로 잔액 확인, 계좌이체를 할 수 있다.			

	10	스마트폰 앱이나 컴퓨터를 이용하여 공과금 등의 자동이체를 설정하고 해지할 수 있다.			
	11	체크카드 포인트나 쿠폰 등을 적립하고, 필요할 때 적절하게 사용할 수 있다.			
	12	피싱, 파밍, 스미싱 등의 각종 금융 범죄를 예방하는 방법을 숙지하고, 실천할 수 있다.			
	13	부모님이나 복지서비스 제공자의 도움을 받아 월급이나 용돈 중 계획한 만큼을 제해서 매월 정기적금이나 원금보장형 투자를 할 수 있다.			
	14	자신의 개인정보를 소중하게 지킬 수 있다.			
	15	금융거래 관련 계약이나, 기타 금전과 관련해서 잘 모르는 내용은 바로 처리하지 않고, 반드시 부모님이나 복지서비스 제공자에게 먼저 충분히 물어본 뒤에 실행할 수 있다.			
	16	부모님이나 복지서비스 제공자의 도움을 받아 보험의 종류를 구별하고, 꼭 필요한 보험(예: 실비보험 등)을 선택하여 가입할 수 있다.			
지역사회이동기술	1	집 근처나 친숙한 곳에서는 교통안전을 지키면서 외출이 필요한 간단한 심부름을 수행할 수 있다.			
	2	지역사회 이동 중 길을 잃어버렸을 때는 가장 가까운 경찰서 혹은 파출소에 방문하여 자신의 이름과 소속, 그리고 길을 잃었음을 밝히고, 필요한 조치를 받을 수 있다.			
	3	약도를 보고 집이나 학교 근처의 목적지를 바르게 찾아갈 수 있다.			
	4	항상 이용하는 구간(예: 집 ⇌ 학교, 직장)을 대중교통을 이용하여 이동할 수 있다. (비용 지불은 돈이나 교통카드 등 어떤 것을 이용해도 좋음)			
	5	일반 택시나 장애인 콜택시 등을 이용하여 자신이 거주하는 지역 내의 목적지를 찾아갈 수 있다.			
	6	지도 앱을 이용하여 가고자 하는 처음 가는 목적지의 위치를 알아보고, 일반 택시나 장애인 콜택시 등을 이용하여 찾아갈 수 있다.			
	7	지도 앱을 이용해 자신이 거주하는 시군구 내에서 새로운 장소로 대중교통으로 이용하는 방법을 검색하여 찾을 수 있다.			
	8	환승 없이 한 번에 이동 가능한 목적지를 대중교통을 이용하여 찾아갈 수 있다.			
	9	1번 이상 환승이 필요할 때도, 대중교통을 이용해 목적지를 찾아갈 수 있다.			
	10	열 정거장 이상의 거리도 버스나 지하철을 이용하여 이동할 수 있다.			

	11	자신이 거주하는 시군구 내에 있는 여러 장소를 대중교통을 이용하여 다녀올 수 있다.		
	12	앱을 이용하여 타고자 하는 시외 교통수단의 승차권을 예매하고, 필요할 경우 취소할 수 있다.		
	13	지도 앱 등을 이용하여 자신이 거주하는 시군구를 벗어나는 지역을 시외버스, 고속버스 등을 이용하여 이동할 수 있다.		
	14	지도 앱 등을 이용하여 자신이 거주하는 시군구를 벗어나는 지역을 기차 등을 이용하여 이동할 수 있다.		
지역사회시설활용기술	1	좌석표를 보고 해당 자리를 찾을 수 있다.		
	2	영화관 이용이나 스포츠 경기 관람 시에 필요한 공중 예절을 지킬 수 있다.		
	3	우체국(또는 편의점 등)에서 절차에 맞추어 우편물이나 택배를 발송할 수 있다.		
	4	우체국(또는 택배회사 등)에서 절차에 맞추어 반송 요청을 할 수 있다.		
	5	여가생활을 위해서 노래방이나 만화카페 등을 정해진 시간이나 금액만큼 이용할 수 있다.		
	6	여가생활을 위해서 영화관이나 스포츠 경기 관람 시에 필요한 예매를 스마트폰이나 컴퓨터를 이용하여 온라인으로 수행할 수 있다.		
	7	여가생활을 위해서 예산 계획을 세워 놀이공원, 전시회관 등을 이용할 수 있다.		
	8	여가생활을 위해서 친구들과 함께 취미/동아리 모임에 참여할 수 있다.		
	9	지역사회 내 각종 기관을 어려움 없이 이용할 수 있다. (예: 도서관, 복지관, 종교시설 등)		
	10	주민센터 등의 관공서에 방문하여, 필요한 서류(예: 주민등록등본, 각종 증명서 등)를 대면 또는 기계를 이용해 발급할 수 있다.		
	11	부모님이나 복지서비스 제공자의 도움을 받아 기관에 직접 방문하거나 복지로 사이트를 이용하여, 자신이 받을 수 있는 복지서비스를 확인할 수 있다.		
	12	부모님이나 복지서비스 제공자의 도움을 받아 자신이 받을 수 있는 복지서비스를 확인하고, 주민센터 등의 공공기관을 방문하여 신청·변경할 수 있다.		

1) 물건 구매 기술

물건 구매 기술을 가르치는 데 있어 알아야 할 중요한 점은 반드시 기능적 수학 기술을 충분히 갖추고 있어야만 물건 구매 기술을 가르칠 수 있는 것은 아니라는 겁니다. 물론, 물건 구매와 관련된 기능적 수학 기술을 충분히 갖추고 있다면, 더욱 독립적이고 능숙한 물건 구매 기술 수행이 가능할 수 있습니다. 하지만 꼭 그렇지 않더라도 다음과 같은 원칙들을 통해서 얼마든지 체계적 교수와 다른 효과적인 방법으로 발달장애 학습자의 물건 구매 기술 습득을 교육할 수 있습니다.

(1) 계산기를 사용하도록 허용하고, 계산기 사용 방법을 체계적 교수 등을 통해서 충분하게 미리 가르칩니다.

(2) 큰돈의 단위를 내고 거스름돈을 받도록 교육할 수 있습니다. 예를 들어, 총 43,570원을 내야 하는데, 3,570원을 찾아서 내는 일을 잘하지 못한다면, 제일 앞 단위의 40,000원에 10,000원을 더 붙여서 50,000원을 내고 거스름돈을 돌려받도록 합니다. 학습자가 천원 단위까지 잘 찾을 수 있다면, 43,000에서 1,000원을 더해서 44,000원을 내고 거스름돈을 돌려받도록 교육할 수 있습니다. 이를 next-dollar 전략 또는 one more than 전략이라고 말합니다(적절한 우리말 번역을 하기가 힘들어서 영어로 제시함).

(3) 돈 계산에 대한 총체적인 어려움이 있다면, 체크카드나 교통카드, 기프트카드, 혹은 충전된 각종 pay를 이용하여

금액을 내는 방법을 대안적으로 지도할 수 있습니다.

2) 금전 관리 기술

금전 관리 기술은 발달장애 청소년이 직업을 가짐으로써, 얻게 되는 월급을 관리할 수 있는 능력을 길러주는 중요한 영역입니다. 가능한 청소년기 초반부터 정기적으로 용돈을 주고, 관리하는 기회를 꾸준히 제공하는 게 중요합니다. 용돈 기입장은 특정한 형식보다는 수입과 지출 내역을 알 수 있도록 하는 것이 더욱 중요합니다. 따라서 되도록 간단하게 만들어 볼 수 있도록 합니다. 그리고 나이가 좀 더 많아지면, 부모님이나 복지서비스 제공자의 도움을 받아 통장을 만들어 볼 수 있도록 지원해야 합니다. 이 통장과 계좌를 이용해서 꾸준히 통장을 관리하고, 돈을 저축하는 과정을 교육할 수 있습니다. 최근에는 대부분의 은행 거래가 스마트기기를 통해서 온라인으로 이루어지므로, 이에 대한 교수학습도 나중에 살펴볼 정보통신기기 활용 기술과 접목해서 이루어질 필요가 있습니다. 이러한 교육을 소홀히 한다면, 학습자가 미래 사회를 살아가는데 곤란할 수 있습니다. 다만 이때 피싱, 파밍, 스미싱 등 다양한 금융사기를 예방하는 방법에 대해서도 계속해서, 반복적으로 설명할 필요가 있습니다. 꼭 이런 온라인 금융사기가 아니더라도, 금전과 관련해서는 누군가가 돈을 빌려달라고 한다든지, 통장이나 돈을 보관해준다고 한다든지 조금이라도 의문이 생기는 일이 있다면, 반드시 부모님이나 복지서비스 제공자에게 먼저 물어볼 수 있도록 계속해서 안내할 필요가 있습니다.

한편, 국내에서는 2013년 7월부터 성인이 된 발달장애인이 판단을 내리기 어려운 경우, 피후견인이 재산관리 및 신상 문제를 지원하도록 하는 성년후견인제도가 도입되었습니다. 아직은 여러 가지 이유로 인하여, 많이 활성화되지는 못했지만, 장애인 복지가 우리보다 앞선 선진국에서는 비교적 보편적으로 활용되고 있는 만큼, 앞으로 우리나라에서도 이러한 제도가 계속 자리를 잡아갈 것으로 보입니다.

3) 지역사회 이동 기술

지역사회 이동 기술을 가르칠 때도, 꼭 현금을 계산해서 내도록 지도해야 하는 건 결코 아닙니다. 학습자의 기능적 수학 기술 수준에 따라서 교통카드, 체크카드 등 다른 방법들로 요금을 내도록 하는 방법도 충분히 고려할 수 있습니다. 지역사회 이동 기술을 가르칠 때 주의할 점은 반드시 길을 잃었을 때의 대처방법(예: 가까운 경찰서나 파출소 또는 관공서에 가서 도움 요청하기 등)을 함께 교육하여 안전상에 문제가 최소화될 수 있도록 지원해야 한다는 것입니다.

4) 지역사회 시설 활용 기술

지역사회 시설 활용 기술은 지역사회 적응, 각종 복지서비스의 확인 및 이용뿐만 아니라, 여가생활 선용 측면에서도 발달장애 청소년에게 중요한 기술이라고 볼 수 있습니다. 부모님은 적어도 1주일에 한 번 정도는 자녀와 함께 다양한 지역사회 시설을 함께 이용하면서 자연스럽게 시설 활용 기술을 교육할 수 있습니다.

이때 체계적 교수학습 절차에서 시간지연과 최소촉진체계 전략을 떠

올리면서, 자녀가 스스로 지역사회시설을 이용해 보도록 각 하위목표 행동마다 충분히 기다리는 자세가 필요합니다. 그리고 정확한 수행을 보이면 충분히 칭찬하고, 반대로 부정확한 수행을 보일 때마다 조금씩 도움의 양을 늘려갑니다. 학교에서도 지역사회시설을 이용하는 현장체험학습의 경우 미리 교실 또는 학교 전체를 활용해서 연습 기회를 충분히 제공하여 단순히 일회성의 체험으로 그치지 않도록 할 필요가 있습니다.

「교수학습 절차의 예시」

목표기술
물건 구매 기술-4. 크기가 큰 마트에서 구매계획표에 따라 물건을 구매하고, 물건 가격을 낼 수 있다.

목표기술의 조작적 정의
(조건) 마트에 가서 다섯 가지 물건을 구매하기 위한 구매계획표를 보면서 (성취 기준) 모든 물건을 정확하게 골라 (행동용어) 체크카드로 물건을 구매할 수 있다.

목표기술을 스몰 스텝으로 나누기
해당 기술은 연쇄적(chained) 기술로서 과제분석이 필요함.

① 구매계획표를 확인한다.

② 사야 할 물건을 하나씩 찾아서 카트에 모두 담는다.

③ 구매계획표를 보고 사야 할 물건을 모두 다 샀는지 확인한다.

④ 계산대로 이동한다.

⑤ 계산대에서 모든 물건을 천천히 올려놓는다.

⑥ 점원의 안내에 따라 체크카드를 제시한다.

⑦ (5만 원을 넘었다면) 점원의 안내에 따라 화면에 서명한다.

⑧ 카드와 영수증을 돌려받고, 장바구니에 물건을 담는다.

⑨ 영수증을 확인하면서 계산이 잘 되었는지를 다시 확인한다.

과정중심평가를 위한 체크리스트 제작 및 현행수준 파악: 생략

현재 수행 수준을 파악하는 방법(연쇄적 기술의 경우)

단일기회법과 다수기회법 중 다수기회법을 이용하여, 현행수준을 파악함.

목표기술의 지도 순서(연쇄적 기술의 경우)

후진형 행동연쇄를 이용하여, 마지막 단계부터 역순으로 지도함.

교수학습 전략: 최소촉진체계

① 다양한 방법으로 학습자의 주의집중을 유도한다.

② 후진형 행동연쇄를 적용하였기 때문에, 1~8단계는 가르치는 사람이 대신 수행해주고, 학습자는 관찰하도록 한다.

③ 마지막 9단계 과제를 지도하기 위해서 처음에는 7초간 학습자의 독립적 수행을 기다린다. 정확하게 수행하면 칭찬과 함께 강화물을 제공한다. 기다려도 적절하게 행동을 수행하지 못할 때는 7초 안에 정확한 반응을 보

일 때까지 단계적으로 촉진의 강도를 높여서 도움을 제공한다. 또한, 학습자의 수행을 계속 기록한다.

④ 9단계를 독립적으로 완수할 경우 1~7단계까지는 가르치는 사람이 대신 수행해주고, 8단계부터 같은 방법으로 교수학습을 제공한다. 이 과정에서 학습자의 수행을 계속 기록하여 과정중심평가 자료로 삼는다.

⑤ 이러한 방법으로 1단계까지 역순으로 지도하여, 최종적으로 독립적인 수행이 이루어질 수 있도록 한다.

강화 전략

–특정 행동에 대한 칭찬과 함께 정반응 시에 약속한 강화물을 제공한다.

유지 및 일반화 전략

– 유지: 습득이 이루어지면 점차 간격을 두고 분산연습을 시행함.

– 일반화: 다양한 종류의 마트를 이용함. 체크카드 이외에도 현금, 상품권 등 다른 지불 방법을 이용해 보도록 지도함.

자기촉진체계 및 자기관리 전략

–자기촉진: 점원과의 대화가 익숙해질 때까지 마트에서 필요한 말들을 스크립트로 만들어 휴대폰에 저장해 놓고 필요할 때 확인하도록 함(텍스트 활용 자기촉진이자 스크립트 중재라고 볼 수 있음).

–자기관리: 물건을 모두 올바르게 구매하였는지를 스스로 점검하여 기록하도록 지도함.

안전 및 건강관리 기술

안전하게 삶을 영위하고, 건강을 유지하며 관리하는 기술은 발달장애 인뿐만 아니라 모든 사람에게 꼭 필요한 기술입니다. 다만, 발달장애 학습자의 경우에는 적어도 청소년기부터는 가정생활과 학교생활에서 안전 관련 기술과 건강관리와 관련된 기술들을 하나씩 의도적으로 반복해서 지도해 나갈 필요가 있습니다. 안전 및 건강관리 기술에는 크게 안전 및 건강관리 기술, 병원 진료 활용 기술 등이 포함됩니다. 이에 대한 자세한 내용은 다음과 같습니다.

교육내용(목표기술)의 목록					
영역	순	목표기술	현재 수준		
			×	△	○
안전및건강관리기술	1	도난방지를 위해, 가정에서 항상 문단속을 철저하게 할 수 있다.			
	2	몸을 다쳤을 때, 바로 부모님이나 선생님에게 알릴 수 있다.			
	3	간단한 찰과상을 입었을 때 처치방법을 숙지하고, 실제로 순서대로 처치할 수 있다.			
	4	전기가 흐르는 물체나 전열 기구를 함부로 만지지 않을 수 있다.			
	5	신변에 위험이 있을 때는 상황에 따라, 112 또는 119에 신고할 수 있다.			
	6	112나 119에 신고할 때, 현재 위치와 신고 내용을 조리 있게 말할 수 있다.			

	7	음식을 먹을 때는 유효기간 등을 확인하고, 상한 음식은 섭취하지 않을 수 있다.			
	8	자신의 키, 몸무게, 혈액형, 혈압 등 기초 건강 정보를 숙지할 수 있다.			
	9	스트레칭, 유산소 운동, 근력운동을 구별할 수 있다.			
	10	동영상을 보고 몇 가지 스트레칭 운동 방법을 따라 할 수 있다.			
	11	동영상을 보면서 자신의 신체에 무리가 가지 않는 범위 안에서 할 수 있는 유산소 운동과 근력운동을 몇 가지 선택하여, 수행할 수 있다.			
	12	자전거, 각종 구기 종목 등 자신이 좋아하는 운동 1~2가지를 선택하여, 방법을 익혀 수행할 수 있다.			
	13	가정, 공원, 운동센터, 복지관 등에서 적어도 2~3일에 30분~1시간 이상은 스트레칭, 유산소 및 근력운동을 꾸준히 실시할 수 있다.			
	14	보건소나 건강증진센터, 병원 등을 이용하여 정기적으로 건강검진을 받을 수 있다.			
병원진료활용기술	1	몸이 아픈 증상을 구체적으로 설명 또는 표현할 수 있다. (최소한 아픈 곳을 가리킬 수 있다.)			
	2	몸이 아픈 증상에 맞추어 가야 할 병원을 선택할 수 있다. (예: 귀가 아프면 이비인후과에 감)			
	3	필요한 도움을 받아 병원을 올바르게 이용할 수 있다.			
	4	약국에서 처방전을 내고, 약을 살 수 있다.			
	5	자기 스스로 점검하여, 처방받은 약을 정해진 시간에 정량을 복용할 수 있다.			
	6	연 1회 이상, 치과 등에서 검진을 받을 수 있다.			

안전 및 건강관리 기술 역시, 일상생활에서 꾸준히 체계적으로 교육하는 것이 가장 효과적입니다. 또한, 자기관리 전략, 자기촉진 전략 등을 활용하여 자기 주도적으로 자신의 건강을 관리할 수 있도록 지도하는 것도, 중요합니다. 예를 들어, 정기적으로 운동을 하고 있는지 등을 스스로 기록하고 점검하며, 평가할 수 있도록 꾸준하게 교육할 수 있습니다. 약국에서 약을 처방받으면 정기적인 복용을 까먹지 않도록 표를 만들어서 냉장고 등에 붙여둔 뒤 기록하고 점검할 수 있도록 계속 교육할 수도

있습니다. 탁상 달력을 이용할 수도 있을 겁니다.

다만, 건강관리나 병원 진료 이용 등은 사실 발달장애 청소년 혼자서 수행하기에는 다소 어려운 내용도 꽤 포함하고 있는 게 사실입니다. 그래서 가능한 학습자 스스로 수행할 수 있도록 교육하되, 교육하기 어려운 부분은 부모님, 선생님, 활동보조사 등 기타 복지서비스 제공자가 필요한 만큼의 적절한 도움을 꾸준히 줄 수 있어야 합니다. 다만 이때도 학습자가 꼭 필요한 만큼 지원을 해주되, 나머지는 학습자 스스로 수행할 수 있도록 해야 합니다. 학습자의 독립적 수행을 충분히 기다리고, 구체적으로 칭찬하고 격려하는 것을 아끼지 않으며, 부족한 부분은 도움을 주되 점진적으로 도움의 강도나 양을 줄여나가는 체계적인 교수학습 절차를 활용해서 말입니다.

한편, 외국의 복지 선진국의 경우에는 지적장애나 자폐스펙트럼장애 등의 발달장애, 혹은 비교적 심한 신체적 장애를 가진 사람의 일상생활, 주거, 그리고 건강관리 등을 지원하기 위한 복지 전문인력이 배치되어 있습니다. 그리고 한 전문인력이 비교적 작은 수의 장애인을 담당하고 있습니다. 이러면 당연히 부모님의 부담이 줄어들 수밖에 없을 겁니다. 우리나라도 경제 선진국의 반열로 나아가고 있는 만큼, 대표적인 선별적 복지 분야인 장애인 복지 영역에서도, 지금보다 발전된 모습을 보일 수 있기를 바라봅니다. 20년 전과 10년 전이 다르고, 10년 전과 지금이 계속 달라지듯, 조금씩 좀 더 긍정적인 방향으로 나아가리라고 믿어 봅니다. 파이팅입니다!

6

정보통신기기 활용
기술

　지금도 그렇지만 앞으로 우리가 살아가야 하는 세상은 정보통신기기를 효과적으로 이용하지 못하면, 편리하게 살지 못하는 수준을 넘어서서 적절한 생활 영위 자체가 어려워질 수 있습니다. 따라서 발달장애 청소년에게도 장기간에 걸쳐 목표를 정하고, 정보통신기기를 활용하여 일상생활을 편리하게 영위하는 기술을 교육해나갈 필요가 있습니다. 다만 스마트폰이나 인터넷 등은 여러 가지 측면에서 오·남용되거나 악용될 소지 또한 있는 것이 사실입니다. 따라서 올바른 정보통신기기 활용 규칙이나 예절, 각종 피해 예방법(예: 피싱, 파밍에 대한 대비 방법) 등을 가정과 학교에서 함께 교육해나가야 합니다. 구더기가 무서워 장을 못 담그는 일은 없어야 합니다. 현재와 미래 생활에 필수적인 정보통신기기 활용 기술에 대해서 충분히 교육하되, 잘못된 사용이나 피해를 막을 수 있는 부모님과 선생님, 활동보조사 등 기타 복지서비스 제공자의 관심과 지원이 꼭 필요하겠습니다.

교육내용(목표기술)의 목록

명칭	목표기술	현재 수준		
		✕	△	○
1	문자 메시지를 상황에 맞게 주고받을 수 있다.			
2	필요한 정보를 얻기 위해서 검색창에 핵심단어를 직접 입력하거나, 음성인식 기능을 활용할 수 있다.			
3	여가생활을 선용하기 위해서, 자신이 선호하는 음악, 동영상 등을 인터넷에서 검색하여 감상할 수 있다.			
4	SNS, 메신저 등에서 자신의 감정이나 생각을 표현하기 위해서 적절한 이모티콘을 사용할 수 있다.			
5	스마트폰에 와이파이를 연결해서 사용할 수 있다.			
6	스마트폰에서 자신에게 필요한 앱을 내려받아서 설치할 수 있다.			
7	컴퓨터의 워드프로세서나 파워포인트 등으로 간단한 문서작성을 하고, 작업 내용을 저장할 수 있다.			
8	프린터를 사용하여 문서를 출력할 수 있다.			
9	포털사이트 등에서 자신의 온라인 계정(아이디)을 만들고, 이를 이용해서 접속할 수 있다.			
10	동영상이나 사진을 첨부하여 이메일(전자우편)이나 SNS로 간단한 글과 함께 보낼 수 있다.			
11	GPS 기능을 활용한 지도 앱을 이용해서 가고자 하는 목적지를 찾아가는 다양한 방법을 찾을 수 있다.			
12	지역 화폐, 각종 pay 등 스마트폰의 결제 기능을 이용하여 물건 가격을 낼 수 있다.			
13	인터넷 쇼핑몰 또는 앱을 이용해서 온라인으로 필요한 물건을 주문할 수 있다.			
14	영화나 스포츠 경기 예매를 컴퓨터나 스마트폰을 이용해서 할 수 있다.			
15	엑셀 프로그램으로 간단한 통계 입력 작업을 수행할 수 있다.			
16	정해진 시간을 지켜 정보통신기기를 활용하며, 여러 규칙(인터넷 예절, 법적 사항 등)을 준수할 수 있다.			

정보통신기기 활용 기술의 대부분은 부모님이나 선생님의 적절한 설명과 함께 이루어지는 체계적 교수를 통해서 효과적으로 지도할 수 있습니다. 특히 대부분 기술이 정보통신기기의 활용법을 순서대로 수행해야 하는 연쇄적 기술이기 때문에, 학습자의 수준에 맞는 과제분석을 통해서 하위 단계를 세분화하여 차근차근 교육해 나갈 수 있습니다. 또한, 앞서 잠깐 알아본 문제기반학습과 같이 문제 상황을 해결해 나갈 수 있도록 교육하는 방법도 때에 따라서 가르치는 사람의 충분한 지원이 포함된다면 활용해 볼 수 있습니다. 예를 들어, 영화 예매를 해야 하는 문제 상황을 조성하고, 이를 실제로 해결해 나가도록 교수학습 과정을 설계할 수 있습니다. 또한, 인터넷 사용 시에 발생할 수 있는 여러 문제 상황(예: 댓글 관련, 기본적인 저작권 관련, 온라인 성범죄 관련 등)을 제시하고, 이를 긍정적으로 개선할 수 있는 인터넷 사용 규칙을 알아본 뒤, 실제로 꾸준히 실천해 나가는지 지속해서 확인할 수 있습니다.

　　경험상, 아마도 스마트폰 활용의 경우에 생각보다 훨씬 더 빠르게 여러 가지 기능을 배우는 학습자의 모습을 만날 수 있을지도 모르겠습니다. 다만 정해진 시간과 장소에서 정보통신기기를 사용하도록 하고, 부적절한 사이트나 애플리케이션은 이용하지 않도록 교육하는 등의 정보통신윤리교육이 학교와 가정에서 꾸준하게 함께 이루어질 필요가 있습니다.

목표기술(지역사회 이동 기술과 연계하여 지도함)

11. GPS 기능을 활용한 지도 앱을 이용해서 가고자 하는 목적지를 찾아가는 다양한 방법을 찾을 수 있다.

목표기술의 조작적 정의

(조건) 네이버 지도 앱의 길 찾기 기능을 이용하여, (성취 기준) 모든 하위 단계를 스스로 정확하게 수행하면서 (행동용어) 학교(집)에서 직장(현장실습지)까지의 대중교통 이동방법을 캡처하여 참고할 수 있다.

목표기술을 스몰 스텝으로 나누기

(더 세분화하여 나눌 수 있으나, 예시로 크게 과제분석 함)

해당 기술은 연쇄적(chained) 기술로서 과제분석이 필요함.

① (안드로이드 기반의 경우) 플레이스토어에서 네이버 지도 앱을 검색하여, 내려받는다.

② 네이버 지도 앱을 눌러 들어간다.

③ 길 찾기 버튼을 눌러 활성화한다.

④ 출발지에 집 주소(또는 학교 명칭)를 입력하고, 선택한다.

⑤ 도착지에 직장 주소(또는 명칭)를 입력하고, 선택한다.

⑥ 출발지와 도착지가 바르게 선택되었는지 다시 확인한다.

⑦ 길 찾기 버튼을 누르고, 대중교통 활용 방법을 확인한다.

⑧ 가장 빠르게 가는 방법을 찾는다.

⑨ 이동방법을 확인하고, 캡처해둔다.

⑩ 실제 이동 시에 캡처한 사진 자료를 찾아 참고한다(지역사회 이동 기술 영역).

과정중심평가를 위한 체크리스트 제작 및 현행수준 파악: 생략

현재 수행 수준을 파악하는 방법(연쇄적 기술의 경우)

단일기회법과 다수기회법 중 다수기회법을 이용함.

목표기술의 지도 순서(연쇄적 기술의 경우)

후진형 행동연쇄를 이용하여, 마지막 단계부터 역순으로 지도함.

교수학습 전략: 최소촉진체계

① 다양한 방법으로 학습자의 주의집중을 유도한다.

② 후진형 행동연쇄를 적용하였기 때문에, 1~9단계는 가르치는 사람이 대신 수행해주고, 학습자는 관찰하도록 한다.

③ 마지막 10단계 과제를 지도하기 위해서 처음에는 8초간 학습자의 독립적 수행을 기다린다. 정확하게 하위목표 행동을 수행하면, 칭찬과 함께 강화물을 제공한다. 만약, 적절하게 하위목표 행동을 수행하지 못할 때는 8초 안에 수행을 시작해서 정확한 수행을 보일 때까지 단계적으로 촉진의 강도를 높여서 도움을 제공한다. 또한, 학습자의 수행을 계속 기록한다.

④ 10단계를 독립적으로 완수할 경우 1~8단계까지는 가르치는 사람이 대신 수행해주고, 8단계부터 같은 방법으로 교수학습을 제공한다. 이 과정에서 학습자의 수행을 계속 기록하여 과정중심평가 자료로 삼는다.

⑤ 이러한 방법으로 1단계까지 역순으로 지도하여, 최종적으로 독립적인 수행이 이루어질 수 있도록 한다.

사회성 관련
기술

발달장애를 가진 청소년이 성인이 되어 자립생활을 영위하기 위해서는 일상생활에서의 다양한 기술들 그리고 기능적 학업 기술들에 대한 교육도 정말 중요하지만, 사회성에 대한 체계적이고 꾸준한 교육도 빼놓을 수 없습니다. 이 책에서는 국립특수교육원 적응행동검사의 사회적 적응행동을 기본으로 하여, 사회성을 자기표현, 타인인식, 대인관계의 세 가지 범주로 나누고, 범주별로 목표기술의 목록을 제시하였습니다.

사회성과 관련된 모든 교육내용이나 기술을 이 책에서 모두 다루기에는 다소 무리가 있는 것이 사실입니다. 실제로 발달장애 학생의 사회성이나 사회적 기술에 대한 교육내용이나 교육과정만으로도 여러 권의 책을 출판되어 있을 정도로 광범위한 영역이 될 수 있기 때문입니다. 이 책에서는 발달장애를 가진 청소년이 자립생활을 할 수 있는 성인으로 성장하는 데 있어서 꼭 필요한 교육내용과 목표들을 살펴보고, 간단하게 사회적 기술 훈련의 교수학습 방법에 관해서 알아보는 선에서 마무리를 짓도록 하겠습니다.

교육내용(목표기술)의 목록					

영역	순	목표기술	현재 수준		
			×	△	○
자기표현	1	다른 사람이 자신의 소중한 물건이나 몸을 만지려고 하면 거절의 표현을 할 수 있다. (예: "만지면. 안 돼요." 등)			
	2	1번과 관련하여. 거절 의사를 표현했음에도 계속 이러한 행동을 계속하면. 다른 사람이나. 경찰(112 신고) 등의 도움을 받을 수 있다.			
	3	사진을 찍는다고 말하면. 카메라를 의식하는 행동을 할 수 있다.			
	4	3번과 관련하여. 촬영에 응하고 싶지 않다면. 거절의 의사를 완곡하게 표현할 수 있다.			
	5	자신의 실수나 잘못에 대해서 사과를 하고, 나름대로 이유를 밝힐 수 있다. (예: "정말 죄송합니다. 늦잠을 잤어요." 등)			
	6	자신이 잘한다고 생각하는 장점을 한 가지 이상 이야기할 수 있다.			
	7	여러 사람 앞에서 자기 자신에 관해 간단하게 소개할 수 있다. (좋아하는 것. 싫어하는 것. 장점과 개선점 등)			
	8	자신의 직업이나 취미 활동의 실력을 향상하기 위해서 스스로 계획하고. 실행하며. 점검 및 평가할 수 있다. (자기결정 교수학습모델을 이용하여. ① 성인의 도움을 받되 가능한 독립적으로 목표를 설정하고. → ② 목표 달성을 위한 학습 계획을 세워. 실제로 실행하며 → ③ 학습 성과에 관한 평가를 하고, 이를 반영하여 필요할 경우 목표나 학습 계획을 조정함)			
타인인식	1	순서를 지켜야 할 때. 자신의 차례를 기다릴 수 있다.			
	2	여러 사람과 대화할 때. 상대방의 대화를 경청하고, 차례를 지켜서 말할 수 있다.			
	3	반말과 존댓말을 사람이나 상황에 따라 구분해서 사용할 수 있다.			
	4	누군가 괴로워하거나 슬픈 표정을 지을 때. 위로하는 말을 건넬 수 있다.			
	5	다른 사람의 물건을 사용할 때는. 미리 허락을 구하고, 상대방이 허락할 때만 빌려 쓸 수 있다.			
	6	상대방의 동의 없이는 다른 사람의 신체를 만지는 일을 하지 않을 수 있다.			
	7	상대방의 동의 없이는 다른 사람의 신체 특정 부위를 계속 바라보거나. 스마트폰 등으로 사진 촬영하는 일을 하지 않을 수 있다.			
	8	상황과 장소에 따라 목소리 크기를 적절하게 조절할 수 있다.			
	9	타인에게 비위생적으로 느껴질 수 있는 생리 현장(예: 트림. 방귀 등)은 개인적인 장소에서 처리할 수 있다.			
	10	다른 사람의 사적인 생활공간을 방문할 때는 먼저 노크를 하고, 들어갈 수 있는지를 물을 수 있다.			

대인관계	1	대상이나 상황에 맞는 인사말을 구별하고, 학교와 지역사회, 직장생활에서 올바르게 인사를 주고받을 수 있다.		
	2	실수하거나 잘못한 일이 있을 때는 상대방에게 미안하다는 말 또는 표현을 할 수 있다.		
	3	다른 사람과 어떠한 시간 약속을 하면, 잊지 않도록 기록하고, 지키려고 노력할 수 있다.		
	4	자신의 상황이나 형편을 이야기하면서, 완곡하게 거절의 표현을 할 수 있다. (예: "몸이 안 좋아서, 나갈 수가 없어.")		
	5	여러 사람과 함께 문제를 해결하고, 결론을 도출할 때, 다수결의 원칙에 되도록 따를 수 있다.		
	6	4번과 관련하여, 다수결로 결정된 내용을 사정상 따를 수 없을 때는 그 이유를 완곡하게 밝힐 수 있다.		
	7	상대와 상황에 맞는 선물을 준비하여 전달할 수 있다.		
	8	각종 차별적인 언사나 욕설이 좋지 않은 것임을 알고, 특히 공식적인 자리에서는 절대 사용하지 않을 수 있다.		
	9	하나의 사건에 대한 긍정적인 면과 부정적인 면을 각각 찾아 적절하게 표현할 수 있다.		
	10	학교나 가정, 직장에서 부당한 대우를 받았다고 느낄 때는 적절한 기관이나 사람에게 충분히 설명하면서 도움을 요청할 수 있다.		

목표기술의 목록을 통해서 각 사회성 영역별로 가르쳐야 할 목표기술의 종류와 약간의 난이도를 살펴보았습니다. 물론 사회성 기술의 경우 학습자 개인마다 주로 처해있는 환경이나 상황이 다르기에, 특정 기술이 더 높은 상위 기술이라는 식으로 딱 잘라서 말하기에는 다소 무리가 따를 수 있습니다. 한편, 응용행동분석 원리에 기초한 체계적 교수 절차 이외에, 발달장애 학습자의 사회성 기술을 교육하는 방법을 살펴보면, 다음과 같습니다.

사회적 기술 훈련(사회성 기술 교육)

　사회성 기술들을 가르치는 데에는 '사회적 기술 훈련'이라고 하는 교수학습 방법론이 많이 쓰입니다. 사회적 기술 훈련은 보통 설명 → 시범 → 시연 → 피드백의 네 단계를 기본으로 하고, 세부적인 방법론마다 조금씩 추가되는 단계도 있을 수 있습니다.

　먼저 설명 과정에서는 해당 목표기술에 대해서 자세하게 설명하고, 이 목표기술이 학습자가 필요한 이유를 알기 쉽게 말해줄 수 있습니다. 이러한 과정을 거쳐 설명을 마무리하면, 시범 과정으로서 해당 사회성 기술에 대한 활용 시범을 보입니다. 예를 들어, 타인인식 10번에서 다른 사람의 사적인 생활공간을 방문하는 상황을 만들고, 먼저 노크를 하고 의사를 물은 뒤 들어가는 모습을 계속하여 반복해서 보여줄 수 있습니다.

　다음은 시연과 피드백입니다. 시연 과정은 학습자가 시범을 통해 본 목표기술 수행을 연습해보고, 그 과정과 결과에 따라 가르치는 사람이 학습자에게 강화 또는 피드백을 제공하게 됩니다. 일종의 역할놀이를 통해서 목표기술을 사용해야 하는 상황을 설정하고, 해당 역할놀이를 수행하면서 필요할 때마다 앞서 제2장에서 배운 체계적 교수의 다양한 체계적인 교수학습 절차(예: 최소촉진체계, 시간지연 등)를 통해 피드백을 학습자에게 제공할 수 있습니다. 예를 들어, 대인관계-5. 여러 사람과 함께 문제를 해결해야 할 때, 되도록 다수결 원칙에 따른다는 목표기술을 지도하기 위해서, 특정 의견에 대해서 생각이 여러 사람이 서로 다른 의견을 내어 다수결 결과에 따르는 과정을 설정하고, 이에 대해서 역할놀이를 몇 차례 진행하면서 다수결의 원칙을 따르는 행동을 가르칠 수 있습니다.

한편, Oclay-Gul과 Vuran(2019)은 이러한 사회적 기술 훈련을 약간 변형하고, 몇 가지 단계를 추가하여, 'cool versus not cool'이라는 사회성 기술 교육방법을 개발하였습니다. 이 방법은 기본적인 사회적 기술 훈련 (social skill training)에서 포괄적으로 적용되는 여러 증거기반실제인 모델링, 체계적 촉진, 강화, 역할놀이(시연), 피드백 등이 모두 포함되어 있습니다. 다만 어떠한 사회적 상황에 대해서 적절한 반응과 부적절한 반응을 제시하고 질문 과정을 통해서 적절한 반응을 구별하도록 한다는 점에서 차이가 있습니다. 'cool versus not cool' 방법의 구체적인 실행 절차는 다음과 같습니다.

① 목표가 되는 사회적 상황이나 기술에 관해 학습자의 관심을 이끕니다.

② 교수학습 활동을 시작할 준비가 되었음을 확인하고, 강화물에 관해서 안내합니다.

③ 가르치고자 하는 사회적 상황을 언어적 설명, 그림 또는 동영상 등 시각적 자료, 역할놀이 등의 방법으로 제시합니다.

④ 사회적 상황에 대한 적절한(cool) 행동과 부적절한 행동(not cool)의 예시를 설명, 시각적 자료 등으로 안내합니다.

⑤ 각 행동 중 적절한 행동이 무엇인지 학생에 묻습니다.

⑥ 해당 행동을 선택한 이유를 묻습니다. 만약 부적절한 행동을 선택하였다면, 긍정적인 방법으로 교정적인 피드백을 제공합니다.

⑦ 적절한(cool) 행동을 안내하고, 역할놀이 장면에서 시범을 제공합니다.

⑧ 적절한 행동을 과제분석하여 하위목표 행동별로 단계적으로 가르칩니다. 이때, 응용행동분석 원리에 기초한 체계적인 교수학습 절차를 활용할 수 있습니다. 구체적인 칭찬 및 격려, 강화물을 적절하게 사용합니다.

⑨ 역할놀이 상황에서 연습하도록 하고, 적절한 피드백을 필요할 때마다 제공하여, 적절한 행동을 완전히 습득하도록 합니다.

⑩ 실제 상황을 의도적으로 조성하여, 일반화 증진 교육을 실행합니다.

사회성 기술은 한 번만 교육하고 끝나는 일이 아니라, 자주 반복해서 사회적 기술 훈련을 통해서 다시 가르쳐야만 합니다. 그리고 역할놀이 상황에서 제시된 문제 장면에 적절하게 올바른 수행을 보인다면, 실제 상황이나 이러한 사회적 기술을 응용할 수 있는 다른 상황(예: 집단 보드게임, 집단 스포츠 경기 등)을 만들어서 그 안에서 사회성 기술들을 적절하게 활용할 수 있도록 교육해야 합니다.

더불어 가정에서도 자연적으로 발생하는 사회성 기술에 대한 교육 상황(예: 가족 외식 상황, 가족 여행 상황, 학습자가 다른 사람이 있는 상황에서 생리현상을 처리하는 상황 등)이 왔을 때, 그 순간을 놓치지 말고 체계적으로 사회적 기술을 가르치려고 노력해야 합니다. 그런데 이러한 상황에서 사회적 기술을 가르칠 때 주의할 점은, 사회적 기술을 가르치는 이 시간이 자녀를 혼내는 시간으로 변질해서는 안 된다는 겁니다. 구

체적으로 자녀의 부적절한 행동을 지적하되, 힘드시겠지만 감정을 싣지
말고 최대한 긍정적으로 피드백을 하면서, 좀 더 적절한 사회적 행동을
순간순간 체계적으로 가르쳐 주시기 바랍니다.

그리고 사회적 기술을 가르칠 때, 계속된 언어적 설명보다는 사회적
상황에 관해서 학습자가 관심을 가질만한 그림, 사진 자료나 동영상 자
료 등의 시각적 자료를 적극적으로 활용하여 안내하는 것이 동기유발
측면에서나 이해도 증진 면에서 더욱 효과적입니다. 아직 생활연령이 어
리거나, 생활연령이 어리지 않더라도 애니메이션, 영화 등에서 특정한
캐릭터를 좋아한다면, 해당 캐릭터를 활용해서 적절한 사회적 기술에 대
한 대본이나 휴대용 카드를 만들어 줄 수도 있습니다. 유튜브에서 사회
적 기술 훈련, 사회성 증진 프로그램, social skill training 등을 검색하면
다양한 실제 예를 시청할 수 있습니다.

▎ 자기결정 교수학습모델

한편, 자기표현 영역의 8번 목표기술처럼 자기결정 교수학습모델이
라는 교육방법을 통해서 발달장애 청소년의 자기결정 능력을 신장할 수
도 있습니다. 예를 들어, 발달장애 청소년이 미래 직업을 위해서 컴퓨터
워드프로세서 활용을 배우기로 했다고 가정하겠습니다. 먼저 ① 객관적
으로 입증할 수 있는 목표(예: 자격증 취득, 특정 수준까지 문서작성 가
능하도록 하기 등)를 가능한 독립적으로 설정합니다. 독립적인 목표설

정이 어려울 때는 부모님이나 선생님이 적당한 만큼의 도움을 줄 수 있습니다. 그리고 ② 이 목표를 달성하기 위한 학습계획을 설정합니다. 예를 들어, 하루에 몇 시간을 어떤 자료와 방법으로 연습할 것인지, 또 어느 정도의 기간만큼 연습할 것인지, 또는 컴퓨터 관련 학원이나 문화센터 등에 다닐지 등에 관해서 계획을 세웁니다. 그리고 계획한 기간만큼 꾸준하게 학습계획을 실제로 생활에서 실천합니다. 또 계획을 잘 지키는지를 자기점검 등의 방법으로 가급적 스스로 점검합니다. 이 과정에서도 부모님이나 선생님이 필요한 만큼 적절한 도움을 제공할 수 있습니다. 마지막으로 ③ 시간이 지난 뒤 학습 성과를 객관적으로 자기평가 합니다. 목표를 성취했을 때에는 미리 설정한 강화제를 부모님이나 선생님 또는 자기 자신이 학습자에게 제공할 수 있습니다. 목표를 계획대로 성취하지 못했다면, 목표를 다소 수정하거나, 부족한 부분을 보완하기 위한 추가적인 학습계획을 설정할 수 있습니다.

사실 자기결정 교수학습모델은 우리가 어떤 것을 목표로 정하게 되면, 머릿속으로 실행 계획을 세우고 실천하며, 나중에 실행 과정과 결과에 관해 성찰하는 일반적인 과정을 발달장애 학습자에게 단계별로 좀 더 도움을 주면서 세심하게 접근하는 방법이라고 생각하면 좋겠습니다. 그리고 천천히 도움을 줄여가면서 학습자가 조금씩 더 독립적으로 자기결정 과정을 수행하도록 지원하는 방법이라고 볼 수 있습니다.

만약 학습자의 특성(예: 중도의 인지적 장애 등)이나 상황에 따라 이러한 자기결정 교수학습모델 전체를 적용하는 것이 어렵다면, 적어도 학교와 가정, 지역사회에서의 여러 상황에서 의도적으로 꾸준하게 다양한 선택기회를 제시할 수 있어야 합니다. 그리고 자기결정의 과정을 거쳐 여러 선택지 중에서 하나를 선택할 수 있도록 꾸준하게 체계적으로 가르쳐야 합니다. 이때, 시간지연, 최소촉진체계 전략 등의 체계적인 교수학습 절차를 적절하게 활용할 수 있습니다.

> 관련 국외 연구 리뷰를 제 블로그 글 〈장애 성인 전환 프로그램에서 선택기회 제공 증가시키기〉에 제시하였으니, 참고 바랍니다.
> ▷글 링크: blog.naver.com/bjs718/222061682773

자기결정 교수학습모델에 대한 더욱 자세한 설명과 실행 절차는 저자의 책 「발달장애 학생을 위한 특수교육 중재 제2판」을 참고하거나, 「발달장애 학생의 자기결정 증진 전략(학지사)」과 같은 관련 서적을 참조하면 도움이 됩니다.

「교수학습 절차의 예시」

목표기술
타인인식-10. 다른 사람의 사적인 생활공간을 방문할 때는 먼저 노크를 하고 들어갈 수 있는지 물을 수 있다.

목표기술의 조작적 정의

(조건) 다른 사람의 방이나, 다른 사람이 있는 화장실에 들어가야 할 때는 (성취 기준) 5번 중 4번 이상 정확하게 (행동용어) 노크를 하면서 들어가도 되는지를 물은 뒤, 허락하면 들어갈 수 있다.

목표기술을 스몰 스텝으로 나누기

① 다른 사람이 혼자 있는 공간(방, 화장실)에 들어갈 때, 노크를 2~3번 할 수 있다.

② 상대방이 들어오라고 신호를 보내면 공간 안으로 인사를 하면서 들어간다.

③ 상대방이 들어오지 말라고 신호를 보내면, 들어가지 않는다.

과정중심평가를 위한 체크리스트 제작 및 현행수준 파악: 생략

교수학습 전략: 사회적 기술 훈련+동시촉진

① 먼저 조사(사전평가) 회기에서는 주의집중을 조성한 뒤에 어떠한 촉진도 제공하지 않은 상태에서 학습자의 수행수준을 몇 차례 확인한다.

② 조사 회기가 끝나면, 타인의 사적 공간에 들어가야 할 때는 노크를 하여 신호를 주고 들어가도 되는지 충분한 허락을 구해야 함을 설명한다. 그리고 역할놀이 상황에서 이 과정을 몇 차례 시범 보여준다.

③ 다른 사람의 개인적인 공간을 들어가야 하는 역할놀이 상황을 만들어 주고, 과제를 제시(예: 여기 들어가려면 어떻게 해야 할까?)한 뒤, 바로 노크를 하면서 "들어가도 되겠습니까?" 라도 물은 뒤 상대방이 승낙하면 들어가는 과정을 충분하게 시범 보여준다. 그리고 학습자는 시범에 보고 따라서 정확하게 목표행동을 수행한다.

④ 이러한 0초 시간지연 절차를 10회(시기) 이상 반복하면, 한 회기를 마친다.

⑤ 다음 회기에는 다시 ①번의 조사 회기부터 시작한다. 조사 회기에서 학습

자가 5번 중 4번 이상 정확한 목표행동 수행을 보이면, 다음 하위 목표행동(예: '상대방이 들어오지 말라고 신호를 보내면, 들어가지 않음)에 대한 교수학습 절차를 이어서 진행한다. 반대로 학습자가 5번 중 4번 이상 정확하게 목표행동을 수행하지 못하면, 다시 ②~④ 단계를 반복한다.

강화 전략
—특정 행동에 대한 칭찬과 함께 정반응 시 약속한 강화물 제공

유지 및 일반화 전략
– 유지: 습득이 이루어지면 점차 간격을 두고 분산연습을 시행함.
– 일반화: 다양한 장소에서 다양한 사람들 대상으로 역할놀이를 시행함.

진로 · 직업교육 관련 기술

이 책은 비교적 자립생활의 초점을 일상생활기술에 두고 있습니다. 그래서 다소 축소해서 다룰 수밖에 없는 부분이 있지만, 사실 진로 · 직업교육은 발달장애 청소년의 자립생활에 있어서 가장 중요한 영역이라고도 볼 수 있습니다. 일단 돈을 벌어야 자립도 가능할 테니 말입니다. 다만 발달장애인의 '자립생활'은 꼭 완전한 경제적인 자립까지 진행되지 못하더라도, 삶의 다양한 장면에서 좀 더 독립적으로 생활을 영위하도록 하는 데에도 목표를 두고 있습니다.

발달장애 청소년의 진로 · 직업교육을 한다고 했을 때, 특수교육 현장에서 주로 하는 오해는 특정한 직업의 구체적인 직무기술을 빨리 가르치는 일만을 진로 · 직업교육으로 생각하는 겁니다. 오히려 발달장애인을 주로 채용하는 표준사업장 등의 회사 관리자나 장애인 고용 분야에서 전문적으로 일하는 직업재활 전문가들은 대부분 일관되게 말합니다. 특수교육 현장에서 선생님과 부모님이 해야 할, 주된 역할은 전문적인 특정 직업에 초점을 둔 직무교육보다는 직무를 8시간 이상 유지하기 위한 기초 체력을 기르고, 직업 생활에 필요한 기능적인 학업 기술을 가르치며, 주의집중 시간을 늘리고, 다양한 직무에 반영될 수 있는 직업 기초 기능을 충분히 기르도록 하는 데 있다고 말입니다. 더불어, 직업생활을 유지하기 위한 사회적 기술(예: 직장 상사에게 인사하기, 출퇴근 시간 지키기 등)과 일상생활 기술(예: 아주 기본적이지만 화장실 청결하게 이용하기, 독립적으로 출퇴근하기 등) 등을 먼저 충분히 교육해 달라고 요청하고는 합니다. 세부적인 특정 직업에 대한 직무 교육과 훈련은 그 뒤에 해나가도 늦지 않으며, 또 그 부분은 실제 취업이 이루어지는 직업 현장을 이용해서 자신들이 더 효과적으로 해나갈 수 있다는 이야기도 적지 않게 듣고는 했습니다.

이러한 관점에서 이 책에서 주로 다루는 진로 · 직업교육 관련 교육내용(목표기술) 목록은 특정 직업에 대한 직무기술 목록이기보다는, 기초적인 작업 기술과 진로 · 직업 생활을 준비하기 위한 기술을 주로 다루고 있습니다. 진로 · 직업교육 관련 목표기술의 목록은 「국립특수교육원 진로 · 직업교육 성과지표」를 주로 참고하되, 「특수학교(급) 전공과 교육과정 운영 도움서 Ⅱ - 운영사례와 지원 자료」 그리고 「특수교육 기본교육과정」 등을 반영하여 수정 및 보완하여 구성하였습니다.

기초 직업 기술

발달장애 청소년이 미래의 자립생활 영위를 위해서 배울 필요가 있는 기초 직업 기능은 다음과 같습니다. 모든 기초 기능을 다 배우면 좋겠지만, 시간적 여유가 없을 때는 학습자가 주로 관심을 가지며, 실제 취업이 가능하다고 판단되는 직무 영역을 중심으로 체계적 교수나 자기촉진체계 또는 다른 교육방법들로 지도해 나갈 수 있습니다.

교육내용(목표기술)의 목록

명칭	목표기술	현재 수준		
		×	△	○
1	제시된 기준(형태, 크기, 두께, 무게 등)에 따라 사물을 분류할 수 있다.			
2	5단계 이하의 공정으로 이루어진 조립 또는 포장 작업을 수행할 수 있다. (예: 간단한 볼펜 조립, 기본적인 상자 포장 등)			
3	용도에 맞게 작업 도구나 장비를 분류할 수 있다.			
4	각종 안전표시를 올바르게 구별하여, 여러 작업 도구를 안전하게 사용할 수 있다.			
5	여러 사무용품을 용도에 맞게 사용할 수 있다.			
6	다소 무거운 물건을 운반하고 적재할 때, 신체에 손상이 가지 않도록 올바른 자세를 취할 수 있다.			
7	여러 기준에 따라 물품을 분류하여, 판매대에 진열할 수 있다.			
8	8단계 이하의 공정으로 이루어진 조립 또는 포장 작업을 수행할 수 있다. (예: 다소 복잡한 볼펜 조립, 선물 포장 등)			
9	10단계 이상의 공정으로 이루어진 조립 작업을 수행할 수 있다. (예: 과학상자 조립, 가구, 전기제품 일부 또는 전체의 조립 등)			
10	작업 재료나 도구를 원래 있었던 제자리에 올바르게 정리할 수 있다.			
11	자신이 일한 작업공간을 깨끗하게 청소할 수 있다.			
12	보호장구 등 업무에 맞는 복장을 올바르게 착용하고, 항상 청결을 유지할 수 있다.			
13	항상 바른 작업 자세로 안전하게 주어진 작업을 수행할 수 있다.			
14	적어도 1~2시간 이상 올바른 자세로 작업 수행을 유지할 수 있다.			
15	라인 작업 시 속도를 일정한 속도를 작업시간 동안 유지할 수 있다.			
16	작업 내용이 어느 정도 익숙해지면, 불량품을 식별할 수 있다.			
17	작업 결과, 불량 비율을 5% 이내로 유지하면서 작업할 수 있다.			
18	새로운 작업 과제를 지시했을 때, 자신이 할 수 있는 일이라면, 즉시 수행할 수 있다.			
19	업무 지시를 받았을 때, 모르는 부분이 있으면, 마음대로 하지 않고 직장 선배나 관리자에게 예의를 갖추어 물어볼 수 있다.			

20	작업 내용이 익숙해지면, 상급자나 관리자의 감독 없이도, 정해진 작업시간을 준수하면서, 올바른 자세로 작업을 유지할 수 있다.			
21	합리적으로 정해진 작업 목표량을 달성할 수 있다.			
22	주어진 과제를 정확하게 수행하며, 속도, 정확성 등 자신의 수행 정도를 점검·평가하여 보완할 수 있다.			
23	그날의 작업을 완료한 뒤, 상급자나 관리자에게 작업 내용을 간단하게 보고할 수 있다.			

목표기술 1~11번: 체계적 교수

목표기술 1~11번까지는 특히 응용행동분석 원리에 기초한 체계적인 교수학습 절차를 효과적으로 활용할 수 있습니다. 목표기술을 한 번에 가르칠 수 있을 정도로 나누어 여러 개의 하위목표 행동을 설정합니다. 그리고 시간지연, 최소촉진체계, 최대-최소촉진 등의 체계적인 교수학습 절차를 활용해서 충분한 교육을 제공할 수 있습니다. 이때 꼭, 진로·직업교육 시간을 따로 할당해서 교육을 제공할 수 있는 건 아닙니다. 직업교육 시간이 아니더라도, 다른 교과 시간이나 가정생활 교육을 하면서 목표기술을 함께 교육해 나갈 수 있습니다. 예를 들어, 가정생활 관련 기술에서 빨래를 개어 수납장에 정리하는 기술을 가르치는 과정에서 6번 목표기술인 '다양한 기준에 따라 물품을 분류하여, 진열하는 기술'도 함께 교육이 이루어질 수 있습니다.

목표기술 12~23번: 체계적 교수+자기관리 전략+사회적 기술 훈련 등

목표기술 12~23번은 좀 더 고차원적인 작업 기초 기능으로, 자기관리 능력과 사회성이 요구되는 목표기술이라고 볼 수 있습니다. 업무에 맞는 복장을 착용한다든지, 정해진 시간 동안 올바른 자세로 작업을 지속할 수 있는 기술, 그리고 작업 속도, 불량품 비율 등 여러 차원에서 자신의 수행 정도를 확인하고, 필요할 경우 개선(보완) 계획을 세우는 기술 등은 앞서 알아본 자기관리 전략(자기교수, 자기점검, 자기평가, 자기강화)을 활용하여 좀 더 능숙하게끔 교육할 수 있습니다.

예를 들어, 직장이나 직업실습실에 있는 탈의실 거울 옆에 자기 점검표를 게시해두고, 매일 업무에 맞는 복장을 착용하였는지 또는 용모는 청결하게 하였는지 등을 확인하도록 합니다. 그리고 점검 결과에 따라, 미리 약속한 일정 정도의 긍정적인 점검 기록이 쌓이면 적절한 보상(예: 성과급, 약간의 작업시간 줄여주기 등)을 강화 스케줄에 따라 얻을 수 있도록 할 수 있겠습니다. 이외에도 작업 공정을 외우는 데 어려움을 느낀다면, 공정 수행 과정을 그림이나 글, 동영상 등으로 필요할 때마다 상시 확인할 수 있도록 자기촉진을 활용할 수 있습니다. 또한, 작업시간을 유지하는 훈련 과정에서 학습자의 집중력이 떨어질 즈음마다, 정기적으로 미리 녹음한 자신의 목소리로 주의집중에 대한 촉진(예: '철수야 집중하자!' 등)을 줄 수도 있습니다.

직업 기초 기능 이외에, 발달장애 청소년이 향후 진로를 결정하고, 취업에 성공하며, 안정적으로 직장생활을 유지하기 위해서 배워야 할 진로 · 직업 생활 준비 관련 기술은 다음과 같습니다. 아래 교육내용은 어떠한 난이도의 순위(위계)를 가지고 있다고 보기 힘듭니다. 직장의 상황이나 조건에 따라 얼마든지 위계는 달라질 수 있습니다. 부모님이나 선생님은 이러한 위계성을 고려하기보다는, 지금 학습자에게 교육할 필요가 있는 목표, 학습능력을 고려했을 때 교육할 수 있는 기술을 중심으로 차근차근 그리고 꾸준히 교육해나가면 되겠습니다.

교육내용(목표기술)의 목록

명칭	목표기술	현재 수준		
		×	△	○
1	자신이 하고 싶은 일(진로, 직업, 업무)을 구체적으로 표현할 수 있다. (예: "나는 카페에서 일하고 싶어요. 왜냐하면 …… 때문입니다.")			
2	다양한 직업 적성 검사나 상담에 적극적으로 참여하여, 그 결과를 바탕으로 자신이 희망하는 진로나 직업을 선택할 수 있다. ●			
3	지역사회에서 접할 수 있는 다양한 직업을 탐색하고 체험할 수 있다.			
4	이력서 및 자기소개서 등 진로에 필요한 서류를 도움을 받아 작성할 수 있다.			
5	면접에 적절한 용모를 갖추고, 바른 태도로 면접에 참여할 수 있다.			

● 한국장애인고용공단 고용개발원 홈페이지에서는 온라인상에서 무료로 각종 직업 심리 검사를 해볼 수 있습니다. 그리고 공단이나 발달장애인훈련센터에 직접 방문하면, 직업 능력 평가를 받아볼 수도 있습니다. 자세한 정보는 한국장애인고용공단 홈페이지를 확인하기 바랍니다. 한편, 국립특수교육원에서도 진로 · 직업교육 성과지표를 활용한 직업능력평가, 그림직업흥미검사 등을 온라인상에서 무료로 실시할 수 있습니다.

6	(필요할 경우 미리 작성한 대본 등을 참고하여) 면접에서 자신이 이 회사에 입사해야 하는 이유, 회사에서 하고 싶은 일, 각오 등을 공손하고 논리정연하게 밝힐 수 있다.			
7	근로자(노동자)의 의무와 권리에 관한 교육에 참여하고, 직장 내에서의 의무와 권리를 구분할 수 있다.			
8	4대 보험의 종류에 대해서 구분하고, 부모님이나 선생님의 도움을 받아 자신의 근로계약서에 4대 보험 중 빠진 것이 있는지 확인할 수 있다.			
9	실제 근무 전 반드시 표준근로계약서 작성을 요청하고, 부모님이나 선생님의 도움을 받아 계약서상 문제가 될 수 있는 부분을 확인하여, 필요할 경우 정정을 요청할 수 있다.			
10	근로자(노동자)의 기본적인 권리나 인권을 침해하는 상황인지 아닌지를 구별할 수 있다.			
11	직장에서 자신의 기본적인 권리나 인권이 침해당했다고 생각될 때는 부모님, 선생님, 복지서비스 제공자 등에게 먼저 정확한 내용을 알리고, 이에 대해 상의할 수 있다.			
12	직장에서 자신의 기본적인 권리나 인권이 침해당했을 시에는 부모님, 선생님, 복지서비스 제공자 등의 도움을 받아 직장에 개선을 요청할 수 있다.			
13	직장에 개선을 요청했음에도 불구하고, 지켜지지 않거나 오히려 부당한 대우 또는 권고사직 등을 요구받을 시에는 부모님, 선생님, 복지서비스 제공자의 도움을 받아 고용노동부(민원마당 홈페이지), 한국장애인고용공단 등에 전화 또는 방문 신고, 온라인 신고 등의 방법으로 사안을 알리고, 필요한 조치를 받을 수 있다.			
14	출퇴근 시간을 최대한 정확하게 지키고, 피치 못할 사정으로 지각이나 결근해야 할 때는 상급자나 관리자에게 바로 연락을 취하여, 사유를 밝힐 수 있다.			
15	시간과 비용에 맞는 대중교통 수단을 이용하여 스스로 출퇴근을 할 수 있다.			
16	직장 및 업무특성에 맞는 복장을 갖추고, 매일 출근 전, 근무 시에 용모를 청결하게 관리할 수 있다.			
17	연가, 병가, 조퇴, 지각 등 복무에 관련된 개념을 숙지하고, 필요할 때 적절하게 사용할 수 있다.			
18	직장에서 맡은 역할에 따라 직무를 수행하고, 그 성과를 체크리스트(점검표) 등을 이용하여 스스로 점검하고, 평가할 수 있다.			
19	안전수칙 등 직장 내에서 지켜야 할 필수 규칙을 말하고, 근무 중 실제로 규칙을 지킬 수 있다.			
20	작업 중 응급상황 발생 시에는 바로 작업을 중지하고, 관리자에게 긴급하게 보고할 수 있다.			

| 21 | 자신의 급여 내역을 확인하고, 부모님, 복지서비스 제공자 등의 도움을 받아 급여를 합리적으로 관리할 수 있다. (예: 급여의 40%는 적금 또는 원금보장형 펀드 활용, 40%는 용돈 및 각종 생활비, 10%는 부모님 용돈, 10%는 예비비로 남겨두기 등으로 월급을 계획적으로 구분하여 사용하기)* | | |

진로 · 직업생활 준비와 관련된 기술은 자기결정 기술, 사회성 기술, 자기관리기술 등을 종합적으로 포함한 경우가 많습니다. 따라서 중학교까지는 앞서 살펴본 다른 영역의 기술들과 연동하여 지도해 나가다가 고등학교부터 전공과를 졸업하는 시기까지는 이러한 진로 · 직업생활 준비 관련 기술들을 매해 좀 더 집중적으로 교육하는 방법도 하나의 선택지가 될 수 있습니다.

더불어 자기촉진체계를 활용하거나, 자기점검 등의 상위인지를 사용하는 전략들도, 처음 그 기술을 사용하도록 지도할 때는 체계적인 교수학습 절차를 적용해서, 차근차근 점진적으로 교육을 진행할 필요가 있습니다. 예를 들어, 자신의 직무 성과를 스스로 체크리스트(점검표)를 통해서 확인하는 18번 목표기술도 처음에는 체크리스트의 내용과 체크리스트를 작성하는 과정, 체크리스트를 통해서 자신의 성과를 이전과 비교하여 평가하는 능력 등을 체계적 교수나 직접적인 교수를 통해서 구체적으로 지도할 필요가 있습니다. 꼭, 진로 및 직업 관련 기술뿐만 아니라

---

* 한국장애인고용공단 고용개발원 홈페이지에서는 온라인상에서 무료로 각종 직업 심리 검사를 해볼 수 있습니다. 그리고 공단이나 발달장애인훈련센터에 직접 방문하면, 직업 능력 평가를 받아볼 수도 있습니다. 자세한 정보는 한국장애인고용공단 홈페이지를 확인하기 바랍니다. 한편, 국립특수교육원에서도 진로 · 직업교육 성과지표를 활용한 직업능력평가, 그림직업흥미검사 등을 온라인상에서 무료로 실시할 수 있습니다.

다른 영역에 이러한 전략들을 활용할 때도 마찬가질 수 있습니다.

한편, 2021년에 작업한 이번 개정판에는 기존에는 다소 부족하게 다루어졌던, 근로자(노동자)의 권리에 관한 내용을 포함하는 노동인권 교육과 관련된 목표기술을 7번~13번까지 포함하였습니다. 발달장애 학습자가 졸업 후 직장에 취업하여 근로자(노동자)로서의 자신의 의무와 권리를 인식하고, 권리나 인권이 침해당했다고 판단되었을 때의 대처방안을 숙지할 수 있도록, 고등학교부터 전공과를 졸업하는 시기까지 정기적으로 노동인권에 대한 교육이 이루어질 필요가 있습니다. 또한, 직업 현장실습이나 실제 취업을 앞둔 상황에서 단기간에 집중적으로 노동자의 의무와 권리, 인권 등에 대한 교육을 다시 제공해야 합니다. 취업한 이후에도 정기적으로 이러한 교육이 정기적으로 이루어져야 하는 건 물론입니다.

국립특수교육원에서는 2020년에 「장애학생 산업안전 보건 및 노동인권 교육자료」(총 2권)를 개발하고, 온라인 홈페이지를 통해서 무상으로 보급하고 있습니다. 교육자료는 학생용 워크북과 교사용 지도서로 구성되어 있으며, 파워포인트 수업 자료까지 제작하여 보급하고 있습니다. 발달장애 학습자에게 산업안전 교육과 함께, 특히 노동인권과 관련된 교육을 하는 데 좋은 교육자료가 될 수 있을 것 같습니다. 국립특수교육원 에듀에이블 진로교육 코너에 직접 들어가서 내려받을 수 있습니다.

제 블로그 글 〈국립특수교육원 자료 안내: 장애학생 산업안전 보건 및 노동인권 교육자료〉에서도 해당 교육자료를 구독, 인쇄 및 내려받을 수 있도록 링크를 걸어두었습니다. 필요하신 분은 적극적으로 활용해 주시기 바랍니다.
▷글 링크: blog.naver.com/bjs718/222183003649

「교수학습 절차의 예시」

목표기술(지역사회 이동 기술과 연계하여 지도함)

11. 면접에 적절한 용모를 갖추고, 바른 태도로 면접에 참여한다.

6. 자신이 이 회사에 입사해야 하는 이유, 하고 싶은 일, 각오 등을 면접에서 공손하고 논리정연하게 밝힐 수 있다.

목표기술의 조작적 정의

(조건) 회사 입사 면접을 위한 모의 면접에서 자기 점검표를 활용하여, (성취기준) 모든 하위목표 행동을 3회 이상 연속하여 정확하게 수행하면서 (행동용어) 면접에 참여할 수 있다.

목표기술을 스몰 스텝으로 나누기 (과제분석을 더욱 세분화하여 나눌 수 있음)

① 면접에 적합한 깔끔한 복장을 착용하고, 복장이 깔끔한지 스스로 거울을 보면서 자기 점검표로 점검한다.

② 면접실로 들어가기 전 노크를 하고, 들어오라는 신호를 주면 면접실로 들어간다.

③ 자리에 앉기 전에 적당히 큰 목소리로 인사를 하고, 앉는다.

④ 되도록 밝은 얼굴로 면접관 앞을 바라본다.

④ 어려운 내용은 미리 적어둔 스크립트를 이용하되, 되도록 스크립트를 이용하지 않고 면접관이 하는 질문에 답한다.

⑤ 면접자가 면접이 마무리되었다고 이야기하면, 자리에 일어서서 면접관에게 '감사합니다.'라고 인사를 한다.

⑥ 인사를 마치면 천천히 걸어가서 문을 열고 면접장에서 퇴장한다.

과정중심평가를 위한 체크리스트 제작 및 현행수준 파악: 생략

현재 수행 수준을 파악하는 방법(연쇄적 기술의 경우)

단일기회법과 다수기회법 중 다수기회법을 이용함.

목표기술의 지도 순서(연쇄적 기술의 경우)

1단계 하위목표 행동부터 마지막 단계 하위목표 행동까지 목표기술을 순서대로 가르치는 전진형 행동연쇄를 사용함(해당 하위목표 행동에 대한 학습자의 수행이 성취 기준만큼 달성되었을 때, 다음 하위목표 행동으로 교수학습 절차를 진행).

교수학습 전략: 최소촉진체계+자기관리 전략+자기촉진 체계(텍스트)

① 다양한 방법으로 학습자의 주의집중을 유도한다.

② 첫 번째 하위목표 행동을 먼저 독립적으로 수행하도록 15초간 기다린다. 15초 이내에 정확한 수행을 보이면, 구체적인 칭찬 및 격려와 함께 약속한 강화물을 제공한다.

③ 15초간 기다려도 반응을 보이지 않거나, 수행에 오류를 보일 때는 학습자의 수행을 정지시킨다. 그리고 낮은 수준의 촉진을 제공하고(예: 언어적 촉진), 다시 15초간 기다린다. 학습자가 정확하게 수행할 때까지 점차로 강도 높은 촉진(예: 언어적 촉진 → 몸짓(자세) 촉진 → 시범 촉진 → 부분적인 신체적 촉진)을 15초의 대기 시간을 주고 제공한다. 이를 10회(시기) 이상 반복한다. 하지만 그 전에 학습자가 3회 연속하여 독립적으로 정확하게 수행하면, 이 하위목표 행동은 성취한 것으로 보고, 다음 하위목표 행동으로 진행한다.

④ 전진형 행동연쇄를 적용하였기 때문에, 첫 번째 하위목표 행동을 3회 연속하여 독립적으로 정확하게 수행한 경우에, 앞으로 첫 번째 하위목표 행동은 학습자 스스로 수행할 수 있도록 한다. 그리고 두 번째 하위목표 행동에 대한 교수학습 절차를 진행한다. 이러한 방법으로 회기가 계속되면서 마지막 하위목표 행동까지 순서대로 교수학습 절차를 진행한다.

⑤ 다음 회기에도 성취 기준 달성 시까지 같은 방법으로 교수학습을 제공한다(성취 기준이 달성된 하위목표 행동까지는 학습자 스스로 수행하고, 그 뒤부터는 ①~④까지의 체계적인 교수학습 절차를 진행함). 또한, 교수학습이 제공되는 과정에서 자기 점검표를 사용하거나(자기관리 전략), 일종의 자기촉진으로 스크립트(대본)를 이용할 수 있도록 허용한다.

강화 전략

– 특정 행동에 대한 구체적인 칭찬 및 격려와 함께 정반응 시 약속한 강화물 제공

– 강화는 처음에는 모든 하위 단계 수행 시에 제공하다가 점차 간헐적으로 제공함.

– 여러 종류의 강화물을 학습자가 좋아하는 순서대로 정리하여, 순위를 정하고 점차 같은 목표행동 수행을 보여도 낮은 수준의 강화물을 제공할 수 있음.

유지 및 일반화 전략

– 유지: 습득이 이루어지면 점차 간격을 두고 분산연습을 시행함.

– 일반화: 실제 직장의 면접 장소에서 연습 기회 제공, 숙달되면 머릿속으로 자기 점검을 할 수 있도록 자기 점검표, 스크립트의 사용을 일정 정도 제한함.

지금까지 제3장에서는 앞서 제1장과 제2장에서 배운 증거기반을 갖춘 특수교육 방법들로 발달장애 청소년이 자립생활을 영위하도록 교육하는데 필요한, 영역별 목표기술을 살펴보았습니다. 각각의 목표기술을 지도하는 방법이나 교육자료를 좀 더 상세하게 안내하고 제시하면 좋겠지만, 여러 가지 이유로 부족한 부분이 많습니다. 사실 제 능력의 한계와 지면의 한계 때문이기도 하지만, 발달장애라는 하나의 범주로 묶는다고 해도, 그 안에는 학습자마다 워낙 특성과 학습능력이 다양하기 때문이기도 합니다.

부모님이나 선생님께서는 이 책의 내용과 지금까지 공부해 온 다른 방법을 충분히 적용하되, 발달장애를 가진 학습자를 위한 교육방법과 교육자료를 적절하게 선택 또는 제작하여 활용해야 할 필요가 있다고 생각합니다. 이 책에서는 발달장애 청소년이 자립생활을 영위하는 데 필요한 교육 영역이나 교육내용, 그리고 목표기술에는 어떠한 것들이 있는지 위계적으로 제시하고, 체계적이고 증거기반을 갖춘 특수교육 교육방법으로 이를 교수학습하고 지원하는 전략에 대해서 종합적으로 설명하고 예시를 들어보았다는 데 나름의 의의를 두고자 합니다.

그럼 이제 마지막으로 가정에서 세우는 발달장애 청소년을 위한 자립생활 장기 플랜과 이러한 가정 중심의 장기 플랜을 특수교육 현장에서 적절하게 개별화 교육계획으로 반영하는 방안에 대해 논의해보고, 이 책을 마무리하겠습니다.

덧붙여 국립특수교육원에서 개발한 발달장애 학습자를 위한 자립생활 교육 교재, 동영상 자료, 부모교육 자료 등에 대한 안내와 함께, 해당 자료를 무료로 내려받거나 읽을 수 있는 온라인 사이트 주소를 링크 걸어둔, 제 블로그 글을 소개합니다.

〈장애 청소년 및 청년을 위한 학습지(교재) 링크: 국립특수교육원 개발 발달장애인 기초문해 프로그램, 중도 · 중복장애 기초문해 교육 프로그램, 중도 · 중복장애 일상생활 영역 평생교육 프로그램, 문장만들기 학습지, 화폐학습지, 기초 한글 학습지 등 안내〉
▷blog.naver.com/bjs718/221865103647

〈장애 청소년, 청년의 자립생활 교육을 위한 온라인 교육 콘텐츠 안내: 국립특수교육원 평생교육세상에 탑재된 발달장애인 평생교육 과정, 중도 · 중복장애 평생교육 과정 등 안내〉
▷blog.naver.com/bjs718/221866048582

〈장애 학생의 성교육, 인권 교육을 위한 국립특수교육원 온라인 콘텐츠 안내: 장애 학생용 멀티미디어 성교육 프로그램, 장애 학생용 인권침해 예방 콘텐츠 등 안내〉
▷blog.naver.com/bjs718/221881096232

〈가정학습 기간에 장애 학생들이 활용할 수 있는 온라인 교육용 앱 목록: 국어, 수학, 일상생활 영역 등〉
▷blog.naver.com/bjs718/221882074662
▷blog.naver.com/bjs718/222180189992

〈국립특수교육원 유튜브 자료 안내: 장애 자녀 부모지원 시스템 '온맘' 부모교육 동영상 콘텐츠〉
▷blog.naver.com/bjs718/222185515878

〈국립특수교육원 잡에이블 진로와 진로교육 콘텐츠: 각종 진로직업 교육용 콘텐츠, 진로직업교육 지원을 위한 애플리케이션, 장애 학생의 진로 관련 정보를 소개하는 진로레터 등이 탑재되어 있습니다.〉
▷www.nise.go.kr/sub/info.do?m=0506&page=0405&s=eduable (국립특수교육원 홈페이지-잡에이블 클릭-진로와 직업교육 콘텐츠 클릭 순으로 들어가셔도 됩니다.)

자녀의 자립생활을 위하여
– 가정에서 부모님이 세우는 장기 플랜

　누군가는 말했습니다. 발달장애인은 발달에 '어려움'이나 '장애'를 가진 사람이기보다는, '생애 전반에 걸쳐 꾸준히 발달하는 사람'을 의미한다고 말입니다. 하지만 발달장애인이 생애 전반에 걸쳐 나름의 속도로 발달하기 위해서는 발달장애인 본인의 노력과 함께 부모님과 선생님 등의 관심과 지원이 필요할 수 있습니다. 그렇기에 이들이 생애 전반에 걸쳐 자신이 가진 잠재력을 발휘하여 꾸준하게 '발달'할 수 있도록 체계적인 교육이 지속해서 이루어질 필요가 있습니다. 특히 청소년기부터는 이들이 향후 성인이 되어 가정과 지역사회에서 인간의 존엄성을 지키면서 행복한 삶을 영위할 수 있도록, 자립생활 능력을 '발달'할 수 있는 교육이 이루어져야 합니다.

　발달장애 학습자를 대상으로 하는 자립생활 교육은 무엇보다, 학교와 같은 특수교육 기관과 가정 간의 일관성이 중요합니다. 또한, 가정 내,

학교 내에서도 되도록 일관된 교수학습 방법, 강화 계획, 유지 및 일반화 계획이 세워져 있어야 합니다. 따라서 가정에서는 아버지와 어머니, 가능하다면 형제나 자매까지 함께 이 책의 내용을 공유하면서 발달장애 청소년의 자립생활을 위한 일관된 양육과 지원을 해주셨으면 합니다. 그리고 학교에서는 선생님들이 동료 선생님에게만 내용을 공유하는 차원을 넘어서서, 특수교육 지원인력, 가능하다면 또래 교수나 지원을 촉진하는 차원에서 비장애 또래까지도 함께 발달장애 청소년의 자립생활 증진을 지원할 수 있다면 더없이 좋겠습니다.

책을 마무리하기 전에, 가정에서 세울 수 있는 발달장애를 가진 자녀의 자립생활을 위한 장기 플랜, 이른바 '자립생활 계획(Independent Living Plan)'에 관해서 이야기하고자 합니다. 특수교육의 시작과 끝은 개별화 교육계획이라고 말합니다. 하지만 공교육 장면에서는 한 선생님이 아무리 오랜 기간 발달장애 청소년을 교육한다고 해도, 2~3년 정도가 고작입니다. 그것도 특수학급에서나 가능한 일이고, 특수학교에서는 보통 매년 담임교사가 바뀝니다. 이러한 상황에서 개별화 교육계획의 장기목표를 수립한다고 해도, 고작 한 학기 또는 1년 정도가 전부일 수밖에 없습니다.

따라서 적어도 아직은(사실 앞으로도 그 정도의 차이가 있을 뿐 마찬가지겠지만), 발달장애 청소년들의 '자립생활'을 위한 정말 '장기적인' 교육계획은 부모님(또는 보호자)이 자녀와 함께 먼저 세워나갈 수밖에 없다고 생각합니다. 결국, 발달장애 청소년 개인의 특성과 강점, 희망 등을 제일 잘 알고, 오랜 시간 이들을 지켜볼 수 있는 사람은 당사자 본인과 부모님이 될 수밖에 없기 때문입니다. 물론 자녀가 커감에 따라, 또 생각이나 희망의 변화에 따라 계속해서 이 계획은 수정되고 보완돼야 하겠습니다. 하지만 기본적으로 자녀의 청소년기와 청년기까지를 아우르는 장기 플랜이 가정을 중심으로 하여 수립되어 있어야 합니다. 그래야 학교에서 세우는 매년 또는 매 학기의 개별화 교육계획에서도 이와 같은 내용이 연계성 있게 반영될 수 있다고 생각합니다.

물론 이러한 장기플랜을 수립하는 과정이 부모님 혼자만의 노력에 의한 것이어서는 곤란합니다. 그건 부모님에게 너무 큰 부담을 지우는 일이 될 수 있기 때문입니다. 지금은 다소 부족하지만, 점차 특수교육이나 장애인복지 분야 차원에서 발달장애를 가진 개개인의 자립생활 증진 방안을 함께 고민하고, 노력해야 합니다.

자립생활 교육을 위한 장기 플랜이라 할 수 있는 자립생활 계획은 먼저 장기적인 측면에서 발달장애를 가지고 있는 자녀의 평생 계획을 짜고, 매년 자녀의 성장과 변화에 따라 그 계획을 좀 더 구체적으로 만들어나갈 수 있습니다. 다시 말해서, 성인기 이후의 진로나 지역사회 생활 등에 대한 장기적인 목표를 수립하고, 이를 달성하기 위한 매해의 구체적인 단기목표를 설정해나갑니다. 그래서 좀 더 독립적인 삶을 영위하는 성인이 될 수 있도록 발달장애 청소년 본인과 가족, 교사, 그리고 주변의 관련된 사람들이 함께 노력하게 됩니다. 여기서 한 해의 목표가 단기목표가 된다는 점에서, 말 그대로, 장기 플랜임을 느끼실 수 있으리라 생각합니다.

꼭 알아둘 것은 꼭 자녀의 미래 직업을 특정하게 지정하지 않더라도,

또 특정하게 정한 직업의 유형이 자녀의 흥미 변화나 다른 환경적 요인으로 바뀌게 된다고 하더라도, 자립생활 계획을 세우고, 실천하는 데에는 크게 문제가 없다는 점입니다. 꼭 특정한 직업 유형이나 미래의 주거 유형 등을 선택한다기보다는, 다양한 진로와 직업에 모두 일반화될 수 있는 중요한 목표기술들과 가정과 지역사회를 살아가는 데 필요한 일상생활 기술들을 장기적인 안목에서 학습해나가도록 합니다. 그리고 진로를 결정할 시기에 수년 앞으로 다가왔을 때, 특정 진로나 직업을 선택하여 집중적으로 교육할 수도 있습니다.

이 책에서 알아본 자립생활 교육 프로그램의 영역을 중심으로 자립생활 계획을 수립한다고 해도, 여기에는 몇 가지 다른 유형이 있습니다.

첫 번째 유형으로, 기능적 학업 기술을 중심으로 해서 자립생활 계획을 세워볼 수 있습니다. 발달장애 청소년이 아직 어린 나이라(예: 초등 5~6학년 또는 중학생), 학업 능력의 신장이 좀 더 중요한 경우, 또 상대적인 학습 수준이 높아서 다른 일상생활기술들은 체계적으로 차근차근 계획을 세워 접근하지 않아도, 어느 정도 학교 교육과정을 통해 자연스럽게 배워나갈 수 있다고 판단되는 경우 등에서는 아래와 같이 기능적 학업 기술 중심으로 자립생활 계획을 수립해 볼 수도 있습니다.

〈표〉 기능적 학업 기술 중심의 자립생활 계획 예

영역	단기목표(제3장의 하위 영역별 목표기술 참조하기)				
	초5	초6	중1	중2	중3
기능적 기본 지식	날씨의 종류 알아보기	날씨별 필요한 복장	영양소의 종류 알기	직업의 종류	성교육

기능적 의사소통	어휘 배우기	어휘 배우기	어휘 배우기	가족 소개하기	상품 설명하기
기능적 읽기	한글 배우기 (음운인식)	한글 배우기 (파닉스)	유창성, 어휘 배우기	한 문단 글 읽고 이해하 기	설명문 읽고 내용 파악하 기
기능적 쓰기	한글 배우기	한글 배우기	단문 문장 쓰기	복문 문장 쓰기	일기 쓰기
기능적 수학	두 자릿수 이상의 덧셈·뺄셈	덧셈+뺄셈이 포함된 문장 제 문제	구구단 외우기	두 자릿수 이상의 곱셈	덧셈+곱셈 문장제 문제

두 번째 유형으로, 기초 생활 기술 중심의 자립생활 계획을 세울 수 있습니다. 발달장애 청소년이 마찬가지로 어린 나이이지만 앞서 기능적 학업 기술 중심으로 계획을 수립한 경우보다 장애 정도가 더 심한 경우, 비교적 나이가 많더라도 중도(severe)의 인지적 장애를 가지고 있어 기초생활(신변자립) 기술 중심으로 교육해야 한다면, 기초 생활 기술 중심으로 자립생활 계획을 세워볼 수도 있습니다.

〈표〉 기초 생활 기술 중심의 자립생활 계획 예

학년	기초생활 기술(제3장의 하위 영역별 목표기술 참조하기)				
	화장실 이용	운동 및 음식섭취	옷 입기	위생	기타
중1	변기에 앉아 있기	숟가락 이용하기	양말 신기	손 씻기	각종 금지표시 알아보기
중2	요의·변의 표현하기		고무줄 바지 입기	얼굴 씻기	
중3	스스로 화장실로 이동하기	포크 이용하기	셔츠(단추) 입기	머리 감기	
고1	스스로 대소변 보기			샤워하기	교통표지판 알아보기

고2	뒤처리 및 손 씻기	젓가락 이용하기	–	샤워하기	집 근처를 이동하기
고3	–		–	청결 관리하기	간단한 심부름하기
전공과 1~2	화장실 이용 기술 완수하기	수저 이용하기	옷 갖추어 입기	청결 관리하기	가벼운 상처 치료하기

세 번째 유형은 일반적인 형태의 자립생활 계획을 말합니다. 보통의 자립생활 계획은 책에서 살펴본, 자립생활을 위한 전 영역에 대해서 장기적인 플랜을 수립하고 이를 바탕으로 단기목표를 설정하게 됩니다. 이에 대한 예시는 다음의 〈표〉와 같습니다. 계획에서 장기목표와 단기목표는 자녀의 성취 정도와 미래 계획에 관한 변화에 따라서, 계속 수정 및 보완, 추가할 수 있습니다.

이렇게 수립된 종합적인 자립생활 계획을 바탕으로, 자립생활 교육 프로그램의 영역별로 세부적인 목표를 세워볼 수 있습니다. 또한, 비교적 빠른 성취도를 보이는 경우 학습자에 따라서는 연간 계획을 별도로 연동하여 좀 더 자세하게 만드는 등의 좀 더 세부적인 자립생활 계획을 수립할 수도 있습니다. 두 가지 하위 유형도 모두 다음의 표에 제시되어 있으니 참고합니다. 이 책에서 제시한 예는 그야말로, 하나의 '예'일뿐, 얼마든지 여러 상황과 조건에 따라 달라질 수 있습니다.

〈표〉 종합적인 자립생활 계획 수립의 예(실제로는 보다 큰 양식에 구체적으로 수립할 수 있음)

학년	기능적 학업	자립생활 목표(제3장의 하위 영역별 목표기술 참조하기)						
		기초생활	가정생활	지역사회 적응	안전·건강	정보통신기기 활용	사회성	진로·직업
중1		날씨 고려한 옷 입기	방 청소	편의점 이용하기	청결 관리	스마트폰 이용하기	인사하기	
중2	볼		집 청소	마트 이용하기, 운동 관리하기	주3~4회, 1시간 이상 운동하기	마트 앱 이용하기	존댓말 구분해서 하기	기초 직업 기술
중3	도	편식하지 않기	빨래하기			다양한 앱 이용하기		
고1	계	손발톱 깎기	빨래 개어 정리하기	영화관 이용하기		컴퓨터 이용하기	자기 주장하기	기초 직업 기술 및 진로 선택하기
고2	획	위생습관 형성하기	음식 처리하기	도서관 이용하기	병원 진료받기	워드프로세서	설득하기	
고3			요리 만들기	공공기관 이용하기		PPT 작성	경청하기	특정 직무기술, 면접기술
전공과 1~2 (최종장기목표)		정장 입기	독립적인 가정생활	은행 이용하기	독립적으로 건강관리	엑셀 작성	직장예절	

〈표〉 자립생활의 영역별 세부적인 계획 수립이 예(지역사회 적응 기술의 경우)

	중2	중3	고1	고2	고3	전공1	전공과2학년
물건 구매 관련 기술	도움을 받아 편의점 이용	스스로 편의점 이용	중간 규모의 마트 이용	대형마트 이용	마트 앱 이용하기	구매계획표 세우서, 필요한 물건 구매하기	구매계획표 세우서, 필요한 물건 구매하기
금전 관리 관련 기술	용돈 관리 및 용돈기입장 작성하기	용돈 관리 및 용돈기입장 작성하기	좀 더 큰 금액의 용돈 관리하기	좀 더 큰 금액의 용돈 관리하기	통장 개설하기	은행 이용하기	적금 붓기, 월급 관리하기
지역사회 이동 기술	집 근처를 도보로 안전하게 이동하기	집 근처를 도보로 안전하게 이동하기	시내버스 이용하기	지하철 이용하기	모르는 목적지 이동하기	시외버스, 기차 이용하기	스스로 계획을 세워서 여행하기
지역사회 시설 이용 기술	집 근처 여가 시설 이용하기 (예: PC방)	집 근처 여가 시설 이용하기 (예: PC방)	영화관 이용하기	헬스장 이용하기	도서관 이용하기	각종 공공기관 이용하기 공공기관에서 서류 발급받기	각종 공공기관 이용하기 공공기관에서 서류 발급받기

〈표〉 종합적인 장기목표에 따른 구체적인 연간 자립생활 계획 수립의 예

기간	자립생활 목표 (제3장의 하위 영역별 목표기술 참조하기)							
	기능적 학업	기초생활	가정생활	지역사회 적응	안전·건강	정보통신기기 활용	사회성	진로·직업
3개월 후 목표	구구단 5단까지	손톱 깎기	집 안 청소하기	편의점 이용하기	병원 가기	계산기 앱 이용하기		30분 이상 작업 지속
6개월 후 목표	구구단 9단까지	발톱 깎기	빨래하기	마트 이용하기	아픈 곳 설명하기	마트 앱 이용하기	적절하게 높임말 사용하기	1시간 이상 작업 지속
9개월 후 목표	곱셈 문장제	면도하기	빨래 개기	대중교통 이용하기	약국 이용하기	지도 앱 이용하기		90분 이상 작업 지속
1년 후 목표	덧셈, 곱셈 문장제	성교육, 올바른 자위행위	수납장 정리하기	모르는 목적지 이용하기	약 복용 관리하기	길 찾기 기능 이용하기		120분 이상 작업 지속
교육계획 장소	가정/학교	가정	가정	가정/지역사회	지역사회	가정/지역사회	가정/학교	학교
교육계획 지원자(교수자)	부모/교사	부모	형제	부모/형제	부모	부모/형제	부모/교사	교사
교육계획 지원방법(교육전략)	체계적 교수	체계적 교수	자기촉진(그림촉진)	체계적 교수	자기관리 전략	체계적 교수	사회적 기술 훈련	자기촉진 자기관리

발달장애 청소년 자립생활 체계적으로 지원하기

부모님께서는 가정에서 세우는 자녀를 위한 장기 플랜이 좀 더 체계적이고 반복적이며 지속적인 교육, 그리고 가정과 학교의 교육목표가 일치하면서 자녀에게 진정으로 도움이 되는 교육이 되게끔 할 수 있다는 생각으로, 부모님과 가족, 그리고 가능하다면 자녀 본인까지 함께 머리를 맞대고 자립생활 계획을 수립해 보셨으면 좋겠습니다. 그리고 만들어진 계획표는 가정에서 제일 잘 보이는 곳에 붙여두시고, 필요할 때마다 내용을 수정하고 보완, 추가해가면서 자녀의 자립생활 교육에 있어 하나의 나침반으로 이용해 주셨으면 합니다. 감사합니다.

학습자의 자립생활을 위하여

– 학교에서 선생님이 세우는 개별화 교육계획(IEP)

개별화 교육계획을 세우는 방법이나 철학은 다양할 수 있습니다. 하지만 어쨌든 개별화 교육계획의 수립 과정에서는 학습자 본인과 부모님이 원하는 교육적 요구를 반영하는 '교육적 요구 중심의' 개별화 교육계획이 되도록 노력해야 합니다. 그렇기에 개별화 교육계획을 단순히 국가 수준 교육과정(예: 공통교육과정, 기본교육과정 등)의 해당 학년·군 내용이나 성취 기준에 관한 '진도표' 정도로 받아들이는 건 적절하지 않다고 생각합니다.

또한, '개별화'라는 개념이 단순히 하나의 교육과정 목표나 성취 기준을 학습자의 학습능력별로 몇 가지 수준으로 나누는 '수준별 학습'에 국한하는 것도 적절하지 않을 수 있습니다. 개별화라는 개념은 국가 수준 교육과정이나 수준별 학습을 뛰어넘어, 학습자 본인과 부모님이 바라는 개별적인 교육적 요구를 교육 현장에서 반영할 수 있도록 노력하는 과정에서 구현될 수 있다고 생각합니다. 쉽게 말해, 특정 교과나 학년·군을 넘어서서 학습자의 요구와 현재 수행능력을 반영한 다양한 영역의 교육내용이 개별적으로 계획과 실제에 반영되어야 한다는 겁니다.

그런데 사실 아직 적지 않은 특수교육 현장에서의 학급당 학생 수 등 여러 가지 이유로 공교육 현장에서 이러한 개별화 교육계획을 구현하는 데 어려움이 따르는 점 역시, 사실입니다. 저 역시 그것에 자유롭지 못합니다. 그렇지만 어려움이 따른다고 해서, 그냥 멈춰있을 수는 없습니다. 조금씩 더 긍정적으로 여건이 개선될 것으로 믿고, 지금 우리가 할 수 있는 일을 해가야 합니다. 그럼 어떠한 일을 실행해야 할까요? 이 책의 내용을 활용한다고 가정하고, 하나의 수립 과정을 예시로 들어보겠습니다.

1. 교육 수요자(당사자)의 교육적 요구 조사하기

학습자 본인과 부모님이 바라는 교육적 요구를 확인하기 위해서는 협의회나 대면 상담을 통하는 게 제일 좋습니다. 하지만 현실적으로 대면 협의회에 참석하지 못하는 때가 적지 않습니다. 그리고 대면 협의회나 전화, 화상회의 애플리케이션 등을 활용한 비대면 협의회를 실시한다고 해도, 그전에 먼저 서면으로 교육적 요구 조사를 시행하고, 그 자료를 바탕으로 어느 정도는 구조화된 상담을 진행하는 것이 더 효율적일 수 있습니다. 이때 이 책에 제시된 자립생활 교육 프로그램을 바탕으로 교육 수요자의 요구를 파악할 수 있는 서면 요구 조사서를 제작할 수도 있습니다.

제 블로그 글 〈특수교육 요구 학습자를 위한 증거기반, 교육적 요구 중심의 개별화 교육계획(IEP) 수립 방안〉에서는 이러한 '교육 수요자 요구 조사서' 양식을 예시로 제시하고, 내려받을 수 있도록 하였습니다. 이외에도 '특수교육 기본교육과정 교과별 성취 기준 목록' 등의 자료도 내려받을 수 있으니, 참고 바랍니다.

▷글 링크: blog.naver.com/bjs718/222075729901

서면 조사와 상담 등을 통해서 학습자의 교육적 요구에 관한 조사를 시행한 뒤, 부모님, 가능하다면 학생 본인, 특수교사, 통합학급 교사(통합교육 장면일 경우), 관련 서비스 전문가 등으로 구성된 개별화교육지원팀에서는 교육적 요구 이외에도, 학습자의 학습능력, 수행능력, 교육 제공 시간, 이외에 전문가가 판단했을 때 우선해서 교육할 필요가 있는 교육 영역 등을 종합적으로 판단합니다. 이러한 판단을 통해서 어떠한 자립생활 영역을 우선순위로 하여 가르칠지, 그리고 몇 가지 영역의, 몇 가지 학기목표를 설정할지 정하게 됩니다.

2. 목표를 수립하기로 한 영역에 대한 학기목표 파악하기

다음으로 학기목표를 짜기로 한 자립생활 교육 프로그램의 대영역이나 하위 영역에 관한 현재 능력 수준을 파악합니다. 이 과정에서는 이 책의 제3장에 제시된 영역별 체크리스트(평가지)를 적극적으로 활용할 수 있습니다. 예를 들어, 기초 생활 기술 영역 중에서 위생 관련 기술 하위 영역에 관한 목표를 짜기로 했다면, 이 체크리스트를 활용해서 학습자가 현재 어느 정도까지 목표기술까지는 수행할 수 있는지, 현재의 선행기술을 바탕으로 한 학기 동안 최소한 부분적으로라도 향상될 수 있는 목표기술은 무엇이 있을지 평가할 수 있습니다. 그리고 그 평가를 바탕으로 해당 영역에 대한 이번 학기의 목표기술을 선정합니다. 부모님이 앞서 제시한 대로 미리 '자립생활 계획'을 세워놓은 상황이라면 훨씬 그 과정이 수월하게 이루어질 겁니다.

3. 학기목표(장기목표) 조작적으로 정의하기

현행 특수교육법에서는 학기별로 개별화 교육계획을 수립하도록 하고 있으므로, 학기목표가 곧 개별화 교육계획에서는 장기목표가 됩니다. 앞서 해당 영역의 가르치고자 하는 목표기술이 정해지고 나면, 이 목표기술을 관찰하고 측정하며, 평가할 수 있도록 조작적으로 정의할 수 있습니다. 앞서 제2장에서 목표기술을 조작적으로 정의하고 진술하는 방법에 대해서는 상세하게 설명하였습니다.

4. 관련 성취 기준을 파악하고, 학기목표 작성하기

최근 국립특수교육원에서 개발하여 보급한「개별화 교육계획 운영 가이드북」에서는 선택형 개별화 교육계획이라는 개념을 도입하였습니다. 선택형 개별화 교육계획에서는 학습자의 교육적 요구에 따라 다양한 교육계획의 수립 형태 중 하나를 선택하여 교육내용이나 목표를 구성하도록 합니다. 여기에는 교과학습에 관한 요구가 우선적일 때 수립하는 ① 교과 중심 개별화 교육계획, 생활 기술 등에 관한 요구가 우선적일 때 수립하는 ② 생활 지원 중심 개별화 교육계획, 그리고 교과학습과 생활 기술 등에 관한 요구가 모두 적극적으로 반영되어야 하는 때 수립하는 ③

교과 중심+생활 지원 중심 개별화 교육계획이 있습니다.

먼저, 1) 교과 중심 개별화 교육계획에는 성취 기준 중심 교과 내 통합 유형, 성취 기준 중심 교과 간 통합 유형, 그리고 종래에 편의상 많이 짜던, 교과서 중심의 개별화 교육계획이 있습니다. 이 책에서 이야기하는 자립생활 교육 프로그램을 학교에서 구현하고, 학습자의 교육적 요구를 효과적으로 반영하기 위해서는 이 중에서 '성취 기준 중심 교과 간 통합 유형'을 적극적으로 활용할 필요가 있다고 생각합니다(한 교과의 성취 기준으로 학습자의 교육적 요구를 반영할 수 있을 때는 교과 내 통합 유형도 활용할 수 있음). 이는 이 유형이 국가 수준 교육과정과의 연계성을 확보하면서도, 여러 교과의 성취 기준을 학습자의 교육적 요구에 따른 생활 주제, 기능 등 다양한 기준을 중심으로 통합하여, 교육내용을 재구성하여 개별화 교육계획을 수립할 수 있기 때문입니다.

다음 〈그림〉의 학기목표 작성 예에서 보듯이, 성취 기준 중심 교과 간 통합 유형을 선택한 경우에는 나이스에 개별화 교육계획을 전산 입력할 때, 가장 핵심이 될만한 교과에 학기목표를 작성합니다. 다만 이때 여러 교과의 관련 성취 기준을 교육과정을 참고해서 함께 포함합니다. 이렇게 하면, 교육과정과 연계하여, 관련 성취 기준이 포함된 교과 수업시간의 일부 또는 상당수를 활용하여, 학기목표에 관련된 교육을 제공하는 근거를 마련함과 동시에, 학습자의 교육적 요구와 국가 수준 교육과정과의 연계성을 확보할 수 있습니다.

학년	현행 수준	학기 목표
진 로 와 직 업	• 도움을 받아 구매계획표에 따라 물건을 구매하고자 시도함 • 도움을 받아 계산기를 이용함 • 도움을 받아 1,000원 단위로 물건의 가격을 현금으로 지불함	구매계획표에 따라 물건을 구입하고, 계산기를 활용하여 물건의 가격을 현금으로 어림잡아 지불할 수 있다. **관련 성취기준** [12진로04-01]다양한 문제 상황에서 합리적인 해결 방법을 계획하고 문제를 주체적으로 해결한다. [12국어03-04]생활 서식에 알맞은 내용을 쓴다 [12사회01-01]자신의 일상을 되돌아보고 스스로 할 일을 미리 계획하여 준비하고 실천한다 [12수학01-13]두 가지 이상의 물건 구입에 필요한 화폐를 찾는다 **평가계획** • 월별 평가 준거 참조

〈그림〉 **교과 간 통합** 방식의 IEP 수립의 예

학년	현행 수준	학기 목표
	• 구어를 사용할 수 있으나, 대부분의 구어가 지연반향어 형태로 나타나 자발적인 의사소통에는 어려움이 있는 편임 • 발음은 명료한 편이며, 반양의의 형태이지는 하지만 다소 긴 복문의 문장도 말할 수 있음 • 가위, 칼 등 여러 가지 도구를 도움을 받아 사용할 수 있음	농업, 제조업, 서비스업 등에서 활용되는 다양한 작업 도구를 안전하고 용도에 맞게 사용할 수 있다. **관련 성취기준** [12진로03-03]교내 또는 지역사회 실습을 통해 농수산업에서 활용되는 도구 및 기기를 안전하고 효율적으로 사용한다. [12진로03-04]교내 또는 지역사회 실습을 통해 농수산업에서 활용되는 도구 및 기기를 안전하고 효율적으로 사용한다. [12진로03-04]교내 또는 지역사회 실습을 통해 농수산업에서 활용되는 도구 및 기기를 안전하고 효율적으로 사용한다. **평가계획** • 월별 평가 준거 참조

〈그림〉 **교과 내 통합** 방식의 IEP 수립의 예

만약, 학기목표가 주로 한 교과 안에서 해당 학년 · 군의 여러 관련 성취 기준을 포함하고 있다면, 이전 〈그림〉과 같이, 교과 내 성취 기준 통합 형태를 활용할 수 있습니다. 이때는 당연히 한 교과 안의 관련 성취 기준만 포함할 수 있도록 합니다.

다음으로, 2) 생활 지원 중심으로 개별화 교육계획을 세울 수 있습니다. 이 유형은 해당 학년 · 군의 여러 교과 성취 기준이 학기목표를 적절하게 반영하지 못할 때 적용하며, 관련 성취 기준을 포함하지 않아도 됩니다. 생활 지원 중심 개별화 교육계획에는 〈표〉와 같이 7가지 영역이 있습니다. 이 책의 자립생활 교육 프로그램 영역과 비교하면, 다음과 같이 연관을 지을 수 있습니다.

〈그림〉 **교과 간 통합** 방식의 IEP 수립의 예

생활 지원 영역	연관성이 있는 자립생활 교육 프로그램 영역
① 의사소통	1. 기능적 학업 기술 중 특히 의사소통, 읽기, 쓰기 기술
② 신변자립	2. 기초 생활 기술 전체, 3. 가정생활 관련 기술 일부
③ 사회적 기술	7. 사회성 관련 기술 전체
④ 여가활동	3. 가정생활 관련 기술 일부, 4. 지역사회 적응 기술 일부, 5. 안전 및 건강관리 기술 일부, 6.정보통신기기 활용 기술 일부, 7. 사회성 관련 기술 일부
⑤ 진로 · 직업 활동	3. 가정생활 관련 기술 대부분, 4. 지역사회 적응 기술 전체, 5. 안전 및 건강관리 기술 일부, 6.정보통신기기 활용 기술 대부분, 8. 진로 · 직업교육 관련 기술 전체
⑥ 행동 지원	7. 사회성 관련 기술 전체
⑦ 정서적 지원	

생활 지원 중심 개별화 교육계획은 NEIS(나이스) 개별화교육계획의 자율활동 탭을 이용해서, 선정하고자 하는 생활 지원 영역을 작성하면서, 동시에 학기목표도 함께 입력합니다. 이 책의 자립생활 교육 프로그램을 활용하는 경우에는 앞선 〈표〉에서 각 생활 지원 영역과 이 책의 자립생활 교육 프로그램 영역 간의 연관성을 확인하고, 적절한 생활 지원 영역을 선택할 수 있습니다. 아래서는 '신변자립' 생활 지원 영역과 '의사소통' 생활 지원 영역의 두 가지 종류의 예를 제시하였습니다.

	현행 수준	학기 목표
신변자립	• 인지능력이 비교적 좋은 편으로, 기억력이 우수한 편임 • 읽기, 쓰기가 가능하며, 짧은 단어를 이용하여 의사소통 하는 것이 가능함 • 발음은 좋지 못한 편임 • 도움을 받아 손을 씻는 편임	비누를 이용하여 30초 이상 손을 깨끗하게 씻을 수 있다 **평가계획** • 월별 평가 준거 참조
의사소통	• 구어를 사용할 수 있으나, 대부분의 구어가 지연 반향어 형태로 나타나 자발적인 의사소통에는 어려움이 있는 편임 • 발음은 명료한 편이며, 반양의의 형태이지는 하지만 다소 긴 복문의 문장도 말할 수 있음	의도적으로 조성된 다양한 상황에서 자신의 욕구를 구어를 이용하여 4어절 이상의 문장으로 표현할 수 있다 **평가계획** • 월별 평가 준거 참조

〈표〉 생활 지원 중심 IEP 학기목표 작성 예

마지막으로, 3) 교과 중심 + 생활 지원 중심으로 개별화 교육계획을 세울 수 있습니다. 이 유형은 말 그대로, 앞선 두 가지 형태의 개별화 교육계획 수립 형태를 모두 포함하여, 한 학습자의 개별화 교육계획을 작성합니다. 개별화 교육계획의 형태별로 최소 1가지씩, 2가지 이상의 학기목표를 작성합니다.

5. 스몰 스텝(과제분석)을 통한 월 목표 설정하기

다음으로는 학기목표로 설정된 목표기술을 잘게 나누어 하위목표 행동을 만드는 과정을 거칩니다. 그리고 월별로 가르칠 수 있을 만큼의 하위목표를 월 목표로 설정합니다. '비누를 이용하여 30초 이상 손을 깨끗하게 씻을 수 있다.'라는 학기목표를, 과제분석을 통해서 총 7단계의 하위목표 행동으로 나누었다고 가정하겠습니다. 예를 들어, 체계적 교수의 진행 과정 중 교수학습 절차의 진행 순서로 전진형 행동연쇄를 적용한 경우라면, 4월에는 1~2단계 하위목표 행동, 5월에는 3~4단계 하위목표 행동, 6월에는 5~6단계 하위목표 행동, 7월에는 7단계 하위목표 행동을 월 목표로 설정할 수 있습니다. 반면 후진형 행동연쇄를 적용한 경우에는 전진형의 역순으로 뒤에서부터 월 목표를 설정할 수 있습니다. 전체 과제제시형을 적용하였다면, 교육 시간마다 전체 하위목표 행동에 대한 교수학습 절차가 진행되므로, 촉진의 강도나 양(예: 언어적 촉진을 받아 등), 반응시간(예:5초 이내에), 지속시간(예: 30초 이상 지속하여), 완성품의 개수(예: 10개 이상), 성공률(예: 70% 이상) 등으로 구분하여 월 목표를 작성할 수도 있습니다.

6. 교육내용, 교육방법, 평가계획 등 작성하기

다음으로는 교육내용, 교육방법과 평가계획 등을 작성하게 됩니다. 이

때 평가계획은 앞서 체계적 교수의 진행 과정에서 스몰 스텝(과제분석) 이후에 만든 평가 체크리스트를 활용하되, 질적인 평가를 추가해서 과정 중심으로 지속해서 평가를 실행하도록 계획할 수 있습니다. 교육방법은 응용행동분석 원리에 기초한 체계적 교수를 포함하여 이 책에서 등장하는 여러 증거기반을 갖춘 교육방법을 적극적으로 활용하도록 작성할 수 있습니다.

	교육 목표	교육 내용	교육 방법
4-5	언어적 도움을 받아 구매계획표에 따라 세 가지 이상의 물건을 구매할 수 있다	• 구매계획표 확인하기 • 구매계획표를 보고 물건 찾기 • 구매계획표 작성하기	• 목표행동을 과제분석하고 각 하위 단계별로 교수적 촉진을 최대에서 최소로 점차로 줄여가면서 독립적인 수행을 유도하는 체계적 교수를 실시하여 지도한다 • 그림, 동영상 자료 등을 가능한 자기 주도적으로 활용해서 과제를 수행하도록 지원하는 자기촉진 전략을 활용하여 지도한다.
6	독립적으로 구매계획표에 따라 네 가지 이상의 물건을 구매할 수 있다	• 구매계획표 확인하기 • 구매계획표를 보고 물건 찾기 • 구매계획표 작성하기	
7	계산기를 활용하여 물건 가격의 총액을 어림잡아 계산할 수 있다	• 계산기 사용 방법 알아보기 • 계산기사용 방법 익히기 • 계산기를 사용하여 간단한 계산하기 • 계산기를 사용하여 물건 가격의 총액을 어림잡아 계산하기	

〈그림〉 월 목표, 교육내용, 교육방법 등 작성의 예

이와 같은 과정을 거쳐, 개별화 교육계획을 작성하게 되면, 개별화 교육계획을 반영하여 학교와 가정에서 함께 교육을 실행하게 됩니다. 그런데 학교에서는(특히 특수학교의 경우) 개별화 교육계획의 목표 이외에도, 국가 수준 교육과정에 따라 다양한 교과에 대한 수업시간이 있습니다. 특히, 특수학교라도 중·고등학교 과정의 경우 교과별로 다른 선생님이 수업을 담당하게 됩니다. 그러면 이 개별화 교육계획의 학기목표는 언제, 어떻게 시간을 마련해서 교육할 수 있을까요? 제 생각은 이렇습니다.

첫째, 관련 성취 기준이 교과별로 제시될 수 있었던 경우라면, 해당하는 여러 교과 수업시간의 전체 또는 일부를 활용해서, 주제 중심의 통합 교과적인 교육 활동을 운영할 수 있습니다.

둘째, 교과 내 성취 기준 통합 방식으로 작성된 경우라면, 해당 교과 시간을 중심으로 교육 활동을 지속해서 실시할 수 있습니다.

셋째, 꼭 관련 성취 기준이 포함되지 않은 경우라도, 여러 교과목 내에서 학기목표와 관련된 교육 활동을 잠깐씩 삽입하여, 교육 시간을 확보할 수 있습니다. 가령, 인사하기 기술을 학기목표로 정했다면, 수업시간 중에 자연스럽게 인사하기 기술에 대한 교수학습 기회를 삽입할 수 있습니다. 가위를 사용하는 운동 기술을 학기목표로 설정한 경우 여러 교과에서의 학습 활동 중에 가위를 사용하는 기회를 자주 제공하고, 이때마다 자연스럽게 체계적인 교수학습 절차를 진행할 수 있습니다.

넷째, 쉬는 시간, 점심시간, 등교 시간, 조례 및 종례시간 등 수업시간 외에 학교에서의 다양한 시간을 활용해서 교육 기회를 지속적, 반복적으로 가질 수 있도록 할 수 있습니다.

다섯째, 어려운 부분도 분명 많겠지만, 교육적 성과를 높이기 위해서, 가정 이외에도, 각종 특수교육 관련 서비스, 그리고 통합교육 환경이라면 통합학급에서도 연계하여, 교육 시간을 확보할 수 있습니다. 예를 들어, 특수학교라면 교내 치료지원 서비스, 통합교육 상황이라면 통합학급에서의 일부 수업시간, 외부 재활센터나 학원에서의 방과 후 교육 활동 등에서 개별화 교육계획 학기목표를 연계하여 교육할 수 있습니다. 물론 상당히 어려운 일이 될 수 있다고 생각합니다. 저 역시도 그렇고, 매번 이렇게 하고 있냐고 묻는다면, 솔직히 매번 그렇지는 못합니다. 하지만 목표기술의 일반화 가능성을 높이기 위해서라도 이러한 노력이 필요하다는 생각은 늘 가져보려고 합니다.

특수교육은 다양성의 학문이고 영역입니다. 그렇기에 개별화 교육계획의 수립 방법이나 방향도 다양한 형태가 존재할 수 있다고 봅니다. 이 글은 어디까지나 정답이 아닌 하나의 IEP 수립의 안을 제시한다는 점, 또 현장에서 봉착할 수 있는 여러 가지 이유로 인해서 이론적 지식에 비추어 볼 때, 부족한 점이 있을 수 있음을 기억해 주시기 바랍니다.

이제 아쉽지만, 정말 끝을 맺겠습니다. 마지막 장까지 읽어주셔서 감사드립니다. 나름대로 치열한 개정 작업을 거쳤음에도, 여전히 부족한 부분이 있으리라 생각합니다. 하지만 언젠가 또 다음 개정 작업의 기회가 주어진다면, 그때 또 한 발자국 더 좋은 책으로 나아갈 수 있도록 노력하겠다고 약속드립니다.

다시 한번, 감사합니다.

참고문헌

교육부 (2015). 2015개정 특수교육 기본교육과정 총론 및 각론

국립특수교육원 (2017). 장애학생 부모 양육 지원 가이드북: 공통 양육 지원.

국립특수교육원 (2002). 국립특수교육원 적응행동검사.

국립특수교육원 (2018). 국립특수교육원 적응행동검사 개발.

국립특수교육원 (2018). 장애학생 진로·직업교육 개정 성과지표 실시요강.

국립특수교육원 (2019). 특수학교(급) 전공과 교육과정 운영 도움서 Ⅱ-운영사례와 지원 자료.

국립특수교육원 (2019). 개별화 교육계획 현장성 강화 방안 연구 보고서.

김애화 외(2012). 학습장애 이론과 실제. 서울: 학지사.

민정윤 역(2018). 집에서 하는 ABA 치료 프로그램. 서울: 예문아카이브

박경옥, 이병혁 역 (2019). 중등도 및 중도장애 학생을 위한 체계적 교수(원제 Collins, B. C.
    (2012). systematic instruction for students with moderate and severe disabilities).
    서울: 시그마프레스.

변관석 (2020). 학교와 가정에서 활용하는 발달장애 학생을 위한 특수교육 중재 제2판. 경
    기: 도서출판 공동체.

변관석 (2018). 단일대상설계를 활용한 현장연구 논문작성법. 경기: 교육과학사.

이숙향 역 (2010). 발달장애 학생의 자기결정 증진 전략. 서울: 학지사.

장혜성, 김수진, 김지영 (2016). 기능적 기술 습득을 위한 개별화교육프로그램의 실제 제3
    판. 경기: 교육과학사.

정경미 역 (2013). 자폐증 치료를 위한 ABA치료 프로그램. 서울: 학지사.

정가희, 이대식 (2019). 파닉스 중심의 한글읽기프로그램이 지적장애학생의 한글읽기에 미
    치는 효과에 관한 사례연구. 지적장애연구, 21(1), 143-173.

최진혁 (2015). 고속용변훈련이 발달장애유아의 독립적 용변보기 행동과 맨드의 향상에 미
    치는 효과. 특수교육학연구, 49(4), 73-90.

한경화, 변관석 (2019). 나비효과를 꿈꾸는 특수교육 이야기, 나는 특수교사다!. 경기: 교육
    과학사.

한상민 역 (2020). 우리 아이 언어 발달 ABA 치료 프로그램. 서울: 예문아카이브.

Brock, et al., (2021). Efficacy of Tiered Training on Paraeducator Implementation of Systematic Instructional Practices for Students With Severe Disabilities. Exceptional Children, 87(2), 217-235.

Browder, D. M., Wood, L., Thompson, J., & Ribuffo, C. (2014). Evidence-based practices for students with severe disabilities (Document No. IC-3). Retrieved from University of Florida, Collaboration for Effective Educator, Development, Accountability, and Reform Center.

Cullen, J. M., & Alber-Morgan, S. R. (2015). Technology mediated self-prompting of daily living skills for adolescents and adults with disabilities: A review of the literature. Education and Training in Autism and Developmental Disabilities, 50(1), 43.

Gilson, C. B., Carter, E. W., & Biggs, E. E. (2017). Systematic review of instructional methods to teach employment skills to secondary students with intellectual and developmental disabilities. Research and Practice for Persons with Severe Disabilities, 42(2), 89-107.

Oclay-Gul, Vuran (2019). Effectiveness of teaching social skill to individuals with autism spectrum disorders using cool versus not cool. Education and training in autism and developmental disabilities. 54(2), 132-146.

Pennington, et al., (2020). Use of a technology-based instructional package to teach opinion writing to students with intellectual disability. Education and Training in Autism and Developmental Disabilities, 55(4), 398-408.

The National Professional Development Center (2020). Evidence based practices (2011~2020). The National Professional Development Center.

Wehmeyer, M., Field, S., Doren, B., Jones, B. & Mason, C. (2004). Self-determination and student involvement in standards-based reform. Exceptional Children, 70(4), 413-425.

Weng, P. & Bouck, E. C. (2017). A toolbox for teaching price comparison to students with disabilities. Teaching Exceptional Children, 49(5), 347-354.

Yakubova, G., Hughes, E. M., & Hornberger, E. (2015). Video-based intervention in teaching fraction problem-solving to students with autism spectrum disorder. Journal of Autism and Developmental Disorders, 45(9), 2865-2875.

가정과 학교에서 실천하는 증거기반 특수교육으로

발달장애 청소년 자립생활
체계적으로 지원하기 개정판

초판 1쇄 발행 2021년 11월 03일
초판 2쇄 발행 2022년 12월 23일

지은이 변관석
펴낸이 채종준
기획 · 편집 유나
디자인 홍은표
마케팅 문선영 · 전예리

펴 낸 곳 한국학술정보(주)
주　　소 경기도 파주시 회동길 230(문발동)
전　　화 031-908-3181(대표)
팩　　스 031-908-3189
홈페이지 http://ebook.kstudy.com
E-mail 출판사업부 publish@kstudy.com
등　　록 제일산-115호(2000. 6. 19)

ISBN 979-11-6801-173-1　13330